基于大数据环境下创新型档案管理与服务研究

谭 萍 著

吉林人民出版社

图书在版编目(CIP)数据

基于大数据环境下创新型档案管理与服务研究 / 谭
萍著 . -- 长春 : 吉林人民出版社 , 2020.4
ISBN 978-7-206-17046-1

Ⅰ . ①基… Ⅱ . ①谭… Ⅲ . ①档案管理 – 研究 Ⅳ .
① G271

中国版本图书馆 CIP 数据核字 (2020) 第 062933 号

基于大数据环境下创新型档案管理与服务研究

JIYU DASHUJU HUANJING XIA CHUANGXINXING DANGAN GUANLI YU FUWU YANJIU

著　　者：谭　萍		
责任编辑：王　丹	封面设计：优盛文化	
吉林人民出版社出版 发行（长春市人民大街 7548 号）　邮政编码：130022		
印　　刷：三河市华晨印务有限公司		
开　　本：710mm×1000mm	1/16	
印　　张：14	字　　数：260 千字	
标准书号：ISBN 978-7-206-17046-1		
版　　次：2020 年 4 月第 1 版	印　　次：2020 年 4 月第 1 次印刷	
定　　价：59.00 元		

如发现印装质量问题，影响阅读，请与印刷厂联系调换。

前　言

　　信息时代，大数据技术冲击着整个世界，变革着人们的生活、工作和思维方式。在大数据环境下，档案管理工作也受到了很大地影响和冲击，档案部门的档案管理能力和水平面临全新的考验。对大数据环境下的档案管理模式变化进行研究，有利于保护各类档案文化资源、优化档案业务流程、挖掘档案增值信息、加强档案管理机构的职能建设，达到促进档案事业发展的目的。

　　大数据指的是需要创新处理模式才能具有更强的决策力、洞察力和流程优化能力的海量、高增长率和多样化的信息资产。因此，档案也可以归入大数据的行列，但反之，大数据可不仅局限于档案，档案仅为大数据的一种而已。在大数据环境下，伴随着互联网技术的飞速发展、各类社会媒体的普遍应用，数据呈现出数量大、种类多、变化迅速、价值总量高的特点，而档案信息资源作为最重要的社会信息资源之一，也呈现出大数据的特点。在大数据环境下，档案信息资源的数量急剧增长，种类愈发繁杂，数字化、信息化水平不断提升，使用传统的管理手段已经难以处理新形态的档案信息资源，对大数据环境下的创新型档案管理与服务的研究显得愈发重要。

　　《基于大数据环境下创新型档案管理与服务研究》正是在这样的时代背景下，围绕档案管理与服务这一关键内容进行的研究。本著作共分为八章，从大数据的理论知识和档案的基础知识入手，对传统档案工作与管理进行了简单阐述，重点讲述了大数据环境下档案管理方面的创新内容，探析了在大数据环境下的档案整合、挖掘、开发与利用等问题，研究了大数据环境下档案信息服务的创新性内容，以及档案编研工作的意识创新与实践创新路径，最后对大数据环境下档案工作的终端——智慧档案馆进行了建设实例分析与改进策略总结，提高了本书的实用性与应用性。本书既可以作为学习档案管理的学生的辅导书，又可以作为研究大数据的人员及对档案工作有研究人员的参考书。

　　本书由玉林师范学院谭萍老师创作完成，在撰写过程中得到了国内外许多专家学者的支持和帮助，在此致以衷心的感谢。另外，由于时间仓促，书中难免存在疏漏之处，恳请广大读者批评指正。

目　录

第一章　大数据概述

第一节　大数据的定义

一、大数据的概念及其内涵

大数据，也就是海量数据，一般指所含的数据集规模巨大，现在大众的软件工具无法在合理的时间进行采集、存储、分析管理的数据信息。因其在各个行业的广泛应用，使之关注热度历年来居高不下。作为人们获得新的认知、理念和创造价值的源泉，大数据的数据来源可以囊括我们在日常生活中普遍可以见到的上传到网页上的图像、视频、录音，高速公路上车辆与收费记录、日常监控录像，医院的治疗病例、高端的基因测序，天文学中通过望远镜收集的信息数据等。

大数据最早出现在何时，何地？通过对大量文献资料追踪溯源，笔者发现这个词出现的最早时间在 1980 年的美国，著名的未来学家托夫勒在其所著的《第三次浪潮》中，将大数据热情地称颂为"第三次浪潮的华彩乐章"。2008 年 9 月，《自然》杂志推出了名为"大数据"的封面专栏。2009 年"大数据"才开始成为互联网技术行业中的热门词汇，被世人推崇讨论。从 1980 年到 2019 年，尽管大数据的发展已有 30 多年的时间，但目前对于大数据仍没有一个统一的、完整的、科学的定义。

（一）狭义的大数据概念

受早期研究者将数据作为一种工具的思想的影响，很多研究机构和学者将大数据作为一种辅助工具或者从其体量特征来进行定义。

高德纳（Gartner）咨询管理公司数据分析师 Merv Adrian 认为，大数据超过了在正常的时间内和常用硬件环境下，常规的软件工具计算、分析相关数据的能力。

作为大数据研究讨论先驱者的咨询公司麦肯锡，2011 年在其大数据的研究报告

1

Big Data:The next frontier for innovation，competition, and productivity 中根据大数据的数据规模来对其诠释，它给出的定义是：大数据指的是规模已经超出了传统的数据库软件工具收集、存储、管理和分析能力的数据集。需要指出的是，麦肯锡在其报告中强调，并不是超过某一个特定的数据容量才能定义为大数据，因为随着技术的不断进步，其数据集容量也会不断地增长，行业的不同也会使大数据的定义不同。

电子商务行业的巨人亚马逊的专业大数据专家 John Rauser 将大数据定义为超过了一台计算机的设备、软件等的处理能力的数据量。

日本野村综合研究所的著名学者城田真琴和周自恒在其专著《大数据的冲击》中通过对大数据的起源进行探讨，对大数据作出如下定义：大数据指的是运用现有的一般技术难以进行管理的大量数据的集合[①]。

简以概之，对于大数据的狭义理解，研究者大多从微观的视角出发，将大数据理解为当前的技术环境难以处理的一种数据集或者能力；而在宏观方面，研究者目前则还没有提出一种明确的看法，但多数都提出了对于大数据的宏观理解，需要注意其在不同行业领域的差异及随着技术进步，其数据容量不断增长的特点。

（二）广义的大数据概念

广义的大数据概念是以对大数据进行分析管理，挖掘数据背后所蕴含的巨大价值为视角，对大数据的概念进行定义。

维基百科对大数据给出的定义是：或称为巨量数据、大资料，指的是所涉及的数据量规模巨大到无法通过当前的技术软件和工具在一定的时间内进行截取、管理、处理，并整理成为需求者所需要的信息。

肯尼思·库克耶，被誉为"大数据时代的预言家"的维克托·迈尔-舍恩伯格在其专著《大数据时代：生活、工作与思维的大变革》中将大数据定义为：大数据是人们获得新的认知、创造新的价值的源泉；大数据还为改变市场、组织机构，以及政府与公民关系服务[②]。他们还认为大数据是人们在大规模数据的基础上可以做到的事情，而这些事情在小规模的数据基础上是无法完成的。

IBM 组织则是从大数据的特征出发对其进行定义，它认为大数据具有 3V 特征，即：规模性（Volume）、多样性（Variety）和高速性（Velocity），故大数据是指具有容量难以估计、种类难以计数且增长速度非常快的数据。

---

① 城田真琴.大数据的冲击 [M].周自恒，译.北京：人民邮电出版社,2016：13.

② 维克托·迈尔-舍恩伯格,肯尼思·库克耶.大数据时代:生活、工作与思维的大变革[M].盛杨燕,周涛,译.杭州:浙江人民出版社,2012:12.

国际数据公司（IDC）则在 IBM 的基础上，根据自己的研究，将 3V 发展为 4V，即数据规模巨大（Volume）、数据的类型多种多样（Variety）、数据的产生、处理、分析速度加快（Velocity）、数据的价值难以估测（Value）。所以，IDC 认为，大数据指的是具有规模海量、类型多样、数据的产生、处理、分析速度加快，需要超出典型的数据库软件进行管理，且能够给使用者带来巨大价值的数据集。

通过对大数据的定义进行梳理可以发现，大多数研究机构和学者是从数据的规模量，以及对于数据的处理方式来对大数据进行定义的，且多是从自身的研究视角出发，因此对于大数据的定义，可谓是仁者见仁，智者见智。

本书在参照了学术领域各个研究机构和行业企业对大数据的定义的基础上，将大数据定义为在信息爆炸时代所产生的巨量数据或海量数据，并由此引发的一系列技术及认知观念的变革。它不仅仅是一种数据分析、管理以及处理方式，也是一种知识发现的逻辑，通过将事物量化成数据，对事物进行数据化的研究分析。大数据具有客观性、可靠性，既是一种认识事物的新途径，又是一种创新发现的新方法。

二、大数据的应用

大约从 2009 年开始，"大数据"成为互联网信息技术行业的流行词汇。美国互联网数据中心指出，互联网上的数据每年将增长 50%，每两年翻一番，而目前世界上 90% 以上的数据是最近几年才产生的。此外，数据又并非单纯指人们在互联网上发布的信息，全世界的工业设备、汽车、电表上有着无数的数码传感器，随时测量和传递着有关位置、运动、震动、温度、湿度乃至空气中化学物质的变化，这也产生了海量的数据信息。

大量数据的充斥不只影响企业界。贾斯汀·格里莫将数学与政治科学联系起来，对博客文章、国会演讲和新闻稿进行计算机自动化分析等，希望借此洞察政治观点是如何进行传播的。在科学、体育、广告和公共卫生等其他许多领域中，也有着类似的情况。这意味着大数据应用已经朝着数据驱动型的发现和决策的方向发生转变。

在公共卫生、经济发展和经济预测等领域中，大数据的预见能力也正在被开发。在一次调查中，研究者发现"流感症状"和"流感治疗"等词汇在谷歌上的搜索查询量增加，而在几个星期以后，到某个地区医院急诊室就诊的流感病人数量就有所增加，因此，Google 流感趋势 (Google Flu Trends) 就可以利用搜索关键词预测流感疫情。

除此之外，洛杉矶警察局和加利福尼亚大学合作，利用大数据预测犯罪的发生；

统计学家内特·西尔弗 (Nate Silver) 利用大数据预测 2012 美国选举结果；麻省理工学院利用手机定位数据和交通数据建立城市规划；梅西百货根据需求和库存的情况，基于 SAS 的系统对多达 7300 万种货品进行实时调价；医疗行业早就遇到了海量数据和非结构化数据的挑战，近年来很多国家都在积极推进医疗信息化发展，使医疗机构可以做大数据分析。

三、大数据的价值及其战略意义

（一）大数据的价值

现在的社会是一个高速发展的社会，科技发达，信息通畅，人们之间的交流越来越密切，生活也越来越方便，大数据就是这个高科技时代的产物。阿里巴巴创办人马云曾提到，未来的时代将不是 IT 时代，而是 DT（Data Technology，数据科技）的时代，可见大数据的重要性。

有人把数据比喻为蕴藏能量的煤矿。煤炭按照性质有烟煤、无烟煤、褐煤等，而露天煤矿、深山煤矿的挖掘成本又不一样。与此类似，大数据并不在"大"，而在于"有用"。价值含量、挖掘成本比数量更为重要。对于很多行业而言，如何利用这些大规模数据是赢得竞争的关键。

大数据的价值体现在三个方面：（1）为大量消费者提供产品或服务的企业可以利用大数据进行精准营销；（2）做小而美模式的中小微企业可以利用大数据做服务转型；（3）面对互联网的压力，必须转型的传统企业需要与时俱进，充分利用大数据的价值。

不过，"大数据"在经济发展中具有巨大作用并不代表其能取代一切对于社会问题的理性思考，科学发展的逻辑不能被湮没在海量数据中。著名经济学家路德维希·冯·米塞斯曾提醒过："就今日言，有很多人忙碌于资料之无益累积，以致对问题之说明与解决，丧失了其对特殊的经济意义的了解。"这确实是需要警惕的。

在这个快速发展的智能硬件时代，困扰应用开发者的一个重要问题就是如何在功率、覆盖范围、传输速率和成本之间找到那个微妙的平衡点。利用相关数据和分析，企业组织可以降低成本、提高效率、开发新产品、做出更明智的业务决策等等。通过结合大数据和高性能的分析，下面这些对企业有益的情况都可能会发生：（1）及时解析故障、问题和缺陷的根源，每年可能为企业节省数十亿美元。（2）为成千上万的快递车辆规划实时交通路线，避免拥堵。（3）分析所有 SKU，以利润最大化为目标来定价和清理库存。（4）根据客户的购买习惯，为其推送他可能感兴趣的优惠信息。

（5）从大量客户中快速识别出金牌客户。（6）使用点击流数据分析和数据挖掘来规避欺诈行为。

（二）大数据的战略意义

大数据技术的战略意义不在于掌握庞大的数据信息，而在于对这些含有意义的数据进行专业化处理。换言之，如果把大数据比作一种产业，那么这种产业实现盈利的关键在于提高对数据的"加工能力"，通过"加工"实现数据的"增值"。

随着云时代的来临，大数据吸引了越来越多人的关注。《著云台》的分析师团队认为，大数据通常用来形容一个公司创造的大量非结构化和半结构化数据，这些数据在下载到关系数据库用于分析时会花费过多时间和金钱。大数据分析常和云计算联系到一起，因为实时的大型数据集分析需要像 Map Reduce（一种编程模型，用于大规模数据集的并行运算）一样的框架来向数十、数百，甚至数千的计算机分配工作。

四、大数据与传统数据库

大数据分析相比于传统的数据仓库应用，具有数据量大、查询分析复杂等特点。传统数据库是 GB/TB 级（计算机储存容量单位，1PB=1024TB、1TB=1024GB）高质量、较干净、强结构化、自上而下、重交易、确定解的数据仓库。大数据是 PB 级以上的，有噪声、有冗余、非结构化、自下而上、重交互、满意解的数据仓库。大数据出现后，大数据对数据库高并发读写要求、对海量数据的高效存储和访问需求、对数据库高可扩展性和高可用性的需求，使传统 SQL（关系型数据库）逐渐没有用武之地，NoSQL（非关系型数据库）这一模式变得非常流行。互联网巨头对于 NoSQL 数据模式应用非常广泛，如谷歌的 Big Table、Facebook（社交网站）的 Cassandra（开源分布式 NoSQL 数据库系统）、甲骨文公司的 NoSQL 及亚马逊的 Dynamo(Key-value 模式下的存储平台）等。虽然大数据的存储和处理已有了成熟的解决方案，但是在系统软件中占较大比重的操作系统却没有太大变化，一些重要的技术问题还没有解决，如操作系统对新兴计算资源的直接抽象的调度、分布式文件系统下的统一数据视图、全数据中心范围内能耗管理、大数据下的安全性等，相关技术还不成熟，需要进一步研发。

五、大数据与 Web（互联网）

大多数研究大数据的商业公司都有明确的商业目的，即更好地支撑 Web 服务，如谷歌搜索引擎服务、Facebook、SNS 网站、新浪微博网站等。在大数据驱动下，

Web 服务可以提供更加流畅的网页交互体验，更加快速的社会资讯获取，让日常工作和生活更加便捷，实现更加深入的人、机、物融合。

回顾一下 Web 的发展，Web1.0 时代的 Web 内容主要由网站服务商提供，Web2.0 时代，用户大量参与 Web 内容的生产，如博客和微博内容。Web3.0 时代，人、机、物将共同参与，使 Web 形成对真实世界的全面映射。

第二节　大数据的发展趋势

一、大数据对社会发展的影响

大数据用户行为反映其真实需求。一切行为皆有前兆，未来的不确定性，是人类产生恐惧的根源之一，而大数据技术在一定程度上可以帮助我们预测未来。简单来说，大数据可以帮助人们从各种各样的数据中快速获取有价值的信息能力。大数据时代，软件价值体现在其带来的数据规模、流量与活性；公司价值在于其拥有数据的规模、活性以及收集、运用数据的能力，这些决定了公司的核心竞争力。从国家层面看，国家数据主权体现在对数据的占有和控制。数字主权将是继边防、海防、空防之后，另一个大国博弈的空间。

（一）泛互联网化

泛互联网化是收集用户数据的唯一一种低成本方式，能够为人们提供数据规模和数据活性。泛互联网化带来软件使用的三个变化：跨平台化、碎片化和门户化。

1. 跨平台化

应用软件深度整合网络浏览器功能，移动终端（手机、平板电脑）拥有相同的体验和协同的功能。

2. 门户化

用户无须启用其他软件即可完成绝大多数的工作并满足沟通需求，对于个性化的用户需求，可以直接调用第三方应用或者插件来满足需求。

3. 碎片化

把原来大型臃肿的软件拆分成多个独立的功能组件，用户可以按需下载使用。

这三个特征的核心意义分别在于收集用户行为数据，提高客户黏性及降低软件总体拥有成本，改变商业模式。

（二）行业垂直整合，越靠近消费端的企业越有发言权

开源软件加速了基础软件的同质化趋势，而软、硬件一体化的趋势，进一步弱化了产业链上游的发言权。大数据产业结构发展趋势有两个维度：第一维度是大数据产业链，围绕数据的采集、整理、分析和反馈；第二维度是垂直的行业，如媒体、零售、金融服务、医疗和电信等行业。

从这两个维度来看，大数据有三类商业模式：（1）大数据价值链环节，专注于价值链的高附加值环节。（2）垂直产业的大数据整合，利用大数据提高垂直产业效率。（3）大数据使用者，提供大数据基础设置、技术和工具。

（三）数据成为资产

未来企业的竞争将是拥有数据规模和活性的竞争，将是对数据解释和运用的竞争。大数据成为企业和社会关注的重要战略资源，并已成为大家争相抢夺的新焦点。因而，企业必须要提前制定大数据营销战略计划，抢占市场先机。围绕数据，可以演绎出六种新的商业模式：租售数据模式、租售信息模式、数据媒体模式、数据使用模式、数据空间运营模式和大数据技术提供商。

1. 租售数据模式

简单来说，租售数据模式就是租/售广泛收集的、精心过滤的、时效性强的数据。

2. 租售信息模式

一般聚焦于某个行业，广泛收集相关数据、深度提取整合信息，以庞大的数据中心加上专用传播渠道，为某行业服务的模式。此处，信息指的是经过加工处理，承载一定行业特征的数据集合。

3. 数据媒体模式

数据媒体模式将产业定位于媒体上，利用数据挖掘技术帮助客户开拓精准营销，企业收入来自客户增值部分的分成，这就是数据媒体模式。这类企业成长非常快，一般擅长数据挖掘分析技术帮助一些数据大户如银行、运营商等开展新的业务。

4. 数据使用模式

数据使用模式将产业定位在某一具体行业通过大量数据支持对数据进行挖掘分析后预测相关主体的行为，以开展业务，这就是数据使用模式。数据使用模式依据大数据技术开展高收益、低风险的业务，为企业创造新的盈利模式。未来将会有更多的数据使能型的业务模式出现，它们将具备创新业务的特质。这一模式的关键成功因素是维护数据的真实性和完整性，并适时进行风险分析。数据越完善，风险越低，越有利于保证企业的高收益。

7

（四）数据管理成为核心竞争力

数据管理成为核心竞争力，直接影响财务表现。当"数据资产是企业核心资产"的概念深入人心之后，企业对于数据管理便有了更清晰的认识，将数据管理作为企业核心竞争力，持续发展，战略性规划与运用数据资产，成为企业数据管理的核心。数据资产管理效率与主营业务收入增长率、销售收入增长率呈显著正相关；此外，对于具有互联网思维的企业而言，数据资产竞争力所占比重为36.8%，数据资产的管理效果将直接影响企业的财务表现。

（五）数据泄露事件频发

未来几年数据泄露事件的增长率也许会达到100%，除非数据在其源头就能够得到安全保障。可以说，在未来，每个财富500强企业都会面临数据攻击，无论他们是否已经做好安全防范工作。现在所有企业，无论规模大小，都需要重新审视安全的定义。在财富500强企业中，超过50%将会设置首席信息安全官这一职位。企业需要采取新的措施来确保自身以及客户的数据安全，所有数据在创建之初便需要获得安全保障，而并非在数据保存的最后一个环节，仅仅加强后者的安全措施已被证明于事无补。

（六）数据生态系统复合化程度加强

大数据的世界不只是一个单一的、巨大的计算机网络，而是一个由大量活动构件与多元参与者元素所构成的生态系统，是由终端设备提供商、基础设施提供商、网络服务提供商、网络接入服务提供商、数据服务使能者、数据服务提供商、触点服务、数据服务零售商等众多参与者共同构建的生态系统。而今，数据生态系统的基本雏形已然形成，接下来将进行系统内部角色的细分（市场的细分）、系统机制的调整（商业模式的创新）、系统结构的调整（竞争环境的调整）等，从而使数据生态系统复合化程度逐渐加深。

二、云平台数据更加完善

企业越来越希望能将自己的各类应用程序及基础设施转移到云平台上。就像其他信息技术系统那样，大数据的分析工具和数据库也将走向云计算。

云计算能为大数据带来哪些变化呢？

（1）云计算为大数据提供了可以弹性扩展、相对便宜的存储空间和计算资源，使中小企业也可以像亚马逊一样通过云计算来完成大数据分析。自2013年开始，大数据技术已开始和云计算技术紧密结合，预计未来两者关系将更为密切。除此之外，物联网、移动互联网等也将一齐助力大数据革命，让大数据营销发挥出更大的影响力。

从历史上，传统的 IDC 就是这种模式，互联网巨头都在提供此类服务。但近期网盘势头强劲，从大数据角度来看，各家纷纷嗅到大数据商机，开始抢占个人、企业的数据资源。海外的 Dropbox，国内微盘都是此类公司的代表。这类公司的想象空间在于可以成长为数据聚合平台，盈利模式将趋于多元化。

从数据量上来看，非结构化数据是结构化数据的 5 倍以上，任何一个种类的非结构化数据处理，都可以重现现有结构化数据的辉煌。语音数据处理领域、视频数据处理领域、语义识别领域、图像数据处理领域都可能出现大型的、高速成长的公司。

（2）云计算的 IT 资源庞大、分布较为广泛，是异构系统较多的企业及时准确处理数据的有力方式，甚至是唯一的方式。

当然，大数据要走向云计算，还有赖于数据通信带宽的提高和云资源池的建设，以确保原始数据能迁移到云环境以及资源可以随需求弹性扩展。

第三节　大数据的研究现状与未来展望

一、国内外大数据研究发展现状

（一）大数据已深耕于经济领域且创造了巨大的经济价值

在此，我们以美国为例并谈其大数据产业创造的巨大的价值，具体表现在以下几个方面。

1. 大数据在欧洲公共管理部门得到深入应用

大数据为 OECD 组织中的欧洲国家公共管理部门创造了 1500 ～ 3000 亿欧元或更高的潜在经济价值，这些经济价值主要通过政府公共管理机构开支的减少、转移支付的下降及税收的增加来实现。

2. 大数据提高了美国的征税效率

由于迅速发现异常的能力日益增加，政府税务部门可以缩小"税收缺口"，即纳税人应付税款与其自愿缴税额之间的差额，并且防止出现违规情况。大多数税务机构实行"自愿缴税与追讨欠税并举"的模式。在这种模式下，它们接受纳税人的纳税申报单并办理退税，并对一部分纳税申报单进行抽查，以找出有意或无意欠税的情况。

3. 大数据使美国医疗服务质量得到提高

对于医疗服务的提供方和支付方来说，在减少医疗成本的同时不断提高医疗质量和效率仍然是一个难以实现的目标，而这也是改善民生的重大机遇。2010年，全美医疗支出占国内生产总值的17.9%，比2000年增长13.8%。而且，某些慢性疾病（如糖尿病）的患病率正在增加，将消耗更多的医疗资源。

对这些疾病和其他相关健康服务的管理将深刻地影响国家的福祉，大数据可以在这方面发挥作用。为在广大人群中取得最有效的医疗效果，更多地使用电子健康记录（电子健康档案），并与新的分析工具相结合，将有助于信息的挖掘和整合。研究人员可以利用信息判断发展趋势，并依据真实的医疗服务质量开展医疗评估。

4. 大数据使美国的交通更加便利

通过完善信息和自动驾驶功能，大数据有可能在许多方面彻底改变交通的面貌。开车的人越多，交通堵塞就越容易发生，其后果是浪费能源，造成全球气候变暖，耗费时间和金钱。手持设备、车辆和道路上的分布式传感器则可以提供实时交通信息。这些信息，再加上更好的自动驾驶功能，可以使驾驶更安全，减少交通堵塞。智能汽车日益互联的新型交通生态系统有可能彻底改变道路使用方式。

5. 大数据使美国的教育质量得到提升

大数据可以对美国教育及其在全球经济中的竞争力产生深刻影响。例如，通过深入地跟踪和分析学生的在线学习活动，研究人员能够确定学生的学习方式和提高学习效率的方法。这种分析可以针对成千上万的学生进行，而不是孤立地进行小型研究。课程的教学方法，无论是在线的，还是传统的，都可以根据大规模分析所收集到的信息进行改进。

（二）欧美等发达地区大数据国家战略

1. 美国已经布局大数据产业

美国政府将大数据视为强化美国竞争力的关键因素之一，把大数据研究和生产计划提高到国家战略层面。2012年3月，美国政府宣布投资2亿美元启动"大数据研究和发展计划"，这是继1993年美国宣布"信息高速公路"计划后的又一次重大科技发展部署。美国政府认为大数据是"未来的新石油与矿产"，将"大数据研究"上升到国家战略层面，对未来的科技与经济发展必将带来深远影响。

以美国科学与技术政策办公室（OSTP）为首，国土安全部、美国国家科学基金会、国防部、美国国家安全局、能源部等已经开始与民间企业或大学一起进行多项大数据相关的研究开发。奥巴马指出，通过提高从大型复杂的数字数据集中提取知识和观点的能力，承诺帮助加快在科学与工程中的步伐，改变教学研究、加强国家安全。

据悉，美国国防部已经在积极部署大数据行动，利用海量数据挖掘高价值情报，提高快速响应能力，实现决策自动化。而美国中央情报局通过运用大数据技术，将分析搜集数据的时间由 163 天缩减到 27 分钟。

2012 年 5 月，美国数字政府战略发布，提出要通过协调化的方式，所有部门共同提高收集、储存、保留、管理、分析和共享海量数据所需核心技术的先进性，并形成合力；扩大大数据技术开发和应用所需人才的供给。以信息和客户为中心，改变联邦政府工作方式，为美国民众提供更优质的公共服务。

2018 年，纽约大学计算机系教授塞恩告诉记者，根据前期计划，美国希望利用大数据技术在科研教学、环境保护、工程技术、国土安全、生物医药等多个领域取得突破。其中具体的研发计划涉及美国国家科学基金会、国家卫生研究院、国防部、能源部、国防部高级研究局、地质勘探局等 6 个联邦部门和机构。

2. 欧盟及日本等国相继出台大数据战略

继美国率先开启大数据国家战略先河之后，欧盟、日本及韩国等国家也相继出台了相应的战略举措。数据规模及运用数据的能力将成为影响综合国力的重要因素，对数据的占有和控制也将成为国家间争夺的焦点。

法国政府为促进大数据领域的发展，以培养新兴企业、软件制造商、工程师、信息系统设计师等为目标，开展了一系列的投资计划。法国政府在其发布的《数字化路线图》中表示，大力支持"大数据"在内的战略性高新技术，法国软件编辑联盟也号召政府部门和私人企业共同合作，投入 3 亿欧元资金用于推动大数据领域的发展。

法国生产振兴部部长 Arnaud Montebourg、数字经济部副部长 Fleur Pellerin 和投资委员 Louis Gallois 在第二届巴黎大数据大会结束后的第二天共同宣布了将投入 1150 万欧元用于支持 7 个未来投资项目。这足以证明法国政府对于大数据领域发展的重视。法国政府投资这些项目的目的在于"通过发展创新性解决方案，并将其用于实践，来促进法国在大数据领域的发展"。众所周知，法国在数学和统计学领域具有独一无二的优势。

为了提高信息通信领域的国际竞争力，培育新产业，同时应用信息通信技术应对抗灾救灾和核电站事故等社会性问题，日本总务省于 2012 年 7 月新发布"活跃 ICT 日本"新综合战略，针对大数据推广的现状、发展动向、面临问题等进行探讨，以期对解决社会问题作出贡献。

2013 年 6 月，安倍内阁正式公布了新 IT 战略——"创建最尖端 IT 国家宣言"。

"宣言"全面阐述了 2013 ～ 2020 年以发展开放公共数据和大数据为核心的日本新 IT 国家战略，提出要把日本建设成为一个具有"世界最高水准的广泛运用信息产业技术的社会"。

（三）我国大数据国家战略

伴随着大数据时代的来临，世界各国对数据的重视达到了前所未有的高度。套上大数据的光环后，那些原本存放在服务器上平淡无奇的旧数据一夜之间身价倍增。按照世界经济论坛报告的看法，"大数据为新财富，价值堪比石油"。正如大数据之父维克托所预测，"虽然数据还没有被列入企业的资产负债表，但这只是一个时间问题"。

现在许多国家将大数据视为国家战略，并且在实施上，也已经进入到企业战略层面。

争夺新一轮技术革命制高点的战役已经打响，中国政府在美国提出《大数据研究和发展计划》的 2012 年也批复了"十二五国家政务信息化建设工程规划"，专门有人口、法人、空间、宏观经济和文化等五大资源库的五大建设工程。我国的开放、共享和智能的大数据的时代已经来临。

2012 年 8 月，国务院印发了《关于促进信息消费扩大内需的若干意见》，推动商业企业加快信息基础设施演进升级，增强信息产品供给能力，形成行业联盟，制定行业标准，构建大数据产业链，促进创新链与产业链有效嫁接。

同时，构建大数据研究平台，整合创新资源，实施"专项计划"，突破关键技术。大力推进国家发改委和中科院基础研究大数据服务平台应用示范项目，广东率先启动大数据战略，推动政府转型，上海也启动大数据研发三年行动计划。

当前，在政府部门数据对外开放，由企业系统分析大数据进行投资经营方面，上海无疑是先行一步。2014 年 5 月 15 日，上海市推动各级政府部门将数据对外开放，并鼓励社会对其进行加工和运用。

根据上海市经信委印发的《2014 年度上海市政府数据资源向社会开放工作计划》，目前已确定 190 项数据内容作为 2014 年重点开放领域，涵盖 28 个市级部门，涉及公共安全、公共服务、交通服务、教育科技、产业发展、金融服务、能源环境、健康卫生、文化娱乐等 11 个领域。

其中市场监管类数据和交通数据资源的开放成为重点，随着这些与市民息息相关的信息查询的开放，企业运用大数据在上海"掘金"的时代来临，企业投资和上海民生相关的产业，如交通运输、餐饮等，可以不再"盲人摸象"。

在立足国家战略和产业政策推动大数据收集和分析技术快速发展的同时，我们也逐步认识到避免数据垄断和保护数据安全的重要性，开展了相关法律法规的探讨和研究。

2017年12月，习近平总书记在中共中央政治局第二次集体学习时强调，要推动大数据技术产业创新发展。我国网络购物、移动支付、共享经济等数字经济新业态新模式蓬勃发展，走在了世界前列。我们要瞄准世界科技前沿，集中优势资源突破大数据核心技术，加快构建自主可控的大数据产业链、价值链和生态系统。要建立健全大数据辅助科学决策和社会治理的机制，推进政府管理和社会治理模式创新，实现政府决策科学化、社会治理精准化、公共服务高效化。要运用大数据促进保障和改善民生，坚持以人民为中心的发展思想，推进"互联网＋教育""互联网＋医疗""互联网＋文化"等，让百姓少跑腿、数据多跑路，不断提升公共服务均等化、普惠化、便捷化水平。

毫无疑问，中国的底子太薄了。但是，大数据是信息化时代的"石油"。开发大数据资源的能力将影响未来国家的核心竞争力。我国不能幻想走别人修好的道路，更不能靠等，只能依赖自身加速前行，提升将数据转化为信息和知识的速度和技术，而这种转化速度和技术体现了大数据技术能力的高低。

二、大数据的未来展望

（一）促进我国科研事业进一步发展

应用大数据技术，对于我国社会的稳定发展以及社会经济水平的提升有着非常重要的意义。此外，在我国现代化发展过程中，部分科学研究事业需要对大量的研究数据进行有效分析，而传统的数据分析手段难以获得良好的分析效果。在科学研究事业的发展过程中，通过应用大数据技术，能够对复杂的数据信息进行有效地采集和分析处理，从而在海量复杂数据中获得自身所需数据。较之于传统科研工作中的人工数据处理模式，应用大数据技术能够促进数据采集的合理性与准确性得到进一步提升，且数据分析结果的准确性和可靠性也进一步提高，从而能获得自身所需的研究成果，对于我国科研事业的进一步发展也有着积极的意义。可见，大数据技术对于我国科研工作中项目数据的获取能够提供良好的信息保障，对于我国科研事业的进一步 发展有着积极的意义。

（二）完善社会经济市场

近年来，我国大数据技术得到了迅速发展，在社会经济市场的各个领域中也得到了普及，并且成为当下各个行业生产经营发展的重要趋势。此外，大数据技术的应用还催生了云计算技术、物联网技术以及网络通讯技术等多项技术，对于我国社会经济市场的发展也有着积极的意义。因此，可以说，大数据技术对于我国经济市场的发展和产业结构的优化也有着非常积极的意义。

第四节　大数据的应用与需求

一、大数据的主体分类

随着信息时代的不断发展，人们的生活和工作都离不开网络，上网记录最终变成数据。互联网上的大数据不容易分类，百度把数据分为用户搜索产生的需求数据以及通过公共网络获取的数据，阿里巴巴则根据其商业价值分为交易数据、社交数据、信用数据和移动数据。互联网大数据可以分为互联网金融数据以及用户消费数据、用户地理位置数据、用户行为数据、用户社交数据等。

从社会宏观角度根据其使用主体，互联网大数据可分为以下三类。

（一）政府的大数据

各级政府各个机构拥有海量的原始数据，包括形形色色的环保、气象、电力等生活数据，道路交通、自来水、住房等公共数据，安全、海关、旅游等管理数据，教育、医疗、信用、金融等服务数据。政府部门内部数据僵化，部门之间数据固化造成了极大的资源浪费，如果关联这些数据，使其流动起来，对其综合分析，有效管理，这些数据将产生巨大的社会价值和经济效益。

现代城市依托网络智能走向智慧化，无论智能电网与智慧医疗，还是智能交通和智慧环保都离不开大数据的支撑，大数据是智慧城市的核心资本。到 2012 年底已经有 180 个城市开始投资建设智慧城市，总的投资（包括数据平台的投入和通信网络方面的各种基础设施的投入）全部加起来大约 6000 亿元人民币，根据"十二五"规划，各地建设智慧城市拉动的设备投资规模总和大约 10 000 亿元人民币。建设智慧城市，大数据可以在方方面面提供决策支持与智力支持。政府作为国家的管理者应该将数据逐步开放，以供更多有能力的机构组织或个人来分析并加以利用，造福人类。奥巴马任期内的一个重要举措是美国政府筹建了一个 data.gov 网站，要求政府公开透明，核心就是政府机构的数据公开。截至目前，该网站已经开放了上万个数据库。

（二）企业的大数据

企业的快速发展，实现利润，维护客户，传递价值，支撑规模，增加影响，服务买家、提高质量，节省成本，打败对手、开拓市场等都离不开数据的支持。企业需要大数据的帮助才能对快速增长的消费者群体提供差异化的产品或服务，实现精准营销。网络企业应该依靠大数据实现服务升级与方向转型，传统企业面临无处不在的压力同样必须谋求变革，融合新技术，不断前进。

随着信息技术的发展，数据成为企业的核心资产和基本要素，数据变成产业进而成长为供应链模式，慢慢连接为贯通的数据供应链。互联网时代，互相自由连通的外部数据的重要性逐渐超过单一的内部数据，单一企业的内部数据更是难以和整个互联网数据相提并论。综合所提供的数据，推动数据应用、推动数据整合加工的新型公司明显具有竞争优势。

大数据时代产生影响巨大的互联网企业，而传统 IT 公司也开始进入互联网领域，运动云计算与大数据技术来改善产品，提升平台，实现升级，这两类公司互相借鉴，相互合作，彼此竞争。

（三）个人的大数据

每人都能通过互联网建立属于自己的信息中心，积累、记录、采集、储存个人的一切大数据信息。根据相关法律规定，经过本人亲自授权，所有个人相关信息将转化为有价值的数据，被第三方采集可以快速处理，获得个性化的数据服务。通过信息技术各种可穿戴设备（包括植入的各种芯片）都可以通过感知技术获得个人的大数据，包括但不限于体温、心率、视力等各类身体数据以及社会关系、地理位置、购物活动等各类社会数据。个人可以选择授权给医疗服务机构，允许其查看身体数据，以便监测出当前的身体状况，制订私人健康计划；还能授权专业的金融理财机构，允许去查看个人金融数据，以便制定相应的理财规划并预测收益。当然国家有关部门还会在法律允许的范围内进行预防监控，以保障公共安全，预防犯罪。

个人的大数据严格受到法律保护，其他第三方机构必须按法律规定获得本人授权方可使用，数据必须接受公开透明全面监管；采集个人数据应该明确按照国家法律的要求，由用户自己决定采集内容与范围；数据只能由用户明确授权才能严格处理。

二、大数据的应用

（一）大数据在个人生活上的应用

1. 在各类文化产品上的应用

根据统计资料，文化传媒是第二大数据来源，仅次于政府产生的信息数据。如何运用大数据提高数据价值，了解消费者需求，使生产文化商品能满足目标人群的需求，提升利润空间，成为无数文化企业关注的核心课题。

影视业中应用大数据直接迎合观众需求。过去主要靠导演、主演、制片人的经验制作影视剧；很多时候投资需要寻找社会关系；播出需要借力平台，依靠品牌效应。而观众只是客体，只能被动欣赏。在大数据时代，影视制作模式创新，播出模式开始转变。导演直接了解观众需求，想看什么拍什么。《纸牌屋》利用大数据技术大获成功后，影视业开始跟风运用大数据技术，就连亚马逊等知名网站也开始运用大数据技术制作自制剧。

旅游业中应用大数据预测游客趋向。在法国阿维尼翁论坛上，大数据成为会议最流行的热词。为了迎接外国游客，法国蓝色海岸区域旅游委员会和法国移动运营商Orange 联合应用大数据计算进行调研，对超过 100 万个用户进行数据分析，检测游客的游览路线、采集住宿情况、测量游客数量、定位用户电话、计算停留时间、测算游客活动范围，以完善地区旅游发展方案，调整酒店位置，设计不同交往方式，针对不同地区的旅游者，设计相应活动。这些做法快速有效地提高了地区收入，提升了服务质量。

此外，还可以应用大数据来在在线音乐平台精准投放广告。音乐服务商可以通过网络收集用户的数据，找到适合的音乐类型，发现用户在不同场所与时间段以掌握用户的爱好兴趣，从而直接推送对应类型的广告，让用户充满兴趣。例如，在周末下午，收听动感音乐，电台会尝试投放参加波多黎各冒险游的广告；而如果周一早晨，在办公室上班前听激情音乐的用户，可能需要电台投放一个欢乐的巴黎之旅广告。

艺术品市场也可以应用大数据来判断市场，评估变化，预测交易，提高交易数量。大数据在艺术市场引领潮流，预测方向。艺术品行业产生的大数据主要来自用户交易、内容分析和物流渠道三方面。艺术品数据公司 Artnet 搜集艺术品交易记录，建立包括艺术家、经纪人、设计师的数据库。签约用户可以利用大数据分析艺术品市场，预知变化。例如，用户可以选出艺术家的所有信息，建立一个流派的指数，从中整理交易数量的随机变化。再如，考察过去 10 年全球的艺术品交易市场，通过大数据分析挖掘，计算出市场交易中占据最大比例的作品是现代派艺术和印象派画作，其中，现代派高达 34%，印象派其次也有 24%，二者已经占据了全球艺术品市场的主流。

同时，大数据还可以应用在时装设计中。大数据改变着时装设计的方法，影响时装行业。时装设计能否成功常常取决于对颜色图案、形状面料、大小尺寸等的正确的选择，而这些都可以通过大数据收集资料，分析趋势，来获得答案。

最后，大数据还可以应用在设计开发电子游戏上。现在无论是手机游戏还是社交游戏，数据分析成为开发的主要环节，在整个过程中都起着重要作用。通过大数据，采集分析每日活跃在网络的用户数，调整游戏时间等，设计者不仅能提升客户体验度，还有利于降低新游戏投入市场的风险，减免成本。例如，社交游戏首次采纳大数据分析，并且拓展游戏领域，早期 Playfish、Zynga 等重视客户体验，采取相关对策，取得巨大成功，利用增值性的调整吸引更多玩家，获得新用户。Zynga 公司通过数据分析发行游戏《城市小镇》，发现新玩家不易通过，游戏初级任务难度太大，及时调整游戏关卡设计，在保持游戏魅力的基础上简化任务，完善设计，成功收获了更多玩家。就此，游戏设计者斯科特·休梅克表示，游戏设计者希望发行之前提前评估游戏趣味性，但以往很难做到，现在通过大数据可以了解玩家情况，改善级别设计，增进吸引力，所以游戏推行离不开不断测试，不断调整，这个过程需要玩家的参与，更离不开大数据的运用。

2. 在其他方面上的应用

大数据有望在社会生活的方方面面得到应用，改变市民的日常生活。

在卫生健康方面，针对临床质量分析、医疗辅助决策、医疗资源分配、科研数据服务、个性健康引导的需求，需要建设全民医疗健康公共服务平台，完善涵盖全部患者的电子诊疗档案库，形成 PB 级的医疗大数据，支撑所有医生在线诊疗的医疗平台。在食品安全方面，面对依然严峻的食品安全形势，通过数据管理，了解顾客需求，建设食品安全大数据平台；在全民教育方面，提高全民素质，终身学习、继续教育都需要应用教育大数据为其提供服务；在智能交通方面，细化交通规划，改善交通方案，协调跨部门管理，提供个性化服务，掌握公众信息，全方位地利用交通大数据，建设服务平台；在社会安全方面，为实现治安防控、保证反恐维稳、做出情报研判、帮助案情侦破等，迫切需要建设大数据公共平台，整合安全管理；在科技发展方面，支持科技服务数据整合、实现交互式服务、预测发展趋势、支持战略决策，探索科技服务链整合、众包分包、供需对接的交互式平台型服务模式，建立科技服务业的大数据体系，所有资源共享，建设跨领域科技服务平台，利用科技服务推动工程创新。

（二）大数据在企业发展上的应用

1. 在资源优化上的应用

无论是工业、研究、金融、媒体，还是日常生活都会产生大量数据。大数据通过采集周边环境的信息，建立数据库，帮助我们预测未来，推荐健康的生活方式，世界上每分钟都会产生大量数据，但重要的不是庞大的数据本身，而是用这些数据我们可以做些什么。数据共享可以为企业创造机遇使企业服务得以改善，实现透明高效发展，为顾客提供个性化服务。进行监管大数据是欧盟支持大数据建设、推动欧洲经济发展的第一步，2012 年欧委会提交通用数据保护条例，实现较低费用使用公共数据，推动简捷方式优化使用条件。

在零售行业，同类产品彼此之间差异小，可替代性强，零售企业提高销售收入就需要提供更好的购物体验和客户服务，需要增加有特色的商品，丰富本地商品种类，增加各种流行款式，缩短消费周期，运用计算机技术和各种通信技术了解客户需求，对消费需求的变化迅速作出反应。通过分析大数据，零售企业可以精心选择上架产品，提供新鲜式样新颖的商品以吸引顾客；进行大数据分析，分析消费行为，以及判断销售趋势，进行调整；在制定价格时采取灵活策略，考虑节假日和天气等因素；稳定收入源，了解消费群体，进行大数据预测，利用电话、网络、电子邮件等一切方式联络客户，采集数据，进行分析，并结合各种客户的具体购物习惯，提供个性化的服务，提高客户忠诚度。运用大数据技术及时收集微博等社交媒体产生的大量的实时数据，将其与市场销售数据进行整合，为企业决策提供帮助，实现智能化发展，帮助企业把握市场发展趋势，预测客户消费行为，制定更加有效可行的策略。

每个机构和组织都在分析大数据，进而挖掘出来对客户与社会有价值的信息。通过分析客户的金融数据，银行可以进一步确定潜在的优质客户，找到高质量的信用卡用户，提高还款比例，实现利润提升。通过整合交通信息，交管部门可以掌握全局，了解实况，更好地预测路面情况，优化管理措施，建立优质高效的交通管理机制，根据大数据预测解决交通拥堵问题。

2. 在高效分析上的应用

只有提出正确问题，利用高效分析工具，对数据作出分析处理，数据才能产生巨大价值，有用的相关数据才会发挥作用，帮助我们决策，大数据的价值才会实现。企业除了需要大数据分析的新技术，还需要新人才，尤其是分析人才（如数据科学家）。人才需求激增的情况下，企业要想稳步发展就要尽早开始人才储备。数据离不开统计学，大数据时代需要新的统计方法，统计分析变得更加重要。

由于数据的采集、储存和分析的成本高，传统统计学试图通过最小量的样本观测来发现规律。而在大数据时代，我们可以收集所有产生的数据，对所研究现象进行分析。此外，在统计学中，我们进行分析时会考虑与研究对象具有内在关系的因素，如根据一个借款者的信用状况判断其按时还款的可能性。大数据时代会考虑一些不具内在关系的信息，如借款人的发型与颜色，经常使用的搜索工具与网络浏览器，打字时习惯用大写还是小写字母，常用的拼写格式，等等，美国一家金融分析机构就用这些大数据信息来预测顾客行为。

（三）大数据在政府社会服务上的应用

1. 在政府部门间合作上的应用

政府掌握着从人口、卫生到交通、税收，从医疗、社保到城市规划等方方面面的大数据，但是各个部门间的各种数据并没有得到高效整合，大量部门数据仍然处于固化之中，这些信息孤岛不便于政府调度，难以服务公众，办事受到制约，数据活力不能得到有效激发。

政府部门拥有社会各领域产生的各种大数据，在数据采集储存方面具有天然的优势。但是，海量的政府信息分属于不同单位与部门，各部门间又有不同类别的数据，并没有互相关联，而是相互隔离，形成数据割据，对于这些规模巨大的信息，各部门对数据的利用不足，仅仅限于收集分类，简单地进行统计分析，缺少对数据的整合和深入挖掘，难以获得社会价值。因此，可以将大数据应用到政府部门间的合作上。一方面，政府拥有正规专门的各级统计部门和规模庞大的干部队伍，掌握了大量经济社会各个领域的大量数据，数据十分可观；另一方面，政府工作密切关系民生，在日常相关行政过程中，不断积累储存了各类与社会生活紧密相关的数据。同时，政府还可以按照具体需求，直接要求事业单位、企业、行业协会主动提供各种数据。

2. 在公共服务上的应用

目前中国的大数据应用主要集中在科研学术领域和工业商业领域，然而可以预见，大数据时代将为政府转型，转变职能，带来新的发展机遇，这一时代趋势将变革公共服务方式，影响服务体系建设，需要政府部门提前规划、提前布局。

公共服务需要大数据来建立健全导向机制。当前公共服务的对象难以明确而且类型众多、爱好各异，这要求政府提供的服务不能千篇一律，以免缺乏针对性，造成资源浪费。在公共领域，依靠大数据分析技术，系统收集信息，分析民众需求，开展有针对性的服务，实现网络推荐，进行效果评价，建立反馈机制，不仅能提高公共服务效能，还能够提高群众满意度。

在市政管理中，应用大数据技术有助于优化资源，有效使用行政资源，促进政府的支出效益实现最大化。大数据有助于执法与经济规划，而在防灾和灾后恢复等方面，大数据同样可以大显身手。大数据可以应用于预防犯罪，执法人员可以在犯罪行为实施前作出预测，对其进行监控，侦查到有效证据，提前预防，先发制人。

在反恐与国防安全领域，大数据有助于提高国家安全保障能力。应用大数据技术对储存在各部门的不同信息进行自动分类、处理分析，有效预测，改善情报不足，帮助侦察系统升级，增强国家安全保障能力。

挖掘大数据可帮助提高政府决策质量，实现决策的科学性、高效性，如日本大地震爆发仅 9 分钟，美国国家海洋和大气管理局（NOAA）就公开发布了明确的海啸预警，随即通过计算机对海洋传感器采集的实时数据进行分析判断，制订了完善的应急方案，并将设计的海啸影响模型公开发布在 YouTube 等网站。

三、大数据的需求

目前，企业数据中非结构化数据成为主流。企业信息技术架构中，结构化数据和非结构化数据占据了越来越重要的位置。

从表面来看，企业对于数据分析的需求始终都存在，数据不是理论上的革命或者技术上的革命，它是一种革新，这种革新标志着企业对于数据应用的需求上升到一个新的发展阶段。在这个阶段中，企业不但处理数据的速度越来越快，而且处理数据的类型也会越来越多，既要处理结构化数据，又要处理非结构化和半结构化数据。最为重要的是，企业怎样把这些数据上升为战略资源，利用这些数据提升自己的市场竞争力。

大数据的核心价值在于，帮助用户从大量的结构化或非结构化的大数据中，用一种全方位的方法或者一种数据分析手段，发掘出新的业务模式，创造一些新的商业发展机会，以及发掘新的潜在用户。

对于大数据目前的应用可能性，从行业应用特点来讲，大数据技术与互联网、电信、制造、医疗、金融流通这些行业的切合度最高；从应用需求来分析，互联网、制造、医疗、政府、能源、教育、快消品等行业与大数据的技术切合度较高，会有比较大的应用前景。

互联网行业，除了社交、商业零售业务之外，像在线音视频业务、广告监测、精准营销等都是未来潜在的大数据应用场景。电信行业中实时营销、线路监控、新业务挖掘等也是未来电信行业比较有潜力的大数据应用场景。金融行业中信用卡、防欺诈、电子支付业务等对大数据有较大的需求。制造行业中供应链的优化、产品研发、仓库监控等是未来制造行业中应用大数据较多的领域。

另外，不一定规模大、业务量大的企业对于大数据才有比较迫切的应用意愿，一些中等规模企业对于应用大数据相关技术的意愿更高。

　　此外还应该构建大数据创新体系，成立大数据产业联盟，实施技术创新战略，成立数据科学方向的国家重点实验室，建立数据工程技术研究中心等，为实现大数据产业应用、技术创新以联盟为纽带，促进形成若干引领大数据产业技术创新的企业联合实体。企业联合实体以合同为保障，有效整合产、学、研、用各方资源，以实现技术创新、满足市场刚性需求为目标，发展拥有自主知识产权，符合国内外市场产业发展需求的应用技术，建立产业标准、产品规范。

　　大数据帮助我们构建信息社会，更好地了解社会，为每个人提供服务，帮助人们做出决策。目前分析数据人才稀缺，就业市场尤其需要有经验、有知识储备的人才。在日常生活中人们不能仅仅依据感性经验作出决策，而应该运用数据分析，医生应该在大数据分析的基础上选择恰当的治疗手段；学校和老师需要对教学案例进行大数据分析，合理安排教学，改进教学方法；公司和企业应该学会利用大数据分析，创造新产品，为客户提供新服务；政府改进政策更加需要建立在大数据分析的基础上。在数据规模庞大的今天，我们更加需要收集大量的数据并作出行之有效的分析，这样才能实现上述目标。

第二章　档案管理工作的基础认知

第一节　档案的发展沿革

我国是一个具有悠久历史和灿烂文化的文明古国，文字与国家的形成是档案产生必不可少的条件。千百年来语言文字的创造、更新和发展，沉淀着人类思想的底蕴，漫长的中华民族文明史，留传给我们后人的是无与伦比、珍贵而又丰富的档案文献。考察档案的起源、档案的沿革，对于我们用辩证唯物主义和历史唯物主义的方法论认识和研究档案，科学地管理档案起着重要的作用；对于了解一个国家、一个民族的历史及当代社会和未来发展同样具有重要的意义。

一、档案的起源

档案究竟是怎样产生的呢？在原始社会，人们在社会实践中需要表达和交流思想感情时，只能依靠语言。但语言既不能持久，又难以远传，人们只能通过记忆来相互转告。这种"口耳相传"的传递方式为我们留下了各种远古时代的"传说"。然而，人们的记忆能力毕竟有限，为了适应日益复杂的社会生活和生产上的需要，人们开始借助某些实物来帮助记忆。最初古人创造了"结绳"和"契刻"的方法用来记事，辅助记忆。"结绳"就是在绳子上打结，用绳结的大小、多少等表示不同的含义。"古无文字，结绳为约，事大，大结其绳；事小，小结其绳"。"契刻"就是在木头上刻出各种符号、标记，以表示不同的含义。这些"结绳"和"契刻"的方法虽然也能起到一定的备忘、凭证的作用，但它们毕竟只能帮助人们回忆起某些被忘却的事情，而不能表达确切的、完整的、抽象的意思。因此，"结绳"和"契刻"还不能称之为档案。

随着社会的发展，产生了文字，出现了私有制和国家。为了满足公务管理、交往联系和记载事物等各种需要，产生了比较有条理的公务文书。我国古代的典籍中就曾有相关的记录。唐朝张怀瓘在《书断》中写到:"大道衰而有书,利害萌而有契"。随着文书的产生和使用,早期的档案和档案工作开始形成。

我国的档案有着悠久的历史,但"档案"一词则较晚出现。在商代,档案叫"册",甲骨文中就有"册"字,"册"字是连接简牍之象形字。周代叫"中","中"即官署之薄书。秦汉时则称作"典籍"。汉魏以后叫"文书""文案",各种公文统称为"文书",公文案卷叫作"文案"。唐宋以后叫"文卷""案卷""案牍"。文,是指法令条文;卷,是指书卷。唐代书为轴,一轴为一卷,法令文书称为"文卷""案卷";官府的文书统称"案牍"。"档案"这个名词一直到明末清初才出现。清代的杨宾在《柳边纪略》中对"档案"一词做如下解释:"边外文字,多于书本,往来传递者曰牌子,以削木片若牌故也;存贮年久者曰档案,曰档子,以积累多,贯皮条挂壁若档故也,然今文字之书于纸者。亦呼为牌子、档子矣。"意思是说,满族入关以前,是用木片作为文字书写材料,传递完毕后,横竖成行挂在墙壁上,当时叫"牌子""档子",档,即木架框格之意,一档为一架。满人入主中原,建立大清国后,改木片为纸质文件,但仍沿用过去习惯的称谓,也叫"档子"。而原来纸质文件的名称叫"案",所以就把办理完毕后保存起来的纸质文件称为"档案"。"档案"这词源于此,并沿用至今。

二、档案载体及其名称的发展沿革

中华民族历史悠久、勤劳智慧,创造了光辉灿烂的人类文明。中华民族在创造文明进程中形成的年代久远、数量浩瀚、内容丰富、价值珍贵的档案资源实为世所罕见。档案载体多姿多彩,从甲骨、金石、简牍、缣帛到纸墨文书,经历了长期的发展演变。随着社会的不断进步,档案载体也在继续发展。

(一)甲骨档案

我国早在殷商时期就已形成历史档案,这也是我国现存最早的系统的官府文书,称之为"甲骨档案",距今已有三千多年的历史,其总量在15万片以上。甲骨档案主要是指把人类的社会活动经过、结果等记刻在龟甲、兽骨上而形成的数量庞大、内容丰富的商周时期的档案。殷商时期,帝王们崇尚迷信,无论打仗、出巡、祭祀、狩猎、畜牧、农耕,还是发生了灾害、疾病,都要在神庙用龟甲或兽骨占卜吉凶。然后,将占卜的时间、占卜人的姓名、所问事项以及事后结果,都刻在甲骨上,并且集中存放在宗庙内保存起来,这就是甲骨档案。甲骨是当时的占卜材料,也是当时档案的主要载体。甲骨档案主要集中于商代,现在所保存的甲骨文多为盘庚迁殷至纣亡的273年间的遗迹。

甲骨档案是我国迄今为止所发现的最早的档案，记载了商代的政治、军事、经济、社会生活等方面的情况，是我国最珍贵的古代文字档案，也是研究商代历史的珍贵史料。该种档案制成材料之特殊，年代之远，数量之多，在世界范围内也是绝无仅有的。它是我国古老文明的光辉明证，也是我国丰富文化遗产中的珍品。

（二）金石档案

金文是铸刻在金属鼎彝器上的一种铭文，也称钟鼎文，一般是指冶铸在青铜器上的文字。古人称铜为金，故又常称钟鼎文为金文。随着社会的进步和文明的发展，甲骨档案逐渐退出了历史舞台。西周时期，青铜器手工业大力发展，进入极盛时期，不但冶炼技术极其高明，而且分布也很广泛，为金文的发展提供了坚实的物质技术条件，此时刻于青铜器上的文字数量增多，记事广泛，具有了书史的性质。据不完全统计，已出土的周代青铜器达5000多件。由于周代奴隶制的发展和疆域的拓展，国家权力的加强，分封和征战，以及科学文化活动等社会实践，周代的许多青铜铭文具有档案的性质。钟鼎彝器中作为记事和凭信的金文，在档案学上称为金文档案。周代金文档案内容相当广泛，记载了祀典、册命、赏赐、志功、征伐、诉讼、契约等各个方面的事迹，这对研究当时的历史具有极其重要的史料价值。

秦汉以后，随着铁器时代的到来以及秦汉统一帝国活动的发展，石刻档案盛行，数量增多，内容丰富，既有帝王出巡、狩猎、宣扬功德、生产活动、社会重要事件的记述，也有颁发政令、规定法纪的文告等。采用石刻形式发布文告，既能使传知的范围广大，又有利于长久流传，故而直到明清、民国时期仍有所见。

现在人们所称的金石档案，还包括诸如铁券、金册等一些金属载体形式的档案，多是王朝对有功臣官和有关首领人物的册封。我国的档案馆和博物馆还保存有古代"铁券""金册"等实物，如清政府颁发给五世达赖和十一世达赖的金册，至今仍光彩夺目。这些都是当时的贵重文书，现在成为稀世的古代档案和文物珍品。

（三）简牍档案

在殷商、西周时代，与甲骨、金石档案并存的还有简牍档案。简牍档案又称简册档案，它是以竹片和木板为载体书写的文书和书籍，在殷商、西周官府档案中，就有许多简牍档案。金石档案虽坚固耐久，但载体笨重，制造费工，且不便传递，所以，商周至东晋时期，特别是从周代到汉代的1000余年间，多用竹片和木板撰写文书与保存档案。写在竹片上的叫"简"，把许多简编连起来叫作"策（册）"，写在木板上的叫"牍"，统称"简牍"。"大事书之于册，小事简牍而已"。古人将竹片、木牍用绳或牛皮条穿起来，就是人们所说的"简编成册"。20世纪30年代在西北居延（今内蒙古自治区境内）汉代烽燧遗址中发现 1 万余枚汉简，称为"居延汉简"。1996 年 10 月，在湖南长沙发现了三国孙吴纪年简牍，14 万余枚，超过中国历年出土简牍数量的总和。这批吴简详细地记录了当时人们的社会生活、经济关系等内容，对于研究中国古代史，特别是对研究三国时期的政治制度、社会关系、经济关系及赋税制度等具有非同寻常的意义。因此，长沙吴简的出土被一些学者称作是继殷墟甲骨、居延汉简、敦煌遗书和清朝大内档案之后我国近代史料的第五大发现。

（四）缣帛档案

随着生产力的发展，丝织行业也发展起来，战国以后，特别是西汉，出现了以丝织品为书写材料的档案。缣帛是一种光洁细薄的丝绢，质地柔软轻便，书写方便，传递方便，可随意折叠、卷轴，易于保管和携带，便于阅读，弥补了简牍档案笨重量多、不便传阅的不足，所以汉代用它书写宫廷文书，由此产生了缣帛档案。用缣帛书写的文件可以舒卷，一份文件可卷成一束、一轴，所以又叫"案卷""案轴"。缣帛作为文书和档案的载体材料，比起竹木简牍显然更具有优势。使用简牍上一份秦奏章，竟有多达 3000 片的。秦始皇处理公文也有"日读一担"的记载。一天要看 100 斤文件，其不便之处可想而知。现存的缣帛档案有从长沙楚墓中出土的帛书，属于战国时代的古文书。汉墓中发现了较多的帛书，其中有我国迄今所见的最早的舆图档案，也是世界上迄今已发现的最早的地图。但是丝织品作为贵重物品，成本很高，多数在宫廷和皇族、贵族中使用，无法普及，到了魏晋南北朝，随纸张的广泛应用，缣帛的使用量锐减，但是封建王朝的一些重要文书仍用丝织品书写。直到清代，朝廷颁授文武官员的诰命、敕命等封赠文书还在使用绫锦。

（五）纸质档案

缣帛档案固然有其当时历史条件下的优点，但缣帛价值昂贵，无法推广使用。随着社会经济、政治、文明的不断发展，勤劳智慧的中华民族早在汉代已发明了造纸术，造纸术的发明可谓是我国古代文化史上的一件大事，对人类文明作出了巨大贡献，使档案和其他文献载体、记录方式发生了空前的大变革。用纸作为书写材料，形成了纸质档案，使我国档案和档案工作进入了一个新的历史阶段。当时，简、帛、纸几乎是同时用来作为书写材料的，因为简重帛贵，不便于广泛使用，而纸张质地轻软，价格低廉，又易于书写、传递和收藏，所以纸逐渐代替了简、帛，成为主要的书写材料，且一直沿用至今。

我国虽然在东汉时期就发明了纸张，但纸完全代替竹木、缣帛而成为官府公文用纸是在魏晋南北朝时期。到了唐、宋，用纸更为普遍，加之印刷术的出现，纸张被广泛应用于写文书。我国现存最古老的纸质档案是西晋文字家陆机所写的《平复帖》，这也是世界上现存历史最久的纸质档案。

（六）新型档案

随着科学技术的发展，档案的制成材料和书写形式也在不断地变化。到现在，档案又出现了一些以新的制成材料和特殊记录方法为形式的新型档案，如音像档案、电子档案。

1. 音像档案

音像档案是指国家机构、社会组织以及个人从事政治、军事、经济、科学、技术、文化、宗教等活动中形成的对国家和社会有保存价值的照片（包括底片、反转片）、影片（正负片）、唱片、录音带、录像带等为载体，以声像为主，并辅以文字说明的历史记录，是全宗档案的重要组成部分。音像档案是随着现代科学技术的进步产生的，也被称为声像档案或视听档案，可分为视觉、听觉、视听综合等不同形式。与纸质档案相比，音像档案具有更强的直观性，如照片档案记录了可视形象，录音带可以再现语言和音乐，影片、录像带能记录人物、事件、环境、气氛等。它们成为当时社会活动真实、可靠的可视、可听记录。但除照片档案外，大多音像档案不能直接阅读，需要借助相应设备才能读取。随着社会实践活动的日益丰富和科技的不断发展，音像档案的数量越来越多，作用也越来越大。音像档案的载体有磁性材料、感光材料或其他合成材料，成分复杂、质地脆弱。因为音像档案载体比纸张更易受光、热、温度、污染物等环境的影响而导致音像信息的失真、减弱甚至消失，所以对音像档案的保管条件、管理方法和管理要求都与纸质档案有所不同，需要专门的技术、设备、装具或专用库房。

2. 电子文件（电子档案）

电子档案是人们在政治、军事、经济、科学、技术、文化、宗教等活动中使用计算机等数字设备直接形成的，用数码形式记录文字、图像、声像等信息，归档保存的有查考利用价值的电子文件。电子文件是伴随计算机技术的发展而产生的一种新型文件。关于电子文件的定义，目前尚无统一的标准说法。我国档案行业标准《档案工作基本术语》的定义为："电子文件是以数码形式记录于磁带、磁盘、光盘等载体，依赖计算机系统存取并可在通信网络上传输的文件。"电子文件是 20 世纪中期以后出现的新名词，具有用计算机生成和读取、用数字代码记录信息、要符合文件的要求的特点。在电子环境中，文件和档案的界限不像纸质文件与档案那么清楚，而且目前电子文件的法律效力尚得到全面的认可，电子文件尚未取得与"档案"一样的法律地位。归档电子文件是具有重要凭证性、依据性和参考利用价值，作为档案保存的电子文件。但是档案馆又不能等这些问题都解决了再来接收电子文件，因此姑且把作为"档案"接收和保管的电子文件称为"具有档案性质的电子文件"。电子文件具有与传统纸质文件完全不同的特征，其特征主要包括：信息存储的高密度性；信息的非人工识读性；系统的依赖性；信息与特定载体之间的可分离性；多种信息媒体的集成性；信息的可操作性。这些特征决定了对电子文件必须采用与以往不同的管理方法。随着计算机网络系统的发展，电子文件在人类社会的应用领域、应用范围日益扩大，数量日益增加，给档案管理工作、档案学研究提出了全新的挑战。

我们通过了解档案的起源、演变发展及其历史条件，可以看出各个历史时期的档案虽然载体各异，但档案的功能是一致的，都具有记录、备忘和凭证的作用；档案的产生过程也相同，都来源于人们的社会实践活动；档案的保存有着不可替代的价值和作用。认识档案的价值是理解档案和档案管理的前提，对做好档案工作具有重要的意义。

第二节 档案的分类

一、档案分类的定义

档案分类就是依据一定的标准，按照档案来源、时间、内容和形式特征的异同点，对档案进行有层次的区分，并形成相应的体系。广义上的档案分类为档案概念分类、档案实体分类、档案检索分类的总称。这三种分类的功能各有侧重，概念分类主要为了具体认识档案，实体分类主要为了科学管理档案，检索分类主要为了准确查寻档案。狭义上档案分类指全宗内档案分类，即档案整理的分类，它仅是档案实体分类中一个方面的内容。档案分类是多种角度、多层次的分类系统，分类方法比较复杂，一直以来学术界存在多种看法，是档案学研究的主要内容之一。

二、档案概念分类

档案概念分类是指档案概念外延的划分，即在档案总概念下，分为许多具体档案概念，通常亦称档案种类划分。

（一）根据档案形成者分

根据档案形成者可分为国家机构档案、党派团体档案、企业单位档案、事业单位档案、名人档案等。每类社会组织档案中，又分为具体社会组织档案。每个独立的社会组织档案是划分全宗的依据，每类社会组织档案是划分全宗群的依据。

（二）根据档案内容分

按照档案的产生领域及其内容，可将档案分为文书档案、科学技术档案、专业档案。文书档案指反映党务、行政管理等活动的档案。科学技术档案指反映科学研究，生产运营，项目建设，设备仪器运行、维护及其管理等活动的档案。专业档案指反映专门领域活动的档案，如会计档案、人事档案、户籍档案等。

（三）根据档案载体形式分

按照档案的载体形式，可将档案分为原始型档案、传统型档案和新型档案三类。原始型档案主要指以甲骨、金石、简牍、缣帛、泥板、羊皮、纸草、棕榈叶等材质为载体的档案。传统型档案是指以纸张为载体材料制成的档案，即纸质档案。新型档案是以感光材料、磁性材料等现代技术产生的新型材质为载体的档案。

（四）根据档案记录信息方式分

按照记录信息方式可分为文字档案、图形档案、音像档案。音像档案又分为照片、录音、录像、影片档案。上述类型档案在管理和提供利用方式上都各有特殊性。

（五）根据档案记录时间分

按照档案的记录时间一般可分为古代档案、近代档案和现代档案。古代档案和近代档案常被统称为历史档案。在中国，通常分为中华人民共和国时期档案和中华人民共和国成立前档案两大类。中华人民共和国成立前档案又分为历代王朝档案、中华民国时期档案、新民主主义革命时期档案。档案是不同时代的产物，这种划分对认识档案的时代特点具有重要意义。

（六）根据档案所有权形式分

根据档案所有权形式可分为国家所有档案、集体所有档案和个人所有档案。在外国通常分为公共档案和私人档案。对不同所有权的档案，要按照档案法规的规定，分别采取不同的收集和管理办法。属于国家所有的档案，要按规定向国家档案馆移交。属于集体或个人所有的档案，其所有权的转让，一般要在自愿、合法的基础上进行，档案所有者可向国家档案馆捐赠、出售或寄存。

三、档案实体分类

档案实体分类也称为档案信息实体的馆（室）藏分类，或直接称为档案分类。档案实体分类是指根据档案的来源、形成时间、内容、形式等特征，对档案实体进行的分类。该分类有两个层次，即档案馆级的分类和档案室级的分类。

（一）档案馆级的分类

档案馆级的分类是指对一个档案馆内全部馆藏档案的分类，我国档案馆的档案是按照全宗和非全宗形式进行分类和保管的。文书档案以全宗作为科学管理的基本单位；科技档案以工程项目、产品型号、科研课题、专业性质、地域特征等非全宗形式作为科学管理的基本单位。

（二）档案室级的分类

档案室级的分类主要有全宗内档案的分类和非全宗形式档案的分类。全宗内档案分类的标准主要有档案的形成时间、来源、内容、形式等。非全宗形式档案分类的标准主要有工程项目、产品型号、科研课题、专业性质、地域特征等。

四、档案检索分类

档案检索分类亦称档案信息检索分类或档案情报检索分类，是以档案记述的内容为对象进行等级分类的逻辑体系。它以国家机构、社会组织从事的社会实践分工为基础，以档案记述的事物属性关系为依据，按照逻辑方法进行统一分类，不受档案所属全宗的限制。档案检索分类主要用于编制卡片目录和组织情报的机械化、自动化检索，一般不适用于档案实体管理的分类（某些特殊专业档案例外），档案馆的情报检索分类系统与档案实体分类排列上架序列通常是不一致的。为建立统一的档案情报检索系统，一些国家会制定通用的、标准的分类方案。例如，苏联 1962 年出版了《苏联国家档案馆分类卡片目录系统中文件情报的统一分类方案》，1978 年又出版了补充和修订本；中国 1987 年出版了《中国档案分类法》，并附有《档案分类标引规则》《中国档案分类法》类目细分规则、清代档案分类表、民国档案分类表。

五、全宗内档案分类

（一）基本含义

全宗内档案分类指的是按照来源、时间、内容、形式等方面的异同，将归档文件划分为若干层次和类别，构成一个有机体系。其包括选择分类方法、制定分类方案和档案文件归类，以便确定立卷、编目和案卷排列上架的具体方法。分类的质量在很大程度上取决于分类方法的采用是否合理。

（二）分类方法

常用的档案分类方法有如下几种。

1. 按文件的产生时间分类

（1）年度分类法，就是根据文件产生的年度将全宗内档案分成若干类别的方法。按年度分类可以反映一个立档单位活动逐年发展变化的面貌，看出不同时期工作的特点，从而有助于历史地研究问题。这种分类方法同现行机关的文书处理工作制度相吻合，以年度为单位立卷和移交。年度分类法也可以同其他分类法分层联用，是运用最广泛的一种方法。

（2）时期分类法，即把文件按照立档单位在发展变化过程中的不同时期（或阶段）分类，而在较长的阶段内又可按年度分类整理。

2. 按文件来源分类

（1）组织机构分类法，指的是根据文件处理阶段和处理文件的承办单位进行分类，即按照立档单位的内部组织机构将档案分成若干类别。

（2）作者分类法，即按文件的作者（机关或个人）分类。

（3）通信者分类法，即按与立档单位在通信上有来往的机关或个人分类（收文按作者，发文存本和原稿按收文者）。

3. 按文件的内容分类

（1）问题分类法，指的是以文件内容所涉及的主要问题为根据，将档案分成若干类别的方法。这种分类方法能较好地保持文件之间在内容方面的联系，使性质相同的文件比较集中，避免或减少同类问题文件分散的现象，并能比较突出地反映一个立档单位主要工作活动的面貌，有助于按专题查找和利用档案。但采用问题分类法时应该慎重，不应轻易打乱组织机构而先按问题分类。一般是在不可能或不适按组织机构分类，或者每个机构内文件相当多而要再分类时才采用问题分类法。

（2）地理分类法，即按文件内容涉及的地区分类。

4. 按文件的形式分类

（1）文件种类（名称）分类法，如账册、凭证、报表等。

（2）文件载体分类法，如影片、照片、录音带等。

以上诸分类法中使用较多的是年度分类法、组织机构分类法和问题分类法，而单纯采用其中一种的情况比较少，大多是结合使用。

5. 复试分类法

以上几种分类方法和保管期限结合使用，形成下列复式分类方法。

首先是年度—组织机构—保管期限分类法。先将立档单位内的档案按年度分类，然后在每个年度内按组织机构进行分类，再在组织机构下按保管期限划分。这种方法适用于立档单位内部机构经常变化但不复杂的全宗，对于现行机关的档案，采用这种分类法较适宜。

其次是保管期限—年度—问题分类法。先将归档文件按保管期限分类，每个保管期限下按年度分类，然后在每个年度内再按机构（问题）分类。这种方法多适用于撤销机关档案和历史档案。

再次是组织机构—年度—保管期限分类法。先将归档文件按组织机构分类，每个组织机构下按年度进行划分，再在每个年度内按保管期限分类。这种方法适用于立档单位内部机构多年稳定或调整不大的全宗，一般多用于撤销机关的档案。

最后是年度—问题—保管期限分类法。先将归档文件按年度进行分类，每个年度下按问题分类，再在问题下按保管期限进行分类。这种方法适用于立档单位内部机构变化复杂，或由于机构间分工不明确、文书工作不正规等原因而难以区分文件所属机构，以及没有内部机构或内部机构简单的全宗。

第三节 档案工作的内容与性质

档案工作指管理档案和档案事业的活动，包括档案管理工作、档案行政管理工作、档案教育工作、档案科学研究工作、档案宣传工作等。档案管理指档案的收集、整理、保管、鉴定、统计和提供利用等活动，即档案室和档案馆所从事的档案业务工作。通常说的档案工作是指狭义的档案工作，即档案管理。

一、档案工作的基本内容

（一）档案收集

档案收集就是接收和征集档案的意思，档案收集工作就是按照规定，通过例行的接收制度和专门的征集方法，把分散在各机关、部门、个人手中和散失在社会上的档案，集中到机关档案室和国家档案馆进行科学管理的一个业务环节，其有助于档案的科学保管和有效利用。

档案收集工作在整个档案管理中处于一种特殊地位，做好此项工作对整个档案管理工作具有重要意义。

第一，档案收集工作是档案馆、档案室取得和积累档案的一种手段，它为档案工作提供了实际的物质对象，是档案业务工作的起点。

第二，档案收集工作是实现档案集中统一管理的重要内容和一项重要的具体措施。

第三，档案收集工作质量的高低，会直接影响到档案业务工作的其他环节的工作质量。

第四，档案收集工作是档案部门与外界各方面发生联系的重要环节之一，它是一项政策性强、接触面广、工作要求较高的工作。

（二）档案整理

档案整理是指按照一定的原则对档案实体进行系统分类、组合、排列、编目，使之有序化的过程，它是档案管理中的一项基础工作。通过档案整理工作使成分复杂的档案条理化、系统化，有利于档案的保存和使用。

档案整理主要有以下三种类型。

1. 系统排列和编目

在正常条件下，档案室接收文书部门和业务部门按照归档要求立好的档案卷，档案馆接收各机关按照入馆要求整理移交的档案卷。档案馆和档案室的整理任务，主要是检查案卷质量，制定馆（室）内分类排列方案，进行案卷和全宗的系统排列以及案卷目录的加工。

2. 局部调整

局部调整的主要内容：对已接收但不完全符合整理要求的档案卷，进行必要的部分加工整理；对由于遭受损失、销毁与移出等各种原因而使整理体系发生重大变化的档案，进行新的系统化调整。

3. 全过程整理

全过程整理是指对必须接收和征集的零散档案，进行系统化和编目。

档案整理要求保持文件之间的历史联系，以方便保管利用。文件之间的历史联系是指文件在产生和处理过程中形成的内部相互关系，其主要表现在文件的来源、时间、内容、形式等方面的联系。维护文件之间的历史联系有时可采用不同的方法，在优选时应以便于档案保管和利用为其最高要求，并使二者统一起来。

（三）档案鉴定

档案鉴定是指按照一定的原则和标准，判定档案的真伪和价值，确定保管期限及决定档案存毁的一项工作。通常所说的档案鉴定工作是指档案价值鉴定，这里所说的价值是指档案因具有凭证作用与情报作用，表现出的对机关和社会的有用性和有用程度。档案鉴定是对价值的评价和预测，鉴定工作可以去粗取精，剔除失去保存价值的档案，使档案保管机构的人力、物力和财力能够充分发挥作用。

档案鉴定工作的制度与原则有以下几点。

第一，档案鉴定工作是一项科学性很强的工作，必须坚持全面观点、坚持历史观点、坚持发展观点。

第二，档案鉴定工作必须按照党和国家制定的鉴定工作原则和鉴定标准进行。

第三，档案鉴定工作必须有组织、有领导地进行，一般应由领导、专业人员和有关单位代表参加的鉴定小组负责进行。

第四，凡是经过认真的鉴定，判定为保存或销毁的档案，必须按照规定的程序，办好鉴定手续。

第五，档案鉴定工作是一项决定档案命运的工作，档案工作人员必须严肃、慎重地对待鉴定工作，严格遵守档案鉴定工作制度。

（四）档案保管

档案保管是维护档案的完整与安全的活动，是档案管理中的一项重要内容。其基本任务有两个：一是维护档案实体的系统性，使库藏档案始终有序；二是保护档案实体，最大限度地减少人为或自然因素的损坏，延长档案的"寿命"。

具体来说，档案保管的主要内容有以下四点。

1. 档案排架

可视不同情况分别采取分类排架和流水排架，或分类、流水综合排架。分类排架即按照档案形成的不同时期、档案的不同类型和立档单位的不同组织系统等，将馆藏档案划分为若干类别进行排架；流水排架即按照档案全宗最初进馆的时间顺序排架；分类、流水综合排架即先将馆藏档案分为若干类别，在每一类别内再按全宗进馆时间顺序排架。无论采用何种方法，属于一个全宗的档案均应集中排放，不应分散和混杂。

2. 档案库房管理

要建立完善的档案库房管理制度，配备必要的防护设备，合理调节和控制温度、湿度，做好防火、防盗、防尘、防霉等各项工作，保持整洁、有序，保证档案安全无损。

3. 档案调出和归还

调出和归还档案都应逐卷点交清楚，办理手续。用完的档案要归还原位。

4. 档案检查

对于馆藏档案的状况应定期进行全面检查，必要时可临时进行部分检查。着重检查档案是否缺少以及每件档案的完好状况，检查时要逐卷进行，要做出详细记录并写出正式报告。

（五）档案检索

档案检索是指存储和查找档案信息的过程，它是开展提供利用工作的基本手段，是开发档案信息资源的必要条件。档案检索工作将档案信息运用一系列方法进行加工处理，形成各种检索工具，供人们查找所需档案。

档案检索工具是记录、查找、报道档案材料的手段，是管理和利用档案的工具。档案检索工具的种类很多，可按编制方法、信息处理手段、收录材料范围、作用等不同的标准进行分类。档案检索工具按编制方法可分为目录、索引、指南。档案目录是由许多条目组成的有机体，也是档案馆（室）检索体系的主要部分。常用的有分类目录、专题目录、全宗文件目录、案卷目录等。索引是将档案中的各种事物名称、档号或存址等，按照一定顺序加以编排的一种检索工具，如人名索引、地名索引、文号索引。指南是以文字叙述的方法，综合介绍档案情况的一种书本形式的工具书，如档案馆指南、全宗指南、专题档案指南等。档案检索工具必须具备存储档案材料线索和提供查找途径的职能，并以档案信息存储丰富、检索迅速准确、方便实用为衡量质量的主要标准。

档案检索系统是将已整理好的档案经过著录和标引，按规定顺序排列而成的数据库。它能将按照整理体系保管存放的档案信息，通过多种途径集中和积累起来，以备人们按照不同的特定要求，从中检出所需要的档案。为了开展档案检索服务，必须建立相应的检索系统。按加工和处理信息的手段，检索系统可分为手工检索系统和机械检索系统两大类。手工检索系统是以卡片或书本形式的目录、索引为基础的人工查找系统，使用方便，成本较低。机械检索系统使用电子计算机等检索出存储在磁带、磁盘、磁鼓以及缩微胶卷（片）中的档案线索。为了扩大档案检索系统的存储范围，提高检索效率，实现档案检索的标准化，中国已制定了《档案著录规则》《中国档案分类法》《中国档案主题词表》等标准，将其作为著录与标引的依据，纳入档案检索系统的组成部分。

档案检索的过程主要有下列几个步骤：①分析利用要求；②选定检索工具，确定检索途径和方法，如按分类途径、按主题途径，或按全宗构成者、责任者、年代以及其他途径检索；③按照选定的检索途径及其检索标识，如分类号、主题词等查取档案；④通过一定的方式将档案材料或编成的目录提供给利用者。

（六）档案编研

档案编研是指在研究档案和社会需要的基础上，按照一定的题目、体例和方法编辑档案文献的活动。档案编研工作可以满足更多利用者的需要，让档案信息以编研成果的形式长远流传下去，并延长档案原件的寿命。

档案编研的具体做法主要包括以下几点。

1. 技术力量上采取"内举外聘"

作为县（市）级档案馆，由于受人手紧张，专业人才欠缺、水平不高等因素的制约，我们采取了"内举外聘"的做法："内举"即充分发挥馆内人员的专业特长，让其担任编研课题的负责人，参与编研的谋划工作；"外聘"即聘请有深厚文字功底和地方历史文化知识的已退休的老教师、老同志来担任编研的具体工作。

2. 选题上既坚持有所创意，又注重实用

档案编研工作是将馆内静态的档案资源转化为动态的、可供利用的信息资源的加工制作过程。档案编研的选题只有贴近党委政府的工作中心，贴近人民群众，才能有效地为经济建设、社会发展服务。让档案编研成果满足社会各界及人民群众的需要，是档案编研工作的出发点和归宿。因此，在编研选题上要尽量避免过大、过深，应坚持以编为主，研究为辅的方针，不囿于习惯性的模式，在选题的创新上做一些探索。例如，龙泉民国档案馆坚持"注重实际，贴近现实，立足实用，讲求实效"的选题原则，确立了"龙泉民国档案概要""龙泉民国档案专题介绍""龙泉民国档案文献选编""历史记忆——龙泉民国档案图片集"等主题；在内容安排方面，专题性强，有深度，具有一定的史料价值，体现了为地方党委政府的中心工作和文化建设服务的基本理念。

3. 选材上创新方法

档案信息是历代人们通过生产和实践保存和积累下来的，以档案的某种形式供后人利用的重要的历史文化资源。任何信息资源都有它的不完整性、不系统性和不准确性。因为档案在收集、整理、鉴定、归档时，无不受到当时当地的历史局限性的限制，总有当时认识不到的、删除不准确的和未收集上来的现象，加上对未来变化和需要预测不足等原因，馆藏现有资源可能难以满足编研课题的需要。对此，我们不能仅靠馆藏档案资源进行编研工作，尚需馆外资料做补充。因此，我们在选材上提出了"档案不足资料补，馆内不足馆外补"的编研工作方针。编研过程中，我们采取"内部发掘与社会调查相结合"的方法，根据专题的需要走访了一些了解当时情况和保存有历史资料的老同志，并进行了座谈。政协文史委、文化、图书、史志办等单位提供的历史文化资料做了补充，从而弥补了一些专题编研资料不足的缺陷。实践证明，这不失为一种可行的办法。

4. 专题编研成果突出地方特色、行业特色

在编研的选题中，专题编研要体现独特性、新颖性，专题不在大，重在能反映出一个地方独特的风土人情和人文特色。

（七）档案利用

档案利用又称利用服务，是指利用者以阅览、复制、摘录等方式使用档案的活动。档案得以利用是档案管理工作的最终目的，档案利用可以使包含在档案中的凭证价值和参考价值得以发挥和实现。

档案利用是档案整个过程中的最终环节，国家政府以及档案馆工作人员为档案所做的一切努力，包括档案安全保护的最终目标就是能服务于现代化建设，服务于国家、服务于人民群众。以下是几例档案利用的实例。

例 1 佳木斯市向阳法院在查办该市经济开发区基建公司一经济案时，需要查阅该公司针织住宅综合楼图纸。若查阅发案单位图纸，怕惊动发案单位当事人，为了秘密侦查，向阳法院考虑到城建档案馆可能有原始图纸资料，抱着试一试的想法去了城建档案馆。档案馆的同志十分热情，很熟练地从档案分类账中查出了针织住宅楼图纸，并协助计算数据，通过计算查出佳市经济开发区基建公司在销售商品楼时多计算房屋面积 6 平方米的违法行为，及时平息了一起上访两年的久诉不息的案件，为消费者挽回损失 1.2 万元，受到了控告人的好评和赞扬，维护了消费者的权益。

例 2 唐某是同江市一所中学的高中教师，在晋升教师序列的中级职称时，因他的个人档案里没有晋升初级职称的资料，同时他提供不出初级职称的资格证书，从而没有资格申报中级职称。为此，他去过许多部门都没能够解决问题，后来到同江市教委档案室找到了当年晋升初级职称的审批表，使其顺利办理了中级职称的申报。该教师感慨地说：档案真的是太重要了，帮助我解决了晋升职称的问题。

（八）档案统计

档案统计是指对反映和说明档案及档案工作现象的数量特征进行搜集、整理和分析的活动，是了解、认识和掌握档案工作总体情况的重要手段。档案统计工作不但可以为整个档案管理工作提供真实可靠的原始数据、基本事实，让人们对档案及档案工作做到"胸中有数"，而且还可以为档案工作决策提供强有力的信息支持，保证决策的科学性。

档案统计调查的内容和形式，根据不同目的和作用，可分为两大类。一是综合性

统计和临时性调查统计。主要是各级档案事业管理机构为了掌握全国或某一地区、某一部门的档案工作基本情况而制定的统计制度，包括定期统计报表、专题普查、抽样调查、重点调查和典型调查等多种方法。中国目前施行的方法有：①统计报表。例如，1987年国家档案局制发、国家统计局批准施行的《档案工作基本情况统计年报》，是全国统一的综合性定期统计报表制度，具有法规性，并被纳入国民经济和社会发展的统计指标体系。其主要统计指标有：中央国家机关、大型企业档案部门、全国县以上各级档案事业管理机构和档案馆机构的设置和数量，现有专职人员的人数、年龄、文化程度、档案专业程度、业务职称，档案专职教育情况，档案事业经费，保存档案的种类、数量和保管期限，档案库房建设与面积，档案提供利用人次、调卷数量，整理编目，档案资料编辑出版，等等，共200余项统计指标。②全宗卡片。根据《档案馆工作通则》规定，全国各级档案馆均以全宗为单位，逐级向同级和上一级档案事业管理机关填报馆藏全宗卡片。具体内容如下：全宗名称及其起止年月，立档单位的性质及主要职能，全宗初次入馆日期，档案数量（包括统计日期、已整理编目档案卷数量、上架排列长度、未整理编目的数量）等。并规定每年年终报送全宗内档案成分和数量变化情况报表。二是专项性情况和数量的登记，主要是档案馆（室）结合具体业务工作进行的各项原始记录和统计台账，具有基础统计和检索工具的双重性。通常的项目有：①卷内文件目录和案卷目录；②档案收进、移出登记簿；③全宗名册或全宗目录；④全宗单；⑤档案目录登记簿；⑥档案利用与效果登记簿；等等。原始登记是统计调查的基础，各档案馆（室）的原始登记与各级档案部门的统计工作相互结合，即形成档案统计网络。

二、档案工作的性质

档案工作是一项非常重要而又严格的专门事业，它是以完整地保存和科学地管理档案，充分发挥档案的作用为目的的诸项管理活动的总称，是实现社会主义现代化建设、开展各种研究、进行各项工作的必要条件。做好档案工作不仅是当前工作的需要，还是维护党和国家历史真实面貌的重要事业。其基本性质有以下几点。

（一）档案工作是一项管理性的科学性的工作

一方面，就总的档案工作看来，档案工作是专门负责管理历史文献——档案的一种独立的工作，属于国家科学文化事业的组成部分。另一方面，从特定的部门、一定单位的档案工作来看，它又是某种工作管理的组成部分。档案从其保存和流传归宿的程序角度可以分为档案室阶段和档案馆阶段。档案室保存的档案，是本单位职能活动的历史记录，档案室工作既是档案事业的组成部分，又是机关或单位秘书工作的一部分。必须用一整套科学的理论原则和技术方法管理档案，对繁杂的档案进行研究、考证和系统管理。

（二）档案工作是一项服务性的条件性的工作

从档案工作同其他工作的关系来说，它为社会各方面工作提供服务，属于一项服务性的、条件性的工作。虽然档案工作是一项研究性的工作，但是档案部门研究档案、进行编著等活动的主要目的还是为了更好地满足各界的需要，为党和国家的各项工作提供档案材料。档案工作的服务性是档案工作赖以存在和发展的基本性质。

档案工作者应当树立服务意识，掌握服务技能，完善服务条件，提高服务质量，积极为社会建设做出贡献。

（三）档案工作是一项政治性的工作

档案工作的政治性集中表现在档案为谁所有，为谁服务，受到什么阶级利益的制约，即档案工作存在着服务方向问题。在我国，档案工作不是一般的服务性行业，它是巩固人民民主专政、保护国家机密和历史财富的重要阵地之一。在当前的社会主义现代化建设事业中，档案工作必须把工作重点切实地转移到为经济建设服务的中心上来。档案工作的机要性也是档案工作的政治性表现之一，它是由档案本身的特点以及国家利益所决定的。古今中外任何国家的档案工作都有一定的保密要求。

档案工作者必须做维护历史真实面貌的楷模，实事求是，并积极地提供档案用以编史修志，用档案印证历史，校对历史。

第四节　档案工作的要求及意义

一、档案收集工作的基本要求及意义

（一）档案收集工作的基本要求

1. 满足归档的基础要求

（1）原始材料。收集进档案室的材料必须是办理完毕的原始材料（原件），要完整、齐全、真实、文字清楚。

（2）字迹纸张。①载体纸张要求。归档材料统一使用 A4(80g) 规格的办公用纸（专业特殊要求的除外）。②载体字迹要求。只能用碳素墨水、蓝黑、黑色墨水书写。

禁止使用纯蓝、红色墨水、圆珠笔、铅笔书写。

（3）材料完整。①各部门完成的当年工作职责应该有相应材料佐证，其包括录音、录像、照片、幻灯片、图片、表格及文字材料。②关于整件事情的成套材料必须配齐，以保持文件材料之间的逻辑联系。

2. 丰富和优化室（馆）藏

（1）门类齐全。所谓门类齐全，就是指档案保管机构应收集各种门类的档案。在收集中不仅要收集文书档案，还要收集科技、专门档案；不仅要收集纸张载体的档案，还要收集声像、照片、电子等各种载体形态的档案。否则，档案保管机构所保管的档案就会因门类或载体的单一而缺乏吸引力。

（2）数量充分。所谓数量充分，就是要求各级各类档案保管机构尽量补充档案数量。就现状来看，我国的档案虽然在总数量上名列世界第一，但在人均占有量上并不高。这与我国的悠久历史和社会的需求不相适应，因此应想方设法丰富档案室（馆）藏。

（3）质量优化。所谓质量优化，就是指所收藏的档案要达到一定的质量标准，具体包括两个方面：一是档案本身的内在质量（完整性、准确性、规范性）和外在质量（档案载体及书写、印制材料应符合长期安全保管的要求）；二是档案整理的质量。只讲数量，不讲质量的收集是没有价值的。必须保证所收集的档案在将来有人使用，必须在增加数量的同时，按国家的相关标准进行收集；否则，就会出现档案数量多了，可供人利用的却少了的反常情形。

（4）结构合理。所谓结构合理，就是指档案保管机构所收藏的档案在来源、内容等方面应该是合理布局的。档案馆、室藏档案既要有一般性的材料，又要有各具特色的材料；既要有领导机关的材料，又要有基层单位的材料；既要有宏观材料，又要有微观材料。在收集时，既要收集档案，又要收集报纸、地方志、传记、年鉴、回忆录、文件汇编、成果汇编及其他书刊等资料。

3. 加强档案室（馆）外的调查和指导

档案室必须注意调查研究，掌握本单位文件的形成规律和特点，制定归档制度，明确接收档案的范围、时间、数量与质量要求。档案馆应从本馆的性质与职责出发，对有关国家机构、社会组织和个人的职能、地位、任务及档案的种类、内容、保存价值、数量、整理和保管等情况进行调查研究，确定应移交档案的范围、时间、数量、质量要求和手续。在接收前，档案室应加强对有关部门的档案工作的指导，以保证所收集的档案的质量与价值。

4. 保持全宗不可分散性

全宗就是一个立档单位形成的全部档案，一个单位的各项活动是密切联系的，因此在活动中形成的各种文件材料必然存在固有的联系。为了确保文件的完整，在收集档案时必须坚持全宗不可分散的原则，一个单位形成的档案应集中到一个档案室，不能人为地分散处理。

5. 积极推行入室（馆）档案的标准化

积极推行入室（馆）档案的标准化要求在收集档案时控制好档案的质量。凡反映本机关主要职能活动、具有保存价值的各种门类、各种载体的档案，均应收集齐全完整；进馆档案必须以全宗为单位进行整理；进馆档案必须经过鉴定，保管期限必须准确无误；档案整理（分类、组卷、排列、编号、编目、装订等）规范；所采用的档案包装材料必须符合国家的相关要求，所编制的检索工具应符合档案工作要求，在利用档案时能做到有据可查；归档材料中有电子文件的，应当与相对应的纸质文件一并存档；属于非光盘形式的电子文件，应当转换成光盘储存形式的电子文件。档案工作的标准化应该在收集档案时就着手推行。

（二）档案收集工作的意义

档案收集工作是整个档案工作中极为重要的一个环节，是档案馆的一项重要的基础性工作。做好档案收集工作，对于加强国家档案资源建设、丰富馆藏、优化结构、建立健全"三大体系"、发挥"五位一体"的功能、提高档案馆服务水平，有着重要意义。

1. 档案收集工作为档案工作提供了物质条件

没有档案收集工作，就不可能有完整的档案，也就不可能有健全的档案工作。收集是档案室（馆）取得档案的一种手段。档案收集工作是档案工作的起点，是档案工作的前提条件。

2. 收集工作有助于维护历史真实面貌

档案室（馆）的收藏是一定地区、部门在政治、经济、科学和文化教育等方面的情况的综合反映。收集工作使档案齐全完整，内容丰富，将补充进馆的档案及时接收进馆，并把散存在机关、组织、个人手中以及散失在各地的档案材料收集补充到档案室（馆）。档案是维护党和国家历史真实面貌的必要手段，是贯彻执行党的路线、方针、政策的重要工具，因而收集工作的作用是十分明显的。

3. 收集工作为提高档案工作科学水平提供必要的物质条件

档案馆要想开展利用工作，没有一定数量的档案是无法进行的，若室（馆）藏不丰富、门类不全，档案馆就很难满足社会上各条战线、各种工作、各种人员对档案的各种要求。编研工作更需要有丰富的档案作为后盾。档案室（馆）其他日常工作也必须在室（馆）藏丰富的基础上才能做得更好。只有从众多的档案材料中才能清楚、准确地把握档案内在的有机历史联系，才能在丰富材料的基础上综观全局，全面考察，权衡利弊，提高工作效率，加快整理工作进度，为档案提供利用等工作创造条件。

总之，只有做好收集工作，才能使室（馆）藏丰富，材料齐全，为档案室（馆）各项业务建设，为开展档案室（馆）各项工作、加强档案室（馆）建设奠定物质基础。

4. 收集工作促进档案学理论发展，对实现档案工作现代化有重要的推动作用

档案室（馆）作为党和国家保存档案的重要基地，也是档案学理论的发展源泉。假若档案室（馆）藏不丰富，档案室（馆）各项工作开展不充分，就不可能为档案学理论的突破和发展提供充足的实践依据。室（馆）藏越丰富，各项工作实践也就越丰富多彩，必然提出许多新问题、新要求，提供很多新情况，为档案学理论的发展打下坚实的基础，从而推动档案学理论的发展。

丰富的室（馆）藏也是实现档案工作现代化的推动力量。要实现档案工作现代化，最基本的是要有丰富的室（馆）藏和对现代化的迫切需要。若室（馆）藏丰富，利用者便如鱼得水，这无疑会推动档案工作现代化的实现。

二、档案整理工作的基本要求及意义

（一）档案整理工作的基本要求

档案整理工作的基本要求是，充分尊重和利用原有的整理成果；保持文件之间的历史联系；便于保管和利用。

1. 充分尊重和利用原有的整理成果

充分尊重和利用原有的整理成果指档案管理者要善于分析、理解和继承前人对档案的整理成果所形成的自然基础，不可轻易地对其予以否定或抛弃。需做到以下几点。

（1）当原有基础基本可用时，应维持档案原有的秩序状态。

（2）如果某些局部整理结果明显不合理，可以在原来的整理框架内进行局部调整。

（3）如果原有的整理基础无法实行有效管理，可进行重新整理。

2. 保持文件之间的历史联系

文件之间的历史联系是指文件在产生和处理过程中所形成的内部相互关系。保持

文件之间的历史联系，是档案整理工作的根本性原则，可使档案能够客观地反映其形成者的历史面貌。文件之间的历史联系主要表现为以下四个方面。

（1）文件在时间上的联系。文件的时间一般是指其形成的时间。不同时间的活动所形成的文件先后有序；同一阶段的活动所形成的文件具有自然的时间联系。在整理档案时，保持文件之间在时间上的联系，有利于体现其形成者活动的阶段性、连续性和完整性。

（2）文件在内容上的联系。文件的内容一般指文件涉及的具体事务或问题；同一个事务、同一项活动、同一个问题所形成的文件之间必然具有不可分割的联系。在整理档案时，保持文件之间在内容上的联系，有利于完整地反映其形成者各种活动的来龙去脉和基本情况，也便于查找利用。

（3）文件在来源上的联系。文件的来源一般指形成档案的社会组织或个人。同属于一个形成者或同类型形成者的文件在来源上有着密切的联系。

不同来源的文件反映不同形成者历史活动的面貌，在整理档案时必须保持文件在来源上的联系。另外，不同来源的档案不能混淆在一起。

（4）文件在形式上的联系。文件的形式一般是指其载体、文种、表达方式以及特定的标记等。不同形式的文件往往具有不同的作用、特点和管理要求，可承接不同的任务，反映一些特定的工作关系。在整理档案时，保持文件在形式上的联系有利于揭示文件的特殊价值，有助于档案的保管和利用。

3. 便于保管和利用

便于保管和利用是档案整理工作的出发点和目的，也是检验整理工作质量的标准。在整理档案时，应保持文件之间的历史联系与便于保管和利用之间是一致的。而在某些特殊的情况下，二者之间会发生一定矛盾，此时就需要综合考虑各种因素，在保持文件之间历史联系的前提下，采取分别整理的方法，以有利于档案的保管和利用。

（二）档案整理工作的意义

1. 档案整理是开展其他档案业务活动的重要基础性工作

档案整理不仅为档案的利用创造了方便条件，还为整个档案管理工作奠定了良好基础。在档案管理的诸多环节中，收集工作是起点，提供利用是档案工作的目的，而档案的整理则是承上启下的关键业务。档案整理这个环节可以让我们进一步了解和检查档案收集工作的质量，对档案收集工作有一定的支持作用。档案整理工作往往与档案价值的鉴定工作相互结合进行。要想鉴定档案的价值和划分档案的保管期限，必须对档案进行全面地考察和仔细认真地分析，只有经过系统整理的档案，才能提供这种可能性。经过整理以后的档案卷，是档案馆的保管、统计、检查的具体工作对象和基本单位，也使编制档案检索工具与编写参考资料有了主要依据。

2. 档案整理可以通过有效保持文件之间的有机联系，为实现档案价值创造有利条件

保存档案的主要目的是及时地、系统地提供档案并为社会各项事业服务。为了达到这个目的，所提供利用的档案必须经过科学的整理。没有经过整理和系统化的档案，就不能充分体现档案的历史记录的特点，不能完整地反映出各项活动的历史联系和本来面貌，就会影响以致失去档案的利用价值，不便于进一步查考研究问题。档案整理工作的基本目的是把档案组成一个体系，通过编目使其固定下来，为利用档案提供条件。

3. 档案整理是实现档案管理现代化的要求

采用现代化手段管理档案，要求对档案实体加以整理，使之达到一定的系统化程度。例如，计算机库房管理系统、编目系统都需要以档案实体为基础。档案数字化、信息化、缩微化更要求档案原件系统中有序、具有有机联系的档案相对集中。档案管理的现代化也需要以档案的系统整理为基础。

三、档案价值鉴定工作的基本要求及意义

（一）档案价值鉴定工作的基本要求

1. 应从国家和社会的整体利益出发去判定档案的保存价值

档案价值鉴定工作是一项直接关系到一个国家和民族的社会历史记忆能否得到有效维护、传承和保护的重要工作，应从国家和社会的整体利益出发，科学地组织和开展。那种只考虑本单位利益，而忽视国家和社会整体利益的档案价值鉴定思想是十分有害的。每个立档单位之所以会保存档案，其直接的动力来源是为本单位业务工作的可持续进行留存足够的业务活动证据和法律所要求的证据，同时为保证本单位业务活动的健壮性留存具有参考价值的文件和记录。

但是，随着时间的流逝和立档单位的业务发展，原来留存的档案就会逐渐失去其业务证据价值和业务参考价值，这时立档单位继续保存这部分档案的"原动力"就不存在了。如果一个组织只顾及自身的利益，而缺乏国家、民族的整体利益意识，那么必然的结果就是整个国家和社会的历史记忆不断流失。为此，在开展档案价值鉴定工作时，尤其是在对"保存期满"的档案进行"定期鉴定"时，各立档单位和国家档案

管理部门只有遵循"从国家和社会的整体利益出发去判定档案的保存价值"的原则，才能保证我们的国家记忆、民族记忆、社会历史记忆的相对完整性，才能保证我们民族文化的长久传承和发展。

2. 应采用历史的观点指导档案价值鉴定工作

历史的观点指的是根据档案形成的时代背景和社会条件去识别档案的内容、形式及意义。档案是历史记录，具有鲜明的时代性特征。那种只从"现实需要"出发判定档案保存价值的思想和行为，会给人类社会档案记忆的完整性和连续性造成极大地损害。在鉴定档案价值时，坚持历史的观点就是要根据档案产生的历史条件及其在历史上的作用，科学地评价其对维护人类社会历史记忆的作用，确定其保存价值。在档案价值鉴定工作实践中，坚持历史的观点，就必须坚决反对片面的实用主义观点。

3. 应采用全面的观点指导档案价值鉴定工作

全面的观点指的是一方面从各个全宗之间、一个全宗内文件之间的全面联系中考察、分析每份具体文件，综合审视档案文件内容和外部特征的各种因素；另一方面要预测档案对形成单位、国家和社会的各种需要，有无保存意义。不谋全局者，难以谋一域。从立档单位角度看，在判定档案保存价值时，应全面分析影响档案保存价值的相关因素，综合判定档案的保存价值；从社会角度看，在判定档案保存价值时，应避免只从一个机关、一个部门（机构）或个人的需要出发去开展价值鉴定工作，而应从社会的需要出发去开展工作。从档案管理的整体效益角度看，用全面的观点开展档案价值鉴定工作，是实现整个国家档案资源体系建设整体优化目标的需要。如何有效地消除全宗之间的"档案重复留存"问题，关键的解决办法之一就是在档案价值鉴定工作中切实采用"全面的观点"、有效的整体控制手段和措施。

用全面的观点指导档案价值鉴定工作，有助于档案价值鉴定人员从整体上把握和认识有关全宗、类别（系列）、案卷的保存价值，避免孤立地判定每一份文件的保存价值。

4. 应采用发展的观点指导档案价值鉴定工作

在档案价值鉴定工作中，按照发展的观点开展档案价值鉴定工作，就是要充分考虑到档案保存的未来意义。档案的保存不仅是现实社会存续和发展的需要，还是子孙万代生存与发展的需要。档案价值鉴定工作人员应具有一定的预测未来社会发展需要的能力。随着数字时代的到来，一些在纸质档案占统治地位的时代被鉴定为"保存价值不大"的文件和记录，其数字形态的记录却因为蕴藏着丰富的、可供分析和加工的"数据"和"信息"，而成为一种非常具有留存价值的资源。所以，那种简单地认为"纸质文件和记录"与"电子文件和记录"的保存价值相同的观点和做法，是非常武断和有害的。正确的做法是，纸质档案按传统的价值鉴定标准去判定其保存价值；数字档案（电子档案）的价值鉴定标准则应重新确定。

5. 应采用科学的效益观点指导档案价值鉴定工作

对于纸质档案等传统载体形态档案的价值鉴定，必须考虑立档单位和国家档案管理部门的保存能力。那种认为只要文件和记录具有些许利用价值就应将其作为档案加以保存的思想观念，不但脱离实际，而且一旦实施就会劳民伤财。为此，开展档案价值鉴定工作时，鉴定人员应对列入保存范围的文件和记录的利用价值和利用效益，进行充分地预测和评价。只有当档案发挥的作用所带来的经济效益和社会效益大于我们所付出的管理成本时，才能认为档案是具有保存价值的。诚然，单纯的"效益"观点（即只评价档案保存的经济效益，却忽略档案保存的社会效益的观点），在档案价值鉴定中也要坚决避免。

（二）档案价值鉴定工作的意义

1. 有利于发挥档案的作用

我们保管档案，进行各项业务工作，有助于党和国家对档案的利用，把档案的作用充分发挥出来。如果不鉴定，把大量已失去保存价值和本来就没有什么保存价值的档案，同有价值或有重要价值的档案混杂在一起，臃肿庞杂，真正有价值的重要档案被大量无价值的档案淹没。有时查找一份档案文件，犹如"沙里淘金"，这给提供利用工作带来很大困难。反之，我们通过鉴定工作，去其糟粕，留其精华，剔除无价值的档案，把有价值的档案管好，利用时就可以按照利用者的需求及时查找出来，发挥档案应有的作用。

2. 有利于档案的安全保管

如果不鉴定，把大量失去保存价值的档案和有价值的档案一起保管，不但在人力、物力上造成浪费，而且妨碍改善有价值档案的保管条件，影响档案的安全保管。通过鉴定工作，分清主次，对价值大的档案给予良好的保管条件，尽可能延长档案的寿命，维护它的安全。对失去保存价值的档案剔除销毁，能腾出库房和装具来妥善保管有价值的档案。

3. 有利于安全管理，应付突发事件

档案鉴定就是将无价值的档案材料剔除出去，一方面节约了保管成本，腾出库房和装具去妥善保管有价值的档案材料；另一方面明确了档案的价值，主次分明，日常管理时就很容易确定保管的重点，便于安全管理，应付突发事件。比如，遇到水灾、火灾、地震等天灾人祸时，能很快确定抢救重点，及时抢救和转移价值大的档案资料，减少损失。否则，就会因档案资料主次不明，数量庞大，感到束手无策，不知先抢救哪些，其结果只能是"玉石俱焚"，造成更大的损失。

4. 档案价值鉴定是决定档案生死存亡的基本手段

档案价值鉴定不同于档案管理中的其他业务环节，其他业务环节往往只是档案的移位或保管体系的变化，而鉴定可以决定档案的命运，涉及"生死存亡"的大问题。档案多为孤本，有的十分珍贵，如果错误销毁了有价值的档案，损失是无法弥补的。档案价值鉴定工作担当的特殊使命，使其成为现代档案管理的核心，直接关系到档案工作其他各环节的开展，而且这项工作又存在于立卷、收集、整理、保管等环节之中，所以它也是一项难度最大的工作。

四、档案保管工作的基本要求及意义

（一）档案保管工作的基本要求

1. 不同的档案，区分保管

在档案保管中，不能采取"一刀切"的模式来管理全部档案。为了实现对档案的合理保管，对于不同价值的档案，应区别对待。在保管工作中，对不同的档案，主要是从档案的保存价值、保管期限以及载体等方面加以区分的。《中华人民共和国档案法实施办法》中规定"各级国家档案馆馆藏的永久保管档案分一、二、三级管理，分级的具体标准和管理办法由国家档案局制定"，"根据档案的不同等级，采取有效措施，加以保护和管理"，在《照片档案管理规范》等标准中，对不同保管期限的档案，其保管条件也略有差异。区分保管不同价值、不同保管期限的档案，有助于档案保管工作稳定有序地开展。尤其是随着社会科学技术的飞速发展，不同载体的档案大量产生，不同载体记录的信息的结构、原理不同，其保管要求也各不相同。因此，对于不同载体的档案，也应区分保管。

2. 预防为主，防治结合

在档案保管工作中，保护档案实体安全的方法概括起来主要有两类：一是如何预防档案实体损坏的方法；二是当环境不适应档案保管要求时或当档案实体受到损坏后如何处置的方法。在归档或接收的档案中，实体处于"健康"状态的档案占绝大多数。因此，在档案保管工作中，积极"预防"档案受到各种不良因素的破坏是主动治本的方法。我们应该采取各种措施，确保这些档案的长期安全。同时，应该通过加强日常管理和检查，及时发现档案实体出现的"病变"情况，以便于迅速地采取各种治理措施，阻断或消除破坏档案的有害因素，修复被损害的档案，使其"恢复健康"。

预防为主，防治结合，才能全面保证档案实体的安全。

3. 注重日常管理工作

为了保持档案库房管理的稳定、有序，我们应注重建立健全管理规则和制度，加强日常管理。在库房管理中要做到：归档和接收档案卷及时入库；调阅完毕后档案卷及时复位；定期进行案卷的清点和检查，发现问题及时处理。只要持之以恒地坚持严格的日常管理，就能保证库房内档案的良好状态。

4. 重点与一般兼顾

由于档案的价值不同，保管期限长短不一，所以在管理过程中，我们应该坚持突出重点、兼顾一般的原则。对于单位的核心档案、重要立档单位的档案、需要长久保存的档案，应该重点保护，尽量延长档案的寿命。同时，对于一般性、短期保存的档案要提供符合要求的保管条件，确保其在保管期限内的安全。

5. 管理与技术相结合

档案保管工作要想有效开展，管理和技术二者缺一不可，二者从不同层面上维护着档案的安全和完整。管理和技术在应对威胁档案安全的不同风险因素中，各自发挥着不可替代的作用。比如，人为因素对档案造成的破坏，需要靠管理制度约束，单纯的技术是难以发挥作用的；对于不可控的自然因素对档案带来的破坏，必须利用先进的技术应对。因此，片面强调管理，或者片面强调技术都是不科学的。同时，无论是管理还是技术，都不是一成不变的。管理的理念、方式需要不断科学化、合理化，技术手段需要不断现代化，以确保管理和技术成为档案保管工作科学发展的双翼。

（二）档案保管工作的意义

档案保管工作质量的高低对档案管理水平有重大的影响，甚至在一定的条件（如涉及档案存毁安全问题）下有决定性的影响。档案若保管得好，就为整个档案工作的进行提供了物质对象，提供了一个最基本的前提。反之，如果档案保管工作做得不好，或者不能有效地延长档案的寿命，甚至档案被损毁殆尽，那就会使整个档案工作丧失最基本的物质条件。工作对象一旦丧失，整个档案工作就随之失去其存在和进行的基础。若档案保管得杂乱无章，失密泄密，也会影响整个档案工作的秩序。

五、档案检索工作的基本要求及意义

（一）档案检索工作的基本要求

档案检索工作指存储、查找和报道档案信息，档案检索工具是目录、索引、指南等的统称。

1. 要有用于检索的档案检索工具

档案检索工具是由经过选择和压缩的档案信息编制而成的，利用者可以借助档案检索工具了解馆、室藏档案的内容和特点，并依据检索工具提供的线索调阅档案。档案检索工具既是存储、查找、报道档案信息的手段，又是档案管理与开发利用的重要工具。

2. 要有明确的检索对象

检索对象是否明确是决定检索工作能否顺利进行的关键，尤其是档案利用者委托档案人员进行的检索中，利用者必须将自己所需要的明确告诉档案人员，否则检索工作将无法进行。

（二）档案检索工作的意义

1. 桥梁作用

档案的数量随着时间的推移而日益庞大，其内容也日益繁杂，涉及社会实践活动的各个方面，档案对于利用者来说犹如大海，如果不借助科学的方法和手段，其便无法从中获取所需的档案。档案检索工具在档案和利用者的特定需要之间架设了一道"桥梁"，沟通了两者的借需关系，利用者借助检索工具便可以较为迅速准确地获取所需档案。也有人将这种桥梁比喻为"打开信息宝库的钥匙"，使用它才可以开启档案信息宝库之门，满足特定的需求。

2. 交流作用

档案检索工具中存储了大量的档案信息，它不仅可以提供查询服务，还可以成为档案馆（室）与利用者、档案馆（室）之间的交流工具。利用者借助它可以了解档案的分布、内容、价值等信息，档案馆（室）借助它可以互相了解馆藏情况、互通有无，提高服务质量。

3. 管理作用

档案检索工具记录了档案的主要内容和形式特征，集中、浓缩地揭示了馆藏情况，档案工作人员可以通过检索工具概要了解馆藏档案的内容、形式、数量等情况，为档案管理业务活动提供一定的依据，尤其是馆藏性检索工具反映档案实体顺序，在库房管理、档案数量统计等管理活动中直接发挥作用。各种检索工具还是档案工作人员查找档案、提供咨询、开展档案编研工作的必要手段。

上述三个方面的作用是就档案检索工具整体而言的，某一种检索工具可侧重于其中一个或两个方面。

六、档案编研工作的基本要求及意义

（一）档案编研工作的基本要求

档案编研工作是一项政治性、科学性很强的工作，需要工作人员有高度的政治责任心和实事求是的科学态度，严肃认真，一丝不苟。具体要求包括以下内容。

1. 政治方向正确

古往今来，档案编研工作总是带有一定的政治倾向。现在的档案编研工作要体现为社会主义现代化建设事业服务的宗旨，坚持辩证唯物主义和历史唯物主义的思想方法，维护党和人民的根本利益，符合党和国家的方针、政策、法律，注意保守党和国家的机密。

2. 史料真实

编研过程中选用的档案史料必须正确、客观地反映历史事实，这是检验编研成果质量和能否经得起历史考验的关键所在。档案编研工作必须对档案材料进行认真地核实考证，去伪存真。切忌不加考证地盲目使用档案史料，鱼目混珠。

3. 内容充实

档案编研成果能否受到社会的欢迎和重视，主要取决于它是否有丰富充实的内容，能否完整地反映有关事物的发生、发展、变化和终结的全部过程。因此，需要将与题目有关的档案材料收集齐全，尽量选用并组成能反映题目内涵的完整材料。

4. 体例系统

体例上的系统是指将档案材料按其内在联系组成一个有机整体。在内容上条理分明，上下联系，合乎逻辑；在编排体例上科学地划分章节或分类，结构严谨，形成体系。

（二）档案编研工作的意义

1. 档案编研工作是档案馆（室）主动地、系统地、广泛地提供利用服务的一种方式

编研工作是档案利用工作的一个重要组成部分，是档案部门系统、广泛地为社会提供利用服务的一项重要的基础性工作。有了编研工作，才能通过主动提供档案的编研成果，直接服务于社会各项事业，这有助于推动和促进地方人文历史、社会科学的研究。

2. 开展档案编研工作是提高档案馆（室）工作水平的一个重要途径

档案馆（室）搞好档案的收集、整理、编目等基础工作是开展编研工作的前提；

在档案编研过程中会大量调阅档案，又可对档案馆（室）的基础工作起到全面检验的作用。档案编研工作要求档案工作人员具有较高的知识水平，这可以促进档案干部队伍素质的提高。档案编研工作为社会各界和本机关提供了系统的档案信息服务，有助于扩大档案工作的影响，赢得社会各方面对档案工作的重视和支持。

3. 编研工作是保护档案史料、方便利用档案的有效措施

档案大部分为孤本，在开展利用服务时，若说是把原件提供利用，原件容易破损，从而影响档案的寿命。以编写档案史料的方式提供利用，可以避免档案原件的重复使用，减少其磨损，从而延长档案的寿命。这样也能使这些资料长久保存，便于后人利用。

4. 开展档案编研工作可以扩大档案工作部门在社会上的影响力

编研工作可以为社会提供编研成果，使广大利用者看到档案的价值，加深对档案和档案工作的了解，这样能起到很好的宣传作用。

5. 档案的编研成果的教化功能更为明显

我馆编研成果中的"红军活动""抗战时期的讲稿、诗文""鼠疫及预防措施"等重大历史事件的专题资料，都是对广大公众，特别是青少年进行爱国主义教育的生动教材。

6. 档案编研工作有利于做好统战工作

档案中有许多弥足珍贵的历史资料，其中不乏个人的档案资料，这些档案的主人在当时往往是有一定影响的人物，现在他们的子孙遍布祖国各地。通过编研工作，把这些档案信息提供给他们的后代，使其更加了解祖辈的情况，从而与之交友，建立友谊，互通信息，为地方经济和社会发展服务，这具有重要的现实意义。

七、档案利用工作的基本要求及意义

（一）档案利用工作的基本要求

档案利用工作的基本要求是档案馆（室）应当为档案的利用创造条件，简化手续，提供方便，主动开展档案的利用活动，及时掌握档案的利用效果，加大宣传力度。具体要求包括五点。①依法开展利用工作。②档案工作者要不断提高自身的素质，主动、及时开展档案利用工作。③不断完善档案服务方式和手段。④掌握本单位、本地区近期的重点工作、重大活动，据此开展档案利用工作。⑤加强档案的宣传力度，增强全社会的档案意识，促进档案利用。

（二）档案利用工作的意义

档案利用工作的意义主要表现在四个方面。①档案利用工作是发挥档案作用、实现档案价值的主渠道，是档案工作为社会主义现代化建设服务的直接手段。②档案利用工作是档案工作联系社会的一个窗口。③推动档案基础业务建设，提高档案工作水平。④促进档案工作人员业务进修学习，提高档案干部队伍素质和工作能力。

八、档案统计工作的基本要求及意义

（一）档案统计工作的基本要求

档案统计工作是档案部门的一项严肃科学任务，为了做好档案统计工作，发挥档案统计工作的作用，在进行统计时必须做到以下几点。

1. 准确性

档案统计工作的基本要求是保证统计数据准确无误。统计工作所获得的各种数据及其整理、分析得出的数据和结果都必须是真实可靠的，具有客观真实性。档案统计工作是在档案现象的质和量的辩证统一中研究它的数量的，是用数字语言来表述事实的，因此必须十分准确。数字的真实性、准确性是科技档案统计工作的生命。

要做到统计数字真实、准确，就必须有认真、负责的工作态度和一丝不苟、实事求是的工作作风，严格统计纪律，建立和规定科学的统计指标和统计计量方法。这样统计出来的数字才有价值，也才能够保证统计工作目的的实现。

2. 法治性

现代社会是法治社会，任何工作都要依法办事，档案工作也不例外。比如，《中华人民共和国统计法》是档案统计工作遵循的准则。档案统计也要纳入法制建设的轨道，因为目前实际工作中仍然存在统计违法行为，如为夸大成绩或缩小失误而虚假、瞒报、伪造和篡改统计数据资料的现象屡屡发生。因此，档案统计也要加强执法力度，才能使档案统计工作顺利开展，真正发挥档案统计工作的作用。

统计工作的目的不是取得统计数字，而是对统计数字进行分析、研究，从中寻找事物发展变化的规律；根据档案现象在一定时间、地点和条件下的具体数量关系，揭示档案及其管理工作中的内在联系和矛盾，从中总结经验，发现问题，分析矛盾，探索规律，从而改进档案工作，提高管理水平。

3. 可量化性

统计是以数字来量化反映统计对象现状的。档案统计工作中，实施统计的重要领域及其重要因素，必须是可进行量的描述与量化研究的。否则，档案统计工作会成为一般的档案登记工作。

4. 及时性

统计工作的目的是解决档案工作中的实际问题，及时了解有关情况。如果统计工作拖沓，必然会贻误良机，从而影响档案工作。为此，应该建立档案统计制度，使档案统计纳入档案部门的日常工作轨道。各级各类档案馆、档案室的统计工作要制度化，相互配合，及时按规定上报档案工作领域的相关信息，为指导和监督档案工作提供科学依据。

5. 连续性

为达到统计工作的目的，保证统计数字的准确性和统计工作的质量，档案统计工作必须连续进行，对有关内容的统计一定要有始有终，不能间断。只有保持连续性，档案统计工作才能对档案现象的发展变化进行历史地、系统地、全面地反映和概括分析，也才能保证统计工作的质量，达到统计工作的目的。

6. 目的性

档案统计工作是为了一定的目的进行的，不是为了统计而统计。如果没有明确的目的性，统计工作就会失去意义，也不容易坚持下去。因此，确定档案的统计项目时，要依据本单位的实际情况，如单位大小、档案多少、管理状况、利用状况等，有目的地、实事求是地做好本单位的档案统计工作。

（二）档案统计工作的意义

档案统计工作是档案工作的基础工作，它以数据的形式了解和掌握档案的形成、管理及利用情况和档案事业发展的状况，是档案管理计量化、精确化的基础，贯穿于档案工作的全过程，对档案事业的发展有着非常重要的意义。

1. 档案统计工作是认识档案工作的一种重要手段

档案工作中诸多现象的发展过程、现状和规律性，通过档案统计，让人一目了然。而且正是这种长期、系统的积累资料的工作，为档案管理研究和综合统计，为人们加深对档案工作的认识提供了一种手段。

2. 档案统计工作是科学管理档案的基础

从档案统计工作来看，国家档案事业的方针政策、法规制度的制定都离不开档案统计工作，统计工作提供的大量信息可以对档案事业进行指导和监督，并协助理顺档案事业的各个方面的关系。如果没有档案统计工作提供的大量数据和信息，档案管理只能是盲目的管理；没有档案统计工作的指导，档案利用服务只能是被动的服务。

科学管理档案不仅要定性分析，还要定量分析，两者结合才能实现科学管理，提高档案管理水平，从而更好地指导档案实践工作。档案统计工作可以为定量分析提供必要的数据。

3. 档案统计工作是提高档案学研究水平的重要保证

档案统计是档案学发展的一个表现。以前档案学研究比较偏重于研究社会科学的方法，随着科学技术的发展，档案学逐渐运用自然科学、技术科学和管理学的方法来研究，由关注定性研究逐渐转变为比较关注定量分析研究。因此，只有加强档案统计，认真进行分析，才能促进档案学的发展。

4. 档案统计是档案工作良性运行的重要保证

从系统论的角度来看，档案工作是由档案实体管理、档案信息开发和档案反馈信息处理三个子系统组成的，档案统计工作就相当于档案反馈信息处理系统。统计得来的具体数据直接反映了档案工作各方面的实际情况和水平，这是非常重要的。档案统计工作可以提供正确的决策依据和监督指导档案工作的统计资料，从而保证档案工作处于良性运行状态。

要想了解档案用户的需求以及档案业务工作的现状、水平、成绩和不足，都离不开反馈信息的处理，而这主要是通过统计工作实现的。比如，要了解档案用户的需求，就要通过调查研究得到大量的数据资料，然后对这些数据资料进行及时地整理、分析，就可以总结出档案用户的需求情况、需求趋势等。

第三章 传统文件档案及其管理

第一节 文书档案及其管理

一、文书档案概要

文书档案是机关、团体、企事业单位在行政管理事务活动中产生的，由通用文书转化而来的那一部分档案的习惯称谓。其包括命令、指示、决定、布告、请示、报告、批复、通知、信函、简报、会议记录、计划、总结等。也有人把文书档案作为与科学技术档案相对应的各类档案的统称，文书档案还包括诸如外交、诉讼、会计、艺术、教学等专门档案和私人档案。这一概念主要在中国使用，有的国家则用与之相近的普通档案或一般档案的概念。

从档案产生的领域来看，文书档案是机关单位在行政管理和社会事务活动领域中产生的，而科技档案是机关单位在科技生产活动领域中产生的，专门档案则是机关单位在专门业务活动领域中产生的。这是机关单位区分文书档案、科技档案、专门档案的基本方法。

从档案反映的内容来看，文书档案的内容主要反映机关单位的各种行政管理、事务管理活动，具有较强的管理性；科技档案的内容主要反映科技生产活动，具有较强的专业性；专门档案的内容主要反映各种专门业务活动，具有较强的业务性。但是机关单位在区分文书档案、科技档案、专门档案时，不能仅仅从内容上加以区分，而主要应从产生领域加以区分。例如，科技管理方面的文件、财务管理方面的文件等就应归入文书档案而不能归入科技档案、会计档案。

从档案形成的规律来看，文书档案往往以机关单位或部门自身为活动主体，围绕该机关单位或部门形成一个密不可分的档案有机整体；科技档案往往以特定对象为活动主体，围绕特定对象形成一套完整的档案；专门档案往往以某一项连续的专门业务为活动主体，围绕该项专门业务形成一个档案整体。

二、文书档案管理的重要性

做好文书档案工作是机关团体、企事业单位健康发展的前提。文书档案工作是企事业单位管理工作的一部分，是提高工作质量和工作效率的必要条件，是维护历史真实面貌的一项重要工作。档案记载着企事业单位发展的优秀成果，为研究本单位的经营业绩和科学发展提供了第一手资料。文书档案工作为决策者及时了解本单位整体经营状况、适时调整经营策略提供了准确依据，为经营决策提供了支持性证据。因此，创新文书档案工作对于促进经济社会全面发展、不断提升企事业单位在市场经济中的竞争力具有重要意义。

三、文书档案管理

（一）文书档案的收集

档案的收集工作可以分为两大部分：第一，对于单位的档案室来说，主要是按期接收归档的文件和进行必要的零散文件的收集；第二，对于各级各类档案馆来说，主要是接收档案室移交的档案、接收撤销机关档案和征集历史档案。收集工作是档案部门取得档案的手段，也是它们开展其他业务活动的前提。

档案收集工作不是一项简单的事务性工作，而是一项政策性、业务性很强的工作。主要有两方面的原因。一方面，档案收集工作具有明显的选择性。文件转化为档案是有条件的，在档案收集工作中必须严格把握这些条件，在归档和接收过程中认真筛选。档案选择是按照档案室（馆）藏范围的设计合理并全面进行的。另一方面，档案收集工作受档案形成者档案意识水平、价值观以及档案室（馆）保管条件等多种因素的制约，需要综合研究，统筹规划，提高档案收集工作的质量。

（二）文书档案的整理

档案整理工作包括区分全宗、全宗内档案的分类、立卷、案卷排列、编制案卷目录等业务环节。

档案整理工作是分阶段进行的。其中，全宗内档案的分类、立卷、案卷排列和编制案卷目录等业务环节，一般由文书部门或文书人员承担；归档案卷的统一编号由档案室承担；全宗的划分和排列多由档案馆承担。当档案室（馆）接收到整理质量不佳或基本未经整理的零散档案时，需要对档案进行局部或全部程序的整理。

1. 系统排列和编制案卷目录

系统排列和编制案卷目录是指档案室对接收的已经立卷归档的档案卷，按照本单位档案的分类和排列规则，进行统一的分类、排列和编号，使新接收的档案卷同已入库保存的档案构成一个整体。

2. 局部调整

局部调整是指对已经接收进档案部门的部分质量不合格的档案卷所做的局部改动和调整工作。

3. 全过程整理

全过程整理是指档案部门对于接收到的零散文件所进行的从区分全宗到编制案卷目录的全部整理工作。

（三）文书档案的鉴定

1. 鉴定工作的内容

档案界通常所说的档案鉴定，是对档案价值的鉴定。档案价值鉴定工作就是按照一定的原则、标准和方法，辨别和判定档案的价值，确定档案保管期限，剔除失去保存价值的档案并对其予以销毁的一项业务工作。

档案鉴定工作的内容主要包括四个方面。①制定档案价值鉴定的有关标准，包括单行规定和档案保管期限表等。②具体判定档案的价值，确定其保管期限。③拣出已无保存价值和保管期满的档案，按规定对其进行销毁或做相应的处理。④围绕上述工作而开展的一系列鉴定组织工作。

2. 档案保管期限表

（1）档案保管期限表的含义及作用。档案保管期限表是以表册形式列举档案的来源、内容和形式，并指明其保管期限的指导性文件。

档案保管期限表能够保证鉴定工作的质量和提高鉴定工作的效率。有了保管期限表，就有了一个明确的标准，档案鉴定工作人员可以根据档案保管期限表来统一进行档案鉴定工作，可以避免个人认识上的局限性和片面性造成的判定档案价值过宽或过严的倾向，确保准确地判定档案价值，提高鉴定工作的质量。同时，标准明确，有利于推动鉴定工作的顺利开展，提高鉴定工作的效率。

（2）档案保管期限的种类。档案保管期限表结构通常由顺序号、条款、保管期限、附注以及总的说明等部分组成，其中条款和保管期限是最基本的项目。条款较多的保管期限表，还须把条款加以分类。条款用来列举档案的来源、内容和形式；保管期限则指明不同条款的保管期限。

根据我国现行的档案保管期限规定，档案保管期限有永久、长期和短期三种。归档文件材料保管期限一般从案卷所属年度的下一年1月1日算起。科技文件材料应从归档后（如一个项目分批归档，则从最后一批归档后）的下一年1月1日算起。文书文件材料应从案卷所属年度。

（四）文书档案的保管

档案保管工作是指对档案的日常维护、保护性管理。

档案保管工作的内容主要包括三个方面。①档案的库房管理，即库房内档案科学管理的日常工作。②档案流动过程中的保护，即档案在各个管理环节中一般的安全防护。③保护档案的专门措施，即为延长档案的寿命而采取的诸如纸张去酸、字迹恢复、修裱等各种专门的技术处理。

四、文书档案管理工作的具体实现路径

（一）文书规范管理是做好档案管理工作的基本条件

文书规范管理是做好档案管理工作的基础，公文的种类、格式、处理程序是否规范直接影响到档案的管理，尤其在办公自动化迅速发展的今天，这种关系显得更为密切。许多文件归档工作，需提前在文件形成时来做。因此，文书工作的处理程序上要注意与档案管理紧密衔接，做到把文书工作与档案管理有机地联系起来。比如，平时对于文件的鉴定、分类以及归档编号等，在文件形成之初就要确定并做登记，且档案管理的相关工作都要完成。这样不仅减少了工作环节，避免了重复劳动，降低了差错率，还保证了文书和档案的统一及协调，提高了办公效率。

（二）领导重视是做好文书档案管理工作的前提

文书档案管理工作可以分为两个类别：一类是上级组织产生的文档管理；另一类是本级组织产生的文档管理。两类文档均是领导集体开展工作的依据，这就要求各级领导要充分重视此项工作。在加强文档管理工作方面，应做到以下两点：一是从硬件设施、软件管理等方面提供便利的条件，从上至下形成重视档案管理的风气；二是经常参与和反思档案管理工作的具体细节，对档案管理工作中存在的问题及时提出改进的意见。把加强和规范文书管理工作列入全年的工作计划中，并认真落实，这样能对加强文书档案的管理和改进工作起到积极的促进作用。领导对文书档案管理工作的高度重视和支持，使文书档案在实际工作中能够发挥其应有作用。

（三）制度完善是做好文书档案管理工作的保证

制度是规范人们行为的准则，在进行文书档案管理工作过程中，应始终坚持用

制度规范人，约束人，以制度实施文档管理。认真学习和领会《中华人民共和国档案法》和《国家行政机关公文处理办法》，根据部门公文管理工作的实际，制定相应的《公文处理实施办法》。将以往文档方面的多个规定予以综合，集档案管理、归档统计、文件处理程序、档案保密、档案借阅、档案鉴定及销毁为一体。提出规范化的要求，建立统一标准、统一要求、统一运行的操作规程。将《公文处理实施办法》列入部门《规章制度手册》的首位，并组织部门人员学习，进一步提高部门同志对档案管理工作的认识，对其中所应执行的程序进行统一，提高各部门在文书办理之初的质量和效率，减少办公室的复核工作量。《公文处理实施办法》的实施使文书档案管理工作有章可循，有据可依。有了这一制度，档案管理水平才能得以提高。

（四）强化管理、提高人员素质是做好文书档案管理工作的关键

队伍素质和程序制度是强化文书档案管理工作的两大方面。档案管理人员的素质直接影响着一个单位档案事业的发展。档案管理离不开档案管理人员这个基础，基础好，自然管理水平就高。从档案管理工作的经验看，首先档案管理员要具备较高的政治素质和思想觉悟，要有很强的责任心；其次，档案管理员要有敬业精神。档案的收集、整理、装订工作是非常烦琐和枯燥无味的，这就要求档案管理人员必须具有很高的思想境界，有奉献精神，要学会以苦为乐；最后，档案管理人员要加强学习，积极参加各种培训，特别是要在电子档案管理方面，不断增加和丰富自己的知识，学习新技术，学习档案管理的新方法，更新观念，这样才能与时俱进地搞好文书档案管理工作。

规范文书档案的管理工作就是要规定发文和收文中的各项工作环节和程序，并严格按此办理。例如，收文中从签收、拆封、登记、拟办、批办、分发到回收、销毁等，发文中从审核、签发、打印、用印、分发等，每道环节都须按规定程序落到实处，任何一个环节出现问题都会影响整个档案管理的质量。档案材料的缺失会使一些文件材料不能最终归档，档案的完整率会大打折扣，这致使现存档案无法反映一个单位工作活动的全貌。

（五）学习交流是做好文书档案管理工作的保证

实践是检验真理的唯一标准。在实践中总结的经验尤为可贵，同行之间只有不断沟通，加强交流，取长补短，才能共同提高和进步。同样，档案工作不是封闭的，需要档案管理人员的交流和相互学习。这就要求档案管理人员需从以下三个方面做起：一是自我学习提高，参加针对规定的学习内容的检查考核；二是尽可能参加档案管理方面的培训班；三是对口交流，相互激励。学习交流可以使档案管理人员相互学习，爱岗敬业，从而提高自身的档案管理水平。学习交流、相互促进成为做好档案管理工作的助力。

（六）平时积累是做好文书档案管理工作的有效途径

档案材料的收集是档案管理工作中最重要的一个环节，也是整个文档整理的第一步。收集要及时、全面，并注意做到以下三点：一是健全规章制度；二是加强催收，对领导因忙于其他事务而忘记返还的文件进行催收；三是年终归档，根据文档登记表，检查是否有缺漏文件，如有缺漏务必尽力补齐。所以，平时就注意收集，并根据预立卷制度将档案资料整理齐全，按时间顺序或文件内容归档，这样会使归档工作有事半功倍的效果。

（七）做好细节工作是档案管理工作的基础

只有从各个方面把好细节关，才能将档案管理好。做好档案管理细节工作主要应从以下几方面入手：定制度、选好人、详记录、分好类、备好案、存好档、易查阅。

1. 定制度

除依据《国家行政机关公文处理办法》外，还要结合实际工作，制定本单位的公文处理办法、文书档案管理办法、声像档案管理办法、用印管理等规章。

2. 选好人

机要文件一般是指含有国家或企业机密的文件。因此，机要管理人员应是具备高度的责任心、强烈的保密意识和较高素养的人，还应具备较高的政治条件，否则极易给单位造成不必要的损失。

3. 详记录

按收发文的不同种类分别进行登记，收发文记录各一，按程序进行，环环相接，可避免因记忆问题而产生的漏记、漏发。下面以收文为例。①收文登记需单独使用一个记录本，不得与其他记录本混用；②列明收文日期、收文号、机密等级（一般可省略）、来文单位、来文文件号、文件标题、来文数量。一般来文为红头文件，如果是传真，应在备注栏注明何时收到，如果有专人送交，应注明由何单位、何人于何时送交；③记录好的文件按文件内容、紧急情况分别交各主管领导阅示，如需在单位内进行宣传、办理，应对承办单位、收件人、办理完毕后的归档时间做出相关记录，以便全程跟踪、催办、督办。

4. 分好类

文件按机构大体分为四类：①政府类（如省政府、市政府、办公厅）；②上级类（如教育部、教育局）；③本单位文件（包括各个部门）；④其他单位（如公安局、街道办、卫生防疫机构、医疗保障中心等）。

5. 备好案

依据工作需要，每季度或半年做一次备案表，可根据记录内容打印，避免因笔体不同难以辨认。年终时，将做好的备案表装订成册，使其成为一本很好的档案明细。

6. 存好档

根据平时所做的记录和分类情况，将文件分别装入档案盒或装订成册，按时间顺序放入档案柜备查。

7. 易查阅

此项工作的难易程度取决上述各项工作做得好坏，这要靠平时的细心和工作的积累。查询时，只要翻看档案明细，查出卷目名称，即可随意抽取，做到准确、快捷、有效。发文工作与此相类似，这里不再赘述。

文书档案管理在大多数单位都受到高度重视，却往往忽视了声像档案的管理，它是一个单位在各种活动中形成的具有保存价值的录音、录像、照片等并辅以文字说明的历史记录。保管时一定要按年代、事件、时间顺序分类，以简洁、顺畅的文字说明事由、时间、地点、人物、背景、摄制者等，做到定期检查，防磁、防潮、防霉、防火、防盗、妥善、长期保管。

文书档案管理工作是各方面管理的重要组成部分，是维护一个部门历史真实面貌的一项重要工作，在单位管理工作中发挥着举足轻重的作用，只有充分重视此项工作，采用科学管理的工作方法，才能顺应新时期文书档案管理发展的需要，继而利用档案材料和档案信息的有效价值，指导和服务于管理工作，实现管理工作的特有职能。

第二节　人事档案及其管理

一、人事档案概要

人事档案是中国人事管理制度的一个重要特色，它是个人身份、学历、资历等方面的证据，与个人工资待遇、社会劳动保障、组织关系紧密挂钩，具有法律效用，是记载人生轨迹的重要文件。人事档案是记录一个人的主要经历、政治面貌、品德作风等个人情况的文件材料，起着凭证、依据和参考的作用，个人在转正定级、职称申报、办理养老保险等相关证明时，都需要使用档案。

人事档案主要具有六个方面的特性。①全面性。人事档案收存员工的履历、自传、鉴定（考评）、政治历史、入党入团、奖励、处分、任免、工资等方面的有关文件材料。因此，它能记录员工个人成长、思想发展的历史，能展现员工家庭情况、专业情况、个人自然情况等各个方面的内容。总之，人事档案是员工个人信息的储存库，它概括地反映员工个人全貌。②现实性。由于员工仍在工作，其人事档案则成为人事（劳动）部门正确使用人才、合理解决工资等问题的一个重要依据。直接为现实工作服务是人事档案区别于其他档案的重要标志。③真实性。这是人事档案现实性的基础和前提。人事档案必须做到整体内容完整齐全，个体材料客观真实，才能为用人部门提供优质服务。④动态性。人事档案立卷后，其内容不是一成不变的，随着当事人人生道路的延伸将不断形成一些反映新信息的文件材料。因此，人事档案必须注意做好新材料的收集补充，力求缩短档案与员工实际情况的"时间差"，这就要求人事档案必须打孔装订，以便随时补充新材料。⑤流动性。人事档案的管理与员工的人事管理相统一，才便于发挥人事档案的作用，如果人、档脱节，保管人事档案而不知当事人已调往何处，即"有档无人"，这样的无头档案，保管得再好也无意义。因此，在工作中必须坚持"档随人走"，在员工调走后的一周以内，必须将其人事档案转往新的管理部门。⑥机密性。人事档案的内容涉及个人功过等诸多方面，有的从侧面反映了一些重大历史事件，有的是个人向组织汇报而不能向他人（包括家庭成员）言及的内心隐秘，等等。因此，人事档案属于党和国家的机密，任何人不得泄露和私自保存人事档案材料，不能向社会无条件地提供服务。即使是处于档案管理机构的个人也不能查阅自己的人事档案。

二、人事档案管理的重要性

人事档案管理工作是对工作人员进行的有组织性的考察，为开展考核提供了重要的依据。人事档案管理发挥的基础性作用能够帮助企业开展招聘，对员工的实际情况进行有效的综合性判断，或者是通过个人档案掌握现在员工的基本工作信息，从而知人善任。企业在制定发展战略或者决策的过程中都需要人事档案管理工作起到的辅助性作用。企业内部绩效考核等也是人事档案管理的重要内容，并且与员工的直接利益相关。员工的状态、绩效成绩、工作水平等都会被记录到人事档案当中。通过对人事档案的查询能够对员工做出客观性的评价，这样会提高企业设置员工福利待遇的科学性。人事档案能够反映出企业在不同发展阶段的基本情况，较为准确全面地记录企业的发展状态。企业会根据人事档案对政策、信息等进行更改，制订经济活动计划。企业在选任干部的时候通过人事档案能够清晰地了解员工的各项条件，获取最为真实的信息。通过人事档案企业能够了解到员工的成长，并且能够挖掘出员工的优势，这对于开展全面的人才培养以及资源分配具有积极意义，有利于更好地实现员工的个人价值。人事档案管理工作也有助于人力资源管理的优化创新，实现与人力资源管理信息资源的共享，保证人才能够在合理的范围内流动，从而实现人力资源配置的最优化。

三、人事档案管理

（一）人事档案的收集

1. 人事档案收集工作原理

人事档案收集工作应依据如下基本工作原理进行。

（1）过程控制与结果控制原理。人事档案的管理主体有责任明确人事档案管理的业务工作流程，合理选择控制节点，清楚描述每个节点应形成的人事档案材料的种类和内容要求。人事档案的管理主体应重视结果控制，做好日常接收材料的审核工作，保证材料的合规性、真实性和可靠性。

（2）精细化管理原理。注意细节，保证材料的真实性、完整性。确保人事档案作为人力资源管理工具的有效性，防止用人失察、用人失当、用人失误等问题的发生。细节决定成败，若没有严格的精细化管理，就会造成人事档案管理的失败！

（3）动态化管理原理。人才流动服务机构应加强与人员及其现在所在工作单位的联系，做好档案材料的收集工作，不断充实人事档案的内容。注意：人事档案是一种动态性和延展性很强的专门档案，它会随着人员的成长而变化。管理人事档案的机构必须按照人事档案的形成规律和特点，不断补充相关人员的记录材料。

人事档案收集工作需要注意以下几点。

第一，材料必须是办理完毕的正式材料。

第二，材料必须是真实、完整齐全、文字清楚、对象明确、写明承办单位或个人署名的材料，有形成材料的日期。

第三，材料必须是手续完备的材料。对于考察任免等材料，必须注明批准机关名称、批准时间和批准文号。

第四，档案材料最好统一使用 A4 规格的办公用纸，材料左边应留 2～2.5 厘米装订边。不得使用圆珠笔、铅笔、红色及纯蓝墨水和复写纸书写。除电传材料需要复印存档外，一般不得用复印件代替原件存档。

第五，注意相对人基本信息的收集和补充，包括身份证复印件、联系方式（本人及亲属）、供职单位等。

第六，注意履行告知义务，消除相对人的误解，提供服务指南和帮助信息。需要告知的事项包括：人事档案与相对人切身利益的关系；人事档案相对人的义务；用人单位的责任与义务；人事档案管理机构的服务项目和工作流程；等等。

第七，注意制度建设，强化规范化管理。坚决做到档案不合格的不接收，材料不符合要求的不归档。

2. 人事档案的归档

（1）人事档案材料的归档范围。做好收集工作，首先应明确收集什么。依据中共中央组织部制定的《干部人事档案材料收集归档规定》，人事档案材料的归档范围包括调配、任免、考察考核材料，录用材料，办理出国、出境的材料，各种代表会材料，工资待遇材料，学历和评定岗位技能材料，职称材料，加入党团组织的材料，政审、考核材料，奖励与处分材料，履历、自传、鉴定材料，科研材料，残疾材料，等等。

（2）人事档案材料的归档要求主要有四点。①必须是办理完毕的正式文件材料。②材料必须完整、齐全、真实、文字清楚、对象明确、写明承办单位及时间。③手续完备。凡规定应由组织审查盖章的，须有组织盖章；凡须经本人见面或签字的，必须经过见面或签字。④档案材料须统一使用 16 开规格的办公用纸。

（二）人事档案的保管范围

人事档案的保管范围是依据统一领导、分级管理、管人与档案相一致的原则确定的。合理划分人事档案的保管范围，是统一领导、分级管理的原则落在实处的举措，有利于人事档案的科学保管、转递和利用工作的顺利进行。

我国人事档案的管理体制，是与干部的任免权限相一致的，干部由哪一级任免，档案就由哪一级管理。任免权限改变了，人事档案的保管也会随之改变。如果两者脱节，组织上一旦要了解该人的情况，就会找不到相应的档案；该归档和补充的档案材料要及时归档和补充。如若保管范围混乱，人事档案部门积压的人事档案就不能发挥作用。

（三）人事档案的转递和查阅

1. 人事档案的转递

人事档案工作是为人事工作服务的。对人员的管理和人事档案管理相一致，才有利于发挥人事档案的作用。做好转递工作是保持管人与管档案相一致的有效措施，是保证人事档案工作及时为人事工作服务的必要条件，是维护人事档案的完整与安全的一项重要业务建设，也是人事档案部门接收人事档案和充实档案内容的重要途径之一。

（1）转递工作的要求。①及时。为避免管人与管档案脱节，发生有人无档或有档无人的现象，必须及时转递人事档案。中共中央组织部下发的《转递干部档案材料的通知》明确规定：干部档案材料应于干部调走三天内转走，不得积压。人事管理部门在员工提升、调动、转业、复员、离休、退休的决定或通知下达后，应及时抄送或通知人事档案部门，以便续填职务变更登记表和转递人事档案。②准确。转递人事档案必须以任免文件或调动通知为依据，在确知有关人员新的主管单位后，直接将人事档案转至新的主管单位。不要把人事档案转到非人事主管单位的上级机关或下级机关，更不能盲目外转。③安全。转递人事档案工作应确保人事档案材料的绝对安全，杜绝失密、泄密和丢失现象。转递人事档案只能用机密件通过机要交通转递，也可由转出或接收单位派专人送取，不准本人自带，不得以平信、挂号、包裹等形式公开邮寄。凡转递人事档案，均应密封并加盖密封章，详细填写统一的"人事档案转递通知单"，确保其绝对安全。

（2）转递人事档案的原因和方式。转递人事档案的原因有：员工职务变动（提拔、免职、降职）改变了主管单位；员工跨单位、跨系统调动；员工所在单位撤销或合并入新单位；干部任免权变化与人事管理范围的调整，人事档案的管理范围也进行相应地调整，员工所在单位的隶属关系发生变动；干部进入院校学习毕业后统一分配，中专、高等院校毕业生分配工作；军队干部转业到地方安置或复员；员工离休、退休后异地安置；员工辞职、退职、开除公职、刑满释放、解除劳教后重新就业；员工死亡后，按规定应向相应档案馆（室）移交的；"无头档案"查到下落，形成人事档案材料的单位需要向主管单位人事档案部门移交，等等。遇有上述情况者，应按规定转递其人事档案。

转递人事档案的方式主要有零星转递和成批移交。零星转递是指日常工作中经常的、数量不大的人事档案材料及时转递给有关单位，这是转出常用的主要方式，一般通过机要交通来完成。成批移交主要是指管档单位之间数量较多的人事档案的交接，经交接双方商定，由接收单位或移交单位派专车、专人到移交（或接收）单位取送，若移交与接收单位相距太远，则通过机要交通转递。

（3）"无头档案"形成的原因及其处理方法。"无头档案"是由于不知员工去向而积存在人事档案部门的人事档案材料。"无头档案"长期积压在人事档案部门，既转不出去，又不能销毁，不仅不能发挥作用，而且需要花费人力、物力去管理，无疑是一种浪费。员工的主管单位有人无档，增加了对员工考察了解的难度，影响对员工的培养、选拔和使用。因此，人事档案管理部门既要重视对已有"无头档案"的处理，又要防止产生新的"无头档案"。

①"无头档案"形成的原因。之所以有"无头档案"主要是档案人员不稳定，制度不健全，档案工作与人员调动、任免工作脱节，转递不及时、不准确、不彻底等因素造成的。员工已经改变了主管单位，没有及时转递人事档案做到档随人走，使人与档案脱节，时间久了，情况一变再变，人员去向不明，而形成了"无头档案"。转递时，对接收单位名称不清楚或书写不准确，接收单位收到后又未仔细查对，误收误存，久而久之，人档脱节，找不到档案当事人下落。人事档案材料的收集、归档不及时，或对收集来的零散材料没有及时整理，而转递人事档案时，只转走整理好的，余下的零散材料，时间一长就转不出去，形成了"无头档案"。

②对"无头档案"的处理。对"无头档案"处理的主要方法是：先对"无头档案"清理鉴别，分清有无价值。无价值的档案、造册登记，报领导审核批准后予以销毁。有价值的档案，详细登记，积极查询该人的主管单位。必要时人事部门印发被查询员工基本情况名册，发至各地人事部门查找，经过多方查询实在无下落者，可将有价值的材料转至当事人原籍的县一级组织、人事部门代为查找，或移交县档案馆保存。

2. 人事档案的查阅

查阅人事档案总的原则是：宽严适度，内外有别，灵活掌握，便于利用。就利用者而言，由于人事档案是人事工作的重要依据和工具，组织、人事、劳动部门利用档案应从宽，其他部门利用档案应相对严一些。就利用范围而言，高级干部、中级干部、有贡献的专家、学者和有影响的知名人士，以及机要人员的人事档案，提供利用时从严掌握，严格审批手续，对一般干部、工人、学生的人事档案，利用范围可从宽。

根据有关规定，员工的主管单位，组织、人事、劳动、纪检、监察、保卫、军法、检察等部门，凡因人员任免、调动、升学、提拔、出国、入党、入团、福利待遇、离休、退休、复员、转业、纪律检查、组织处理、复查、甄别、治丧等，要了解情况，可以查阅和借用人事档案。其他单位不得直接查阅或借用人事档案，如确因工作需要，须办理手续。

四、人事档案管理工作的具体实现路径

（一）提高人事档案管理的认知水平

企业管理者在人事档案管理上的认知问题是阻碍人事档案管理体系发展的重要原

因。因此，企业管理者应进行意识更新，对人事档案管理有新的认识，明确人事档案管理工作的专业性、保密性和重要性，在管理意识和资源调配方面给予足够重视。建立健全相关管理制度，在保证现有管理体系有效运行的同时积极推动档案电子化以及管理创新化。同时，企业应当注重团队合作意识的培养，让部门之间有机协作，让人事档案管理部门拥有足够的工作协助。此外，应当注重提高人事档案管理人员的意识水平，在提高档案管理认知水平的同时，进一步强化管理知识与管理能力。

（二）多途径收集整理资料

传统纸质人事档案多以记录个人的历史资料为主，只能反映个人的基础信息，并不能借以体现人的具体发展情况和所有个人特点。在如今的大数据时代，企业应当注重人事档案信息的立体化和全面性，在关注基本信息的同时，关注个人的专业技能、品德素养和其他特质。为此，企业应在人事档案资料收集时扩大收集范围，将个人品德特性、职业能力、个人优缺点、工作表现和违法违纪情况等进行全面整合。完成相关资料收集后进行条理化编排，让企业招聘拥有更为具体和准确的参考依据，也能让企业短时间内掌握应聘员工与企业岗位的契合点，在员工管理方面也能更好地约束日常行为，让人才队伍获得更好地发展。

（三）提高档案网络化的管理水平

如今，人事档案管理电子化是大势所趋，在管理方法上进行创新升级十分必要。电子信息档案可让相应信息管理不出现重复或交叉问题，档案的调用又十分便捷，在信息资源共享模式下便能快捷完成。因此，企业应当注重提高人事档案网络化管理水平，使人事档案管理以"公共信息"的形式呈现，避免了信息的重复和交叉问题。此外，对人事档案进行编码处理，便于档案信息的收集整理，也方便后续的查询与调用，极大节约了人力物力，提高了档案管理工作效率。具体实施方面，可建立企业员工信息数据库，通过激光扫描进行信息储存，后续保存与查看均可通过网络信息技术完成。

（四）建立健全人事管理制度

企业员工个人特质不同，实际需求与发展方向也各不相同。为方便企业的人力资源管理，企业应当认识到健全人事管理制度的重要性。员工人事档案不仅材料种类较多，内容较为复杂，形成时间不一，且后续变动情况多样化，造成人事档案资料收集上的巨大难度，建立健全人事档案管理制度也就有了更大的必要性。企业应当建立完整的人事档案材料归档程序，对于档案信息变更进行全程跟踪，做好相应记录，让信息资料收集更加规范和标准。在此管理制度下，人事档案的完整性和及时性才能得以保证。

（五）提高管理人员的综合能力

人事档案管理人员的综合能力影响着企业档案管理工作的好坏，提高人事档案管理人员的综合能力势在必行。企业应当建立多元化的人员管理方式，基于管理人员的专业水平和实际需求进行对应培训，以多元化教育培训切实提高管理人员的素质能力，让其在掌握基本的档案管理专业技能的同时更好地学习掌握数字化档案管理设备，熟练运用数字化的管理模式，让人事档案管理工作更加准确、高效。同时，企业应建立相应的考核制度，对员工进行网络应用知识和技术的考核评价，不达标者进行相应处罚，激励员工认识到自身提升的重要性。

只有切实提高人事档案管理认识水平，提高网络化管理水平，进一步拓宽资料收集范围，建立健全人事管理制度，着力提高管理人员的综合能力，才能不断提高人事档案管理人员的素质水平，实现人事档案管理体系的优化，让企业以电子信息人事档案创新性管理模式实现档案管理，推动企业整体高效发展。

第三节　会计档案及其管理

一、会计档案概要

会计档案是指会计凭证、会计账簿、财务报告等会计核算专业资料，是记录和反映企事业单位经济业务发生情况的重要史料和证据，属于单位的重要经济档案，是检查企事业单位过去经济活动的重要依据，也是国家档案的重要组成部分。它是对一项单位经济活动的记录和反映。人们通过会计档案可以了解每项经济业务的来龙去脉，监察一个单位是否遵守财经纪律，在会计资料中有无弄虚作假、违法乱纪等行为。会计档案还可以为国家、单位提供详尽的经济资料，为国家制定宏观经济政策及单位制定经营决策提供参考。

会计档案有它自身的特点，主要表现在三个方面。

第一，形成范围广泛。凡是具备独立会计核算的单位，都要形成会计档案。这些单位有国家机关、社会团体、企业、事业单位以及按规定应当建账的个体工商户和其他组织。一方面会计档案在社会的各领域无处不有；另一方面，会计档案的实体也相对其他门类的档案更多一些。尤其是在企业、商业、金融、财政、税务等单位，会计档案是反映这些单位职能活动的重要材料，产生的数量很大。

第二，档案类别稳定。社会上会计工作的种类繁多，如有工业会计、商业会计、银行会计、税收会计、总预算会计、单位预算会计等，但是会计核算的方法、工作程序以及所形成的会计核算材料的成分是一致的，即会计凭证、会计账簿、财务报告等。会计档案内容成分的稳定和共性，是其他门类档案无可比拟的，它便于整理分类，有利于管理制度的制定和实际操作的规范、统一。

第三，外在形式多样。会计专业的性质决定了会计档案形式的多样化。会计账簿有订本式账、活页式账、卡片式账之分。财务报告由于有文字、表格、数据而出现了16开或8开的纸张规格以及计算机打印报表等。会计凭证在不同行业的外形更是大小各异，长短参差不齐。会计档案的这个外形多样的特点，要求在会计档案的整理和保管方面，不能照搬照抄管理其他门类档案的方法，而是要从实际出发，防止"一刀切"。

二、会计档案管理的重要性

会计档案管理对国家和企业的发展而言非常重要。会计档案具有原始记录性和凭证依据性的特点，而且会计档案还是企业经济决策的主要根据，可以有效保护国家财产，监督执行国家财经纪律。从宏观角度，国家需要根据会计档案中的信息数据进行汇总，通过这些信息数据对国家经济总体情况进行考核，从而可以顺利地执行计划和预算，制定出合理有效的经济建设方案与决策。企业和事业单位需要根据会计档案的信息数据对公司的实际运营情况进行分析，制定出符合公司发展的监督管理方案。加强会计档案管理可以有效打击经济犯罪，减少个人钻法律空子的现象出现。因此，会计档案管理对国家和企业的发展具有非常重要的作用。

三、会计档案管理

（一）会计档案的收集

会计档案的收集是指按照规定将会计凭证、会计账簿和会计报表集中归档、统一保存的活动。会计档案的收集工作要认真贯彻"统一领导，分级管理"的原则，各单位的会计档案要实行集中统一管理；同时，会计档案的收集工作要符合会计工作的规律，遵循会计档案的形成规律，保证会计档案的齐全、完整和安全。

1. 归档范围

归档的会计文件材料主要来自财政机关总预算会计、单位预算会计、建设银行会计、机关经费会计、税务机关的税收会计、企事业单位会计及建设单位会计等。会计文件材料的归档范围主要包括会计凭证、会计账簿、会计报表等会计核算专业材料。

2. 归档职责

各单位应将会计文件的积累和归档列入会计人员的职责范围，建立归档制度并明确归档范围和登记办法，根据会计文件形成的具体情况，将归档或收集渠道落实到人，以保证会计档案的收集质量。会计档案归档职责如表 3-1 所示。

表 3-1 会计档案归档职责

	会计凭证		出纳、主管会计
会计核算	账簿	总账	主管会计
		现金账	出纳会计员
		银行账	银行会计员
		各种明细分类账	会计员
	会计报表		主管会计或科长
电算会计	电算会计软件文件 电算会计软盘文件		程序设计员
其他	会计档案鉴定大纲、会计档案销毁清册、会计档案保管期限		会计档案员

3. 分散会计档案的收集

在正常情况下，会计档案的收集是通过执行归档制度完成的，但是，由于某些原因，有些会计档案未能及时归档而分散于各处。针对这种情况，应采取措施将分散的会计档案收集齐全。例如，各单位应清楚地掌握历任会计的任职情况，必要时，逐人逐年地收集会计文件；如果发现会计文件丢失或损毁的问题，要出具说明材料，并报领导审核。

（二）会计档案的保管

1. 会计档案装具

会计档案装具主要是指用来保护会计凭证、账簿、报表的盛装用具。它既能减少频繁利用存放的机械磨损，又能有效地防光、防尘、防有害气体直接对档案的危害，是保护会计档案的一种较好的办法。

（1）会计档案盒的制作要求。会计档案盒用 250g 的牛皮纸印刷、折叠而成。它存放整齐、美观、搬动方便。对制作会计档案盒有一定的技术要求，一般应符合下列条件。

①制作卷盒的材料要坚固耐用，又要采取防虫措施，在制作时应加一定的防虫

药剂。

②卷盒应取存方便，减少机械磨损。

③卷盒表面要光滑，便于除尘。

④卷盒尺寸应以放存案卷方便为准。

（2）会计凭证档案盒。会计凭证档案盒的规格一般为：长25 cm，宽（厚度）可为3～5 cm，高为12 cm。总之，会计凭证盒要略大于装订好的凭证。在会计凭证盒的脊背上装上塑料膜，以备往上插会计凭证卡片，卡片上印有"会计凭证、类别、年、月、卷号、保管期限"等项即可，以方便拆换。因为会计凭证保管期限较短，一般不超过15年即可销毁，会计档案盒可以较长时间使用，这样只要按时换去卡片即可继续使用，而且可以节省大量经费。使用时，将印有"会计凭证"字样的一头朝外放入档案架或柜橱内，查找利用十分方便。其外形如图3-1所示。

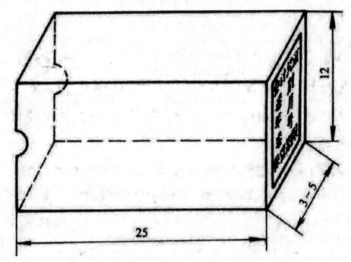

图3-1　会计凭证档案盒（图中数字单位为 cm）

（3）会计账簿档案盒。会计账簿档案盒的规格为：长30 cm，宽22 cm，高3～5 cm。在盒盖翻口处两边的适当位置要设置穿扣，使盒盖能紧扣住卷盒。在会计账簿档案盒的脊背上印上"科目""目录号""案卷号""保管期限"等项即可。存放时，将会计账簿档案盒的脊背向外放入档案橱内，科目醒目，方便查找。其外形如图3-2所示。

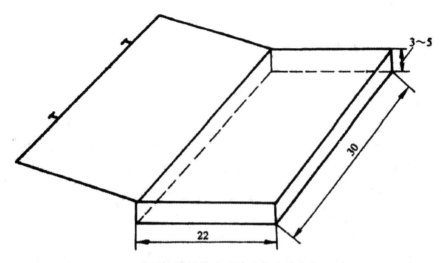

图 3-2 会计账簿档案盒（图中数字单位为 cm）

（4）会计报表档案盒。会计报表档案盒的规格为：长 30 cm，宽 22 cm，高 3 ~ 5 cm，与会计账簿档案盒类似，其外形如图 3-3 所示。在其封面上印制编号、密级、年度会计报表、编报单位、单位负责人、会计主管、保管期限等项。脊背上印制会计报表、年代、目录号、案卷号、保管期限等项。如果会计报表较厚，要采取特殊的方法予以保管。

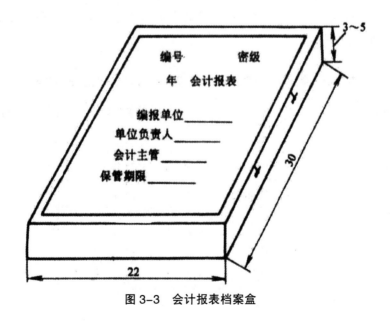

图 3-3 会计报表档案盒

2.会计档案的排放

接收入库的会计档案经登记后，即可排放于档案装具之上，固定其存放位置。会计档案排放要做到整齐一致；如果有规格不一的会计档案，应适当分类，尽可能排放整齐。

会计档案的排放一般有两种方法：第一种是会计黏附排放法，即将一个会计年度形成的全部会计档案分为凭证、账簿、报表、其他四大类，按保管期限依次排放。这种方法适用于会计年度形成档案较少的单位。第二种是会计档案形式排放法，即先将全部会计档案按凭证、账簿、报表、其他四大类分别排列，在四大类内再按会计年度排列。这种方法适合于会计年度形成会计档案数量较多的单位。

（三）会计档案的整理

会计档案的整理是指按照会计工作的基本环节对会计档案进行分类、立卷、排列、编目等工作，使会计档案构成有机的体系。整理工作对于会计档案的保管、查找利用具有重要作用。

1.会计档案的分类

分类是系统组织会计档案的重要方式，目前主要有如下几种方法。

（1）会计年度—形式（凭证、账簿、报表）—保管期限分类法。这种分类方法是首先将会计文件按照会计年度分开，再将一个会计年度的会计文件按凭证、账簿和报表分为三大类，在三大类内再按永久、25年、15年、10年、5年的顺序排列，按会计年度顺序编制流水号。这种分类方法适用于单位的预算会计、企业会计。其格式如表3-2所示。

表3-2　会计年度—形式（凭证、账簿、报表）—保管期限分类法

年度	形式	保管期限	卷号
2018年	报表	永久	1 ~ 2
	账簿	25年	3 ~ 4
	凭证	15年	5 ~ 6
2019年	报表	永久	7 ~ 8
	账簿	25年	9 ~ 10
	凭证	15年	11 ~ 12

（2）会计年度—保管期限—组织机构分类法。这种分类方法是首先将会计文件按会计年度分开，再将一个年度的会计文件按保管期限分开，然后，在同一保管期限内，按照单位的内部组织机构的顺序进行排列，同一内部组织机构的会计文件先排报表，后排账簿与凭证，按会计年度顺序编制流水号。这种分类方法适用于各级总预算会计单位。其格式如表3-3所示。

表3-3 会计年度—保管期限—组织机构分类法

年度	保管期限	组织机构	卷号
2017年	永久	储运处	1～2
		基建处	3～4
		业务处	5～6
2018年	25年	储运处	7～8
		基建处	9～10
		业务处	11～12
	15年	储运处	13～14
		基建处	15～16
		业务处	17～18
2019年	永久	储运处	1～2
		基建处	3～4
		业务处	5～6
	25年	储运处	7～8
		基建处	9～10
		业务处	11～12
	15年	储运处	13～14
		基建处	15～16
		业务处	17～18

（3）会计年度—会计类型—形式—保管期限分类法。这种分类方法是首先将会

计文件按会计年度分开，再将一个年度的会计文件按税务部门的税收计划、税收会计、经费会计等会计类型分类，在各会计类型下再按报表、账簿、凭证顺序结合保管期限进行排列。这种分类方法适合于专业性强的各级税务机关的会计档案。

2. 会计档案的立卷与调整

会计档案的立卷应遵循经济活动和财务收支的规律，由财务部门办理终结后，将凭证按照现金、银行存款、销售往来等会计科目装订成册。各类账簿也按科目成册形成案卷，作为会计档案的基本保管单位。

在整理加工过程中，账簿类型不同，处理方法不同：固定式的账页，为了保持原貌，不需拆除空白页，填写账簿启用表，并在账皮上贴账簿案卷封面；活页式账页填写账簿启用表，拆除空白页，编好页码，加账簿案卷封面和备考表后，进行装订。

3. 会计档案的编目

会计档案案卷目录是按保管单位进行登记编制，著录案卷内容和成分，并按一定次序编排的，用于检索档案卷名册。会计档案案卷目录的项目主要有：案卷顺序号、案卷号、原凭证号（或文号）、案卷标题、起止年月日、张数、保管期限、存放位置、备注等。其格式如表3-4所示。

表3-4　会计档案案卷目录

顺序号	案卷号	原凭证号	案卷标题	起止年月日	页数	保管期限	存放位置			备注
							库房号	柜号	格号	

会计档案案卷目录的项目及填写方法如下所述。

①顺序号。顺序号指会计档案在案卷目录中顺序排列的序号，用阿拉伯数字填写。

②案卷号。案卷号指每个案卷在该目录中的流水号。一本目录内不能有重复档案卷号。

③原凭证号。原凭证号指记账时按科目赋予的凭证编号。无原始凭证号的，可填写该凭证册上的编号。

④案卷标题。案卷标题指案卷封面上的标题。应写成：×× 单位 ×× 年度报表，×× 单位 ×× 年度经费总账。

⑤起止年月日。起止年月日指案卷最早形成年、月、日至最后形成年、月、日。

⑥件数和页数。件数指卷内会计档案的份数，页数指填写案卷的总页数。

⑦保管期限。保管期限指会计档案的保存时间，分为永久、25年、15年等几种。

⑧存放位置。存放位置指会计档案存放库房号以及柜（架）、格、盒的编号。

⑨备注。备注部分填写需要说明的事宜。

（四）会计档案的鉴定与销毁

会计档案的鉴定是指划分会计档案的保管期限，对其进行初步鉴定、复查鉴定和对丧失价值的会计档案予以销毁的工作。

1. 会计档案的保管期限

会计凭证一般情况下不需要永久保管，保管一定时期（例如15年）基本上可以满足查找利用的需要。会计凭证天天产生，日清月结，数量很大，都作为永久保存，既无必要，也不可能。

会计账簿保存15～20年即可，也不需要永久保存。这主要是因为会计账簿中的一些项目和数字已被会计报表所代替，会计账簿保存一段时期后查找率就会很低。

会计报表，特别是其中的年度会计报表（决算），需要永久保存。季度报表、月份报表保存3～5年。如果年度报表过于简略，或年度报表遗失，需要季度报表、月份报表辅助，则季度报表、月份报表可酌情适当延长保管期限。

2. 会计档案的销毁

（1）编制会计档案销毁清册。会计档案销毁清册是对经鉴定认定无保存价值的会计档案进行登记的目录名册，是销毁会计档案的依据，如表3-5所示。

表3-5　会计档案销毁清册

案卷号	单位	类别	案卷标题	所属年月	会计专业编号	页数	保管期限	鉴定日期	销毁日期	备注

（2）编制会计档案销毁审批报告。会计档案销毁审批报告是对需要销毁的会计档案情况的书面说明，如表3-6所示。它要上报单位的领导、上级主管部门以及上级财政部门和档案部门审批；销毁工作完成后，还要由监销人员和销毁人员在报告上签名盖章。

表 3-6 会计档案销毁审批报告

会计档案名称	起止卷号	共计册数	起止年度	应保管年限	已保管年限

主管部门审批意见： 年 月 日	本单位领导意见： 年 月 日
财会部门审批意见： 年 月 日	档案部门审批意见： 年 月 日
监销人签名：	销毁人签名：

（五）会计档案的提供利用

1. 会计档案的检索工具

（1）案卷目录。案卷目录的编制方法有：第一，编制会计凭证、账簿、报表三者合一的会计档案案卷目录；第二，分别编制会计凭证目录、会计账簿目录、会计报表目录；第三，分保管期限编制不同的会计档案卷目录。其中第三种编制方法与会计档案的排列、编号一致，有利于档案的保管、移交和销毁。

（2）专题目录。专题目录是根据国家经济建设和编制长远规划的需要，将历年案卷目录中有关生产、基建、供销、经费的内容以及财务决算、说明等按照专题编制的目录。

2. 会计档案的编研工作

会计档案编研工作的主要内容是根据档案的内容和本单位的需要编制一定形式的档案参考资料。通常会计档案管理部门以编制数据性档案参考资料为主。

（1）基础数字汇集。基础数字汇集是利用会计档案中各方面的数据信息，将立档单位经济管理活动的数据按若干项目编辑而成的一种档案参考资料，供单位领导和业务人员全面、系统地掌握情况。

（2）重要数据汇集。重要数据汇集是按照时间顺序，将资金、产值、利润、利税、工资、奖金、成本等分项制成表格而形成的档案参考资料。

（3）阶段性资金分析表。阶段性资金分析表可使领导从某一阶段企业经营情况来研究企业的经济发展概况，或与某一阶段企业经济活动规律进行对比，以总结企业发展或经营的经验教训。

（4）企业历年经济效益曲线图。横坐标为年度，纵坐标为企业经济效益，每年的经济效益在平面上对应一个点，将这些点用线段连接起来，形成企业历年经济效益曲线图，从而可以直接从线上看出企业经济效益发展的变化规律。

四、会计档案管理工作的具体实现路径

（一）完善会计档案管理的制度

企业想要完善会计档案，需要制定和完善会计档案管理制度。会计档案管理工作需要根据我国的有关法律和法规进行，尤其是需要学习和落实会计档案管理的模式，在进行会计档案管理时需要做到科学、合理、合法。而且企业需要结合我国相关法律法规，制定和完善适合企业的会计档案管理制度。此外，企业还需要在实际的会计档案管理工作中不断积累经验，发现问题，解决问题，从而完善会计档案管理的制度。

（二）正确认识会计档案管理工作，注重对会计档案工作的领导

部分企业领导不注重对会计档案管理，影响了企业的发展。因此，企业领导需要带头学习有关会计档案管理工作的法律法规，从而使企业员工可以正确地认识会计档案管理工作。在企业经营中，会计档案管理非常重要，会计档案管理工作对企业的会计工作有着重要的影响。会计档案管理是会计工作中的重要组成部分，其需要企业的领导与会计档案管理工作人员转变自身的传统工作观念，正确认识会计管理工作。此外，企业领导需要注重对会计档案管理的投资，促进企业长期稳定发展。

（三）加强对会计档案管理人员的综合素质培训

企业想要长期稳定的发展需要雄厚的资金和大量的人才。人才是一个企业发展的核心，尤其是企业中的会计档案管理工作人员。因此，企业需要定期对会计档案管理人员进行专业培训，使会计档案管理工作人员可以提升自身的综合素养，还使会计档案管理工作人员扎实地掌握专业技能与知识。企业可以邀请进行专业授课，对会计档案管理人员进行专业技能培训，还可以带领会计档案管理人员进行观摩学习，使培训常规化、制度化。通过培训提升会计档案管理人员的专业技能与安全意识，而且企业领导需要加大对会计档案管理人员的监督，制定完善的培训制度，从而规范会计档案工作人员的行为。

（四）规范会计档案管理基础工作

在企业中想要完善会计档案管理措施，离不开规范会计档案管理基础工作。企业

想要规范会计档案管理工作人员的基础工作，需要解决会计档案管理工作中需要的各种耗材问题，解决了各种耗材的问题以后，还需要企业组织会计档案管理人员到优秀的合作企业中进行学习观摩。会计档案管理人员需要认真地学习国家和企业中相关规定和标准，在实施中不断对规定和标准进行完善。此外，在会计档案管理中，企业可以邀请专家来对会计档案管理人员进行实地指导，指出会计档案管理人员在工作中存在的问题，给出合理的意见，从而促进会计档案管理工作人员综合能力的培养。

总之，会计档案管理对企业和国家而言非常重要，企业需要注重对会计档案的管理，使会计档案管理越来越规范，企业需要加大对会计档案管理的资金投入，还需要加强对会计档案管理的检查监督，使会计档案管理可以在良好的环境下工作。只有不断对会计档案管理的措施进行完善，才可以使会计档案管理得到规范化的管理，从而迈上更好的发展道路。

第四节　科技档案及其管理

一、科技档案概要

科技档案是科学技术档案的简称，是在自然科学研究、生产技术、基本建设等活动中形成的应当归档保存的图纸、图表、文字材料、计算材料、证书、声像资料等科技文件材料。科技档案包括电子档案等各种含有科学技术各种形式的档案。科技档案是档案的一大门类，且有以下四点形成规律和特点。

1. 专业性。专业性是科技档案最突出的特点之一。科技档案的专业性特点集中表现在形成领域和内容性质两个方面。科技档案的专业性特点不仅使它们同一般档案相区别，而且使不同专业形成的科技档案彼此之间互相区别。因此，专业性特点是实现科技档案科学管理的重要依据之一。诸如科技档案工作管理体制的确立、科技专业档案馆的组建、科技档案的整理分类等等，都是建立在科技档案专业性特点的基础之上的。

2. 种类和类型的多样性。种类的多元性和类型的多样性是科技档案的明显特点。在各个档案门类中，以科技档案的种类最为繁多、类型最为复杂，呈现出多样化的鲜明特点。以种类而言，科技、生产活动的多专业性，导致了它的伴生物科技档案在种类上的多元化。以类型而言，科技档案是所有档案中类型最为丰富多样的一种。

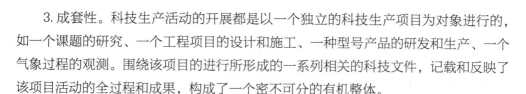

3. 成套性。科技生产活动的开展都是以一个独立的科技生产项目为对象进行的，如一个课题的研究、一个工程项目的设计和施工、一种型号产品的研发和生产、一个气象过程的观测。围绕该项目的进行所形成的一系列相关的科技文件，记载和反映了该项目活动的全过程和成果，构成了一个密不可分的有机整体。

4. 现实性。其他文件归档后基本上完成了现行功能，而科技文件在归档后往往仍具有很强的现实使用性，并将在相当长的时期内继续发挥这种现行功能。

科技档案是科学技术资源储备的一种形式，是发展生产和科学技术，进行现代化建设的依据和条件，充分利用科技档案能取得技术效用和经济效益。科技档案具有工作查考、科学研究、经验总结、技术交流等多方面的作用。

二、科技档案管理的重要性

当前我国经济社会发展呈现出良好的发展趋势，科学技术的发展也日新月异，在科技生产活动期间，产生了越来越多的应用信息，将这些信息记录下来就形成了科技文件。科技文件的类型和数量逐渐增多，其管理工作也逐渐复杂化，因而对科技文件进行档案化管理已经成为时代发展的必然趋势。

科技文件是人们对生产、建设及科学研究活动期间所形成的重要信息的翔实记录，对其进行档案化管理就显得尤为重要。

首先，科技档案管理可以增强科技文件的系统性。科学研究不仅是对以往研究的继承和创新，更是立足于当前时代和社会的发展局势开展的研究分析，因此对经济社会的发展具有十分重要的意义，并且能够为后来的研究打下一定的理论基础。对科技文件进行档案管理，将科学研究开展前的准备工作、科学研究进展过程中的阶段性成果、科学研究取得的最终成果加以详细记录，能够有效避免科研信息丢失，建立起科技文件的体系，从而为相关研究的开展提供一定的参考。

然后，科技档案管理有利于增强科技文件的真实性。档案管理要求所管理的内容必须具有真实性，不能存在任何造假现象，因而运用档案管理的方式管理科技文件，有助于对科学研究的过程及结果进行监督，确保科学研究的成果真实有效，从而保证科学研究的原创性，进而弘扬实事求是的学术品格。

最后，科技档案管理可以提升科技文件的专业性。科学研究有自己所属的学科部门，通过发现新的研究成果，可以为这一学科的建设和发展提供有力的支持。利用档案管理的方式管理科技文件能够将同一学科的研究成果进行分类保存，同时在整理和归档时突出这一学科的特征，进而增强科技文件档案管理的专业性，为该科的长远发展奠定坚实基础。

三、科技档案管理

（一）科技文件的积累与整理

科技文件的积累、整理是科技档案管理的基础工作，对于保证科技档案的完整、准确、系统具有重要意义。科技文件的积累和整理工作应在档案部门的指导、协助下，由科技业务部门的科技人员负责。

1. 科技文件的积累

科技文件的积累工作贯穿在科技文件形成、流通到归档前的科技生产活动全过程。这既是科技档案工作的需要，也是科技管理工作的要求。科技文件积累的一般方法有以下几方面。

（1）科技人员个人积累。即科技人员个人将自己在科技生产活动中形成的科技文件自行积累。具体做法是：由部门领导或科技项目负责人下达积累工作的要求，科技人员按规定进行具体的积累工作，并将积累文件的数量、内容等进行登记，在适当的时候交由部门或科技项目组的兼职资料员统一整理，立卷归档。

（2）兼职资料员积累。在科技生产部门或科技项目组设立兼职资料员，由兼职资料员负责日常科技文件的积累和管理工作。

（3）科技档案部门积累、保管。基层科技档案部门也负责某些类型的科技文件的积累、保管工作，主要是产品或工程设计的底图、蓝图。一般情况下，产品或工程设计的底图、蓝图数量较多，且需复制、传递，为便于管理，一般由科技档案部门暂时保管，待产品定型或工程设计完成后正式归档。

2. 科技文件的整理

归档的科技文件应经过系统整理组成案卷。组织案卷是科技文件整理工作的核心内容，这项工作由有关的科技部门承担，科技档案部门履行监督、指导的职责。

（1）科技文件的立卷。科技文件的立卷就是将一组内容上具有有机联系的、数量适度的、价值和密级基本相同的科技文件组合在一起，形成一个保管单位。保管单位的形式有卷、册、袋、盒等。科技文件的立卷工作具有很强的技术性，不同种类的科技文件应采用不同的立卷方法。

①按结构立卷。根据产品、设备的结构，按其内部的不同组成部分，将科技文件分别组成案卷。如机械产品，可按其组件、部件、零件等结构分别组成若干案卷。

②按子项或子课题立卷。根据基本建设工程的子项或科技研究课题的子课题将科技文件分别组成案卷。如某学校的基本建设工程由行政楼、教学楼、实验楼、学生宿舍、图书馆等子项构成，各子项的科技文件即可分别组成案卷。

③按工序或阶段立卷。根据科技生产活动的程序或工作过程，把反映不同程序或过程的科技文件分别组成案卷。如工艺文件可按加工的不同工序分别组成案卷，科研、设计文件可按科研、设计的不同阶段分别组成案卷。

④按专业立卷。根据科技文件内容所涉及的专业分别组成案卷。如一个机械产品的工艺文件，可按铸造、锻造、热处理、焊接、电镀、油漆等不同专业分别组成案卷。

⑤按问题立卷。根据科技文件反映的不同问题分别组成案卷。如某项综合调查或考察、某个专业讨论会，可按调查或考察、讨论中的不同问题将科技文件分别组成案卷。

⑥按名称或文件性质立卷。根据科技文件的不同名称或不同性质分别组成案卷。如设计任务书、计算书、说明书、工程预算或决算、学位论文等可按名称分别组成案卷，或将科技文件按不同性质如原始基础性文件、中间过程性文件、成果性文件分别组成案卷。

⑦按地域立卷。根据科技文件所反映或形成的地域特征分别组成案卷。如地质勘探文件、地形测量文件和水文、气象观测等文件等均可按地域组成不同案卷。

⑧按时间立卷。根据科技文件所反映或形成的时间特征分别组成案卷。如自然现象观测活动中形成的文件，可按不同时间分别组成案卷。

⑨按作者立卷。根据科技文件形成的不同作者分别组成案卷。如将不同专家形成的考察报告、论文、专著手稿等分别组成案卷。

（2）卷内科技文件的排列。卷内科技文件的系统排列也是组织案卷的一项工作内容，其目的是更好地保持和正确反映卷内科技文件之间的有机联系，便于日后的管理和查找利用。

①按科技文件目录或编号顺序排列。科技文件中的图样一般在形成时已有图纸编号和图样目录，这些图号或目录本身就反映了图样合乎实际的排列顺序。因此，按目录或编号排列的方法对图样的排列是适用的。对没有目录或编号的图样，机械产品图样可按隶属关系排列，如按照总图—组件图—部件图—零件图顺序排列，如是按组件立卷则可按照组件图—第一部件图及其所属零件图—第二部件图及其所属零件图—……—直属组件的零件图排列；基本建设工程图样可按总体和局部关系排列，如

按照总体布置图—系统图—平面图（或立面图、剖面图）—大样图等排列；地形测绘、测量图样可按图幅比例排列；地质勘探、地震观测图样可按地区特征排列；自然现象观测图样可按时间顺序排列等。

②按科技文件特征排列。卷内科技文件如果单纯是文字材料，则可按其重要程度、问题、时间、作者、地区等特征排列。按重要程度排列，就是按照科技文件的重要程度依次排列，重要的在前，次要的在后；按问题排列，就是先将科技文件按不同的问题分为若干部分，然后再按此问题与彼问题之间的逻辑关系进行前后排列；按时间排列，就是按照科技文件形成的时间或其内容所反映的时间进行排列；按作者排列，就是将科技文件按作者进行划分后，再结合其他特征如时间先后等进行排列；按地区排列，就是按照科技文件形成的地区或其内容所反映的地区，并结合其他特征进行排列。

③凡文字材料和图样混合立卷的，如果文字材料是对整个对象（如产品、工程、课题）或整个案卷（如部件、专业等）或多份图样进行的总说明，则文字在前，图样在后；如果文字材料只是对卷内某份图样进行补充或局部性说明，则图样在前，文字在后。

（3）案卷编目。案卷编目是以案卷为对象，通过一定的形式固定案卷系统整理的成果，揭示案卷内科技文件内容与成分的工作。案卷编目的内容包括编页号、填写卷内科技文件目录和备考表、填制案卷封面和脊背标签等。

（二）科技档案分类

1.科技档案分类的基本要求

（1）要符合档案形成专业和形成单位科技活动的性质特点。专业不同、单位类型不同，形成的档案种类、内容构成也不尽相同。例如，机械、化工、纺织、冶金等系统形成的科技档案差别较大。一个专业系统内部不同类型的单位之间，因为分工不同，科技活动不同，档案也存在较大差异。因此，在进行分类时，必须针对科技档案形成的实际情况选择适宜的分类方法。

（2）在一个单位内部或一个专业系统内部，同一层次的科技档案分类标准应当一致。科技档案的分类是根据某种特性、特征或关系而划分类别的。由于科技档案存在多种特性和特征，因此分类标准是多种多样的。但是，在一个单位内部，同一层次之间只能采用一个分类标准。例如，某建筑设计院对于工程设计档案可以采用按项目分类，也可以采用按专业分类，但是，在具体的分类中，就应当或者按项目分类，或者按专业分类，而不能在同一层次上既有项目分类，又有专业分类。交替使用分类标准将导致档案整理的混乱，故必须杜绝交叉分类。

（3）分类成果应当"固化"。对于一个单位档案的分类，必须在确定类别前，对本单位的全部档案（包括科技档案）进行准确系统的研究，在划分类别后，应当保持相对固定、稳定，不要随意更改，否则将造成严重后果，如增加重复劳动、增加营运成本、降低利用效率。

2. 科技档案实体分类

科技档案实体分类重点在于编制科技档案分类方案，即通过文字、数字、代号和图表来表现科技档案的类目体系及其纵向和横向的关系。这个分类方案可以使本单位科技档案的归属等基本情况脉络清晰，一目了然。分类方案的编制应与本单位科技文件的分类方法协调一致。

（1）科技档案分类方案的编制规则

①分类方案类目体系的可包容性。分类方案应能包容全部内容，使每一种科技档案、每4份科技文件都能够在分类方案的类目体系中找到自己应有的位置。同时，分类方案还要预测本单位在一定时期内科技档案的发展情况。

②分类方案类目体系的严整性。分类方案类目体系的纵向关系开展和横向类目排列应符合分类规则。分类方案的类目体系是由各大类和各级属类构成的反映类目之间关系的分类系统，体现了一种层次关系，它表现在纵向和横向两个方面。

从纵向来讲，类目体系表示大类以及由其逐级展开的各级属类之间的从属关系，类似于总体和部分的关系。例如，科技档案的一个大类包含若干较小的类，一个较小的类又包含更多更小的类，依次类推。

从横向来讲，类目体系表示各级同位类之间的关系，并用平行排列的方式表达同位类之间的并列关系。同位类既有大类间的同位类，也有属类（包括各级属类）间的同位类。

③分类方案类目体系的相对稳定性。在一个单位内部，科技档案分类方案必须保持长期的相对稳定性，不宜经常地或频繁地更改分类方法和分类体系。

④科技档案分类方案的结构严谨性。科技档案分类方案的结构包括分类表、说明、代号和索引。

（2）科技档案分类方案的编制步骤

①划分大类，确定类列。根据科技档案的基本种类设一级类目，有多少种科技档案，就设多少个一级类目。如生产、设备、基建、科研、产品等一级类目的设置。国家档案局曾制定了《工业企业档案分类试行规则》（以下简称《分类规则》），对工业企业档案的一级类目设置做出了规定。一般生产性企业可以基本按照《分类规则》的

类目套用；非生产型企业应根据自身形成档案的内容和性质设一级类目，如商业企业可设业务类等。

②划分属类，形成类系。在每个大类中，根据科技档案的内容构成和形成特点，按照已确定的分类标准和形成特点，设置相应的上位类和下位类（即属类、小类），形成不同类别层次，构成一个完整体系。

③确定类列排序。大类之间不是随意排列的，应突出科技档案的主体。例如在工厂，产品档案是主体；在设计单位，设计档案是主体；在地质部门，地质档案是主体。

④明确代字、代号。用英文字母或阿拉伯数字给每个类目一个固定的类目代字或代号。

⑤制成文件或图表。把由类列和类系组成的类目体系用方案叙述方式或图表表达方式表达，形成完整的科技档案分类方案。

⑥撰写分类方案的编制说明。编制说明即指出编制的依据、分类标准、类目代字和代号的使用方法等。

（三）科技档案的提供利用

科技档案的提供利用是指科技档案部门采用多种有效的方式，直接提供科技档案及其信息加工材料，及时、准确地满足利用者的需求。科技档案提供利用的方式如下。

1. 借阅

开展科技档案借阅是科技档案部门提供利用的基本方式，包括内部借阅和外部借阅两种形式。内部借阅是指本单位科技人员借阅档案，其借阅方式有阅览和借出两种。外部借阅是指在某些特殊情况下，外单位因工作需要可暂时外借，但这种外借应有严格的制度规定并办理相关手续。

2. 复制供应

复制供应是指以晒印蓝图、静电复印件、缩微交卷（片）等复制材料为利用者提供利用服务。它是科技档案提供利用的一种重要形式，包括对内复制供应和对外复制供应两种。

3. 科技咨询

科技咨询是指科技档案部门以科技档案为依据，通过综合分析研究科技档案信息，为利用者解答有关科技档案状况或有关科学技术内容的一种服务方式。

4. 陈列展览

陈列展览是指把科技档案中的一部分，按照一定的专题予以陈列展出，让科技人员自行阅览，获取其所需科技档案信息。

5.信息交流

信息交流是指科技档案部门通过印发目录和编辑出版编研成果，报道和交流科技信息。

四、科技档案管理工作的具体实现路径

（一）重视科技档案管理人才培养

人才是核心竞争力，人员素质的高低对科技档案信息化的发展十分重要，因此人才的引进与培养可以促进科技档案管理工作的健康发展。人才的培养主要分为三个方面。第一，科技管理部门、企业引进高素质、高能力的档案管理人员。第二，对现有档案管理员工进行定期培训，加强从业人员之间的相互交流，分析解决在工作中遇到的难点问题，提高档案管理人员在实际工作中的应变能力。第三，档案管理人员提升自身的学习意识，主动学习先进的管理方法和专业知识，提升自身的专业素质，发挥信息化档案管理的现代技术，提升工作效率和档案价值。

（二）完善硬件设备，加快软件开发

档案室要将各种设施配备齐全。基本的设备包括计算机、扫描仪、打印机等，各个机种内存型号要尽可能要求高配置，配备相对应的应用软件，与外界沟通要利用通用的软件，内部联系要针对电子文件的形成、归档以及对电子档案信息资源的存储、查询等需求的特殊订制或者自主开发软件。现今未有统一的档案信息化建设软件的标准，需要综合实际情况与上级主管单位和档案管理部门进行沟通，制定好内部管理标准，保证计算机管理档案信息和网络的正常运行。

（三）创新科技档案管理方法

科技档案管理工作创新中管理方法的创新尤为关键，因而在管理当中要重视对科技档案管理方法的创新。传统的科技档案管理方法就是对档案实现基础管理，花费的时间比较多。为了更好地提高科技档案管理的实效性，档案管理人员就一定要按照档案的发展方向，优化管理方法，解决传统管理方法中存在的问题，降低档案管理消耗的时长。创新科技档案管理工作中，要科学合理地使用现代化的网络技术，建立对应的体系，帮助科技档案在现代化的管理当中更加规范。科技档案管理工作人员一定要关注档案录入工作，保证自己在工作中坚持严谨、认真、负责的工作态度，形成科学化的管理，提升档案管理质量水平，确保科技档案管理的良好有序。

（四）创新科技档案管理服务

创新科技档案管理服务需要科技档案管理部门利用网络功能建立档案查询服务，帮助档案管理工作人员利用档案查询服务的途径获得自身所需要的档案信息。如研发机构在认定建设后 3 年要进行验收工作，验收时需要提供申报情况查询相关的协议、合同等原始资料。在这种情况下，本单位需要建立科技档案信息网，确保网页内容、结构设置的科学合理，方便员工和档案人员利用网页查询获得有关的信息。创新科技档案管理服务模式，给档案工作人员工作提供了巨大的便利，也推进了科技档案管理服务进一步优化。建立科技档案信息网的同时，要求设置过程中结合有关的法律法规，使内容设置科学合理。

第四章　电子文件管理及纸质档案的数字化

第一节　电子文件的计算机管理

一、电子文件的定义与特点

（一）电子文件的定义

电子文件是指在数字设备及环境中生成，以数码形式存储于磁带、磁盘、光盘等载体，依赖计算机等设备阅读、处理并可以在通信网络上传递的文件。广义的"电子文件"泛指由任何机构、组织或个人形成的所有电子记录，与传统文件、档案概念相对应。按照现代文档一体化的理念，广义电子文件概念同时涵盖了归档前的电子文件和归档电子文件。而狭义的"电子文件"特指由政府部门、公共机构形成的电子化文件，它具有文件的各种属性，且一般是公务活动中形成的（但不限于公文，还包括各类业务文件材料和数据），具备一定规范化的形成、审核、流转等程序和管理要求，具有真实性、完整性和有效性。档案登记备份所指的电子文件是广义的电子文件。

电子文件与电子数据、电子文档、电子公文等存在一定的区别。

电子数据是指基于计算机应用、通信和现代管理技术等电子化技术手段形成的，包括文字、图形符号、数字、字母等的用户和计算机环境数据，它包括各类电子文件和电子文档。电子数据概念的外延比电子文件更广泛，形成环境更多样，既包括公务活动中形成的电子文件数据，也包括非公务活动中形成个人信息、系统环境信息等（如临时数据、系统环境、应用软件环境等）。

电子文档泛指计算机术语中的文档文件（一般指文字表格型的文档，如 word 文档、excel 文档，但也可用于图形、图像、音频、视频等媒体类型的文档），包括系统文档（如帮助手册、系统配置文档等）和用户文档，属于电子数据的其中一类，与电子文件概念有交叉但不相互包含。电子文档概念则在档案术语中较少使用。

电子公文是指符合公文特征的电子文件。一般指电子形式的各类红头文件，有特定的版式和形成、办理流程要求，需以签章等形式加以确认。电子公文属于电子文件的其中一种。

（二）电子文件的特点

1. 信息的非人工识读性

电子文件是由电子计算机生成和处理，其信息以二进制数字代码记录和表示，因此亦可称为"数字文件"。这是电子文件与以往所有其他形式文件的基本区别，也是电子文件信息与其他数字信息的共同点。数字信息使用 0 和 1 两种数码的组合来记录信息，每一个 0 或 1 叫作 1 个比特，需要记录的信息用一串比特存储于计算机存储器（包括内存储器和各种外存储器）中，并可通过通信网络进行传输。

信息的非人工识读性表现在两个方面：一是电子文件使用了人们不可直接识读的记录符号——数字式代码，即将输入计算机的任何种类的信息都转换成二进制代码。对于这种经过复杂编码的二进制代码，人工无法直接破译它的含义，只有通过计算机特定的程序解码，使之还原为输入前的状态才能被人识读。所以，电子文件在给人类带来极大方便的同时，也使其内部实现机制变得越来越复杂。二是电子文件存储在载体上，人们无法直接通过载体阅读，必须通过计算机等设备显现，才能识读。

2. 信息存储的高密度性

电子文件的信息存储密度大大高于以往各种人工可识读的信息介质。过去一个几十平方米库房中的档案信息量现在则可能十几张光盘就可以承载，这极大地节约了存储空间。随着技术的进步，电子文件介质的存储密度还将继续加大。然而，存储的集中也意味着风险的集中，载体一旦受到侵害，损失就可能很大。

一张 4.75 英寸 CD 光盘（650 ~ 750 MB）可存储 3 亿个至 4 亿个汉字或 A4 幅面的文稿图像数千页，DVD 光盘单面单层容量可达 4.7 GB，单面单层蓝光光盘的存储容量可达 25 GB，而各种类型的存储卡则存储密度更高，计算机存储载体的海量化正呈加速度发展态势。

3. 信息的系统依赖性

电子文件信息的系统依赖性有两层含义：其一，在一般意义上，电子文件的形成、处理以至归档后的全部管理活动都必须借助计算机系统才能实现；其二，电子文件信息在显示输出时依赖特定的计算机系统中的形成系统，与形成系统不兼容的计算机和应用软件则无法打开文件。

4. 信息的可操作性

相比被固化在传统载体上的信息，电子文件中的数字信息则是灵活、可变的。人们可以利用各种技术工具和手段进行多种操作，如剪切、复制、粘贴、着色、压缩等，这为文件信息利用带来了极大的方便。经过相应的操作，人们可以使电子文件处于操作者希望的状态。该特点要求电子文件管理者更多地考虑用户的需求，为其提供便利，同时要注意保护归档电子文件不被人为有意改动。

电子文件中的信息可以随时根据人们的需要，便捷、灵活地加以编辑、复制、删除，或进行多媒体合成，或按照特定的需要排列组合，或进行压缩和解压，或进行格式和数据结构的转换，或通过各种传播媒体传递给远程用户，显著提升了人对信息资源的管控能力和利用能力。

5. 载体的可转换性

载体的可转换性亦称"信息与特定载体之间的可分离性"。传统载体的文件信息一旦生成，即被固定在某一载体上，两者结合为"原件"。电子文件中则不存在实体意义上的原件，它可以根据需要在不同的载体上同时存在或相互转换，不同载体上的信息，包括字体、签名、印章在内，则可完全一致，载体的转换并不会影响电子文件信息的原始性。而且磁性载体和光学载体寿命短，对于电子文件而言，转换载体是必需的。没有一份电子文件拥有恒久不变的载体，电子文件不可能有固定不变的实体形态和物理位置。正因为如此，对于电子文件，人们往往用"真实性"而非"原始性"的概念来描述信息的原生特性。

6. 信息的易变性

造成电子文件信息可变性的情况很多。首先，计算机系统中信息的相对独立性使得对信息的增删更改十分容易，而且修改之后看不出任何改动过的痕迹；其次，电子文件在形成、归档、管理和利用过程中会形成大量的动态文档，而动态文档中的数据不断地被更新或补充，以反映最新情况；最后，存储载体和信息技术的不稳定性，新的信息编码方案、存储格式、系统软件不断出现，对电子文件的稳定性产生了巨大的冲击，新的系统要求将电子文件转换成某种标准格式或新的文件格式，往往会造成电子文件信息的损失、变异。

7. 信息存储的分散性

电子文件信息存储的分散性表现在两个方面：其一，一份电子文件的内容、结构和背景信息分散保存。其二，一份电子文件的信息可能来自其他多个文件。电子文件信息分散存储，在归档保存时容易出现部分信息缺失的情况，影响文件质量及其功能的发挥。

8. 多种媒体信息的集成性

电子文件可以将文字、图形、图像、影像、声音等各种信息形式加以有机组合，形成"多媒体文件"。这种文件将文字、图像、声音等表现媒体融为一体，能够更加真实地再现记录的场景，从而强化档案对社会活动过程的记忆和生动的再现功能。

以上每一个电子文件的特点既是优点，又是缺点。管理电子文件的基本思路是：扬长避短、趋利避害，用新的管理理念、管理方法和管理技术，将其优势放大再放大，将其劣势缩小再缩小。

二、电子文件的计算机管理

（一）电子文件的归档

电子文件的归档就是将具有完整的背景信息和元数据的需要继续保存的电子文件，一并移交到档案部门保管。电子文件归档是我国归档制度中的一个重要方面，它除了要遵守传统文件归档的要求外，还要考虑到电子文件的特点。

1. 电子文件归档的特点

（1）电子文件归档份数较多。离线归档的电子文件，至少一式三套：一套封存保管（一般称为 A 套）；一套提供利用（一般称为 B 套）；必要时，复制第三套，异地保存（一般称为 C 套）。电子文件在长期保存过程中可能会受到不可抗因素的影响而出现信息变异或失真，出现读取错误，而多套同时出错的概率较低，所以多套保存可以大大提高电子文件的安全性和可靠性。

（2）归档范围扩大。电子文件的特殊性决定了电子文件归档的范围有所扩大。纸质文件的内容、结构、背景信息是固定在纸张上的，而电子文件的三要素有可能是分离的，要保证电子文件的真实性和完整性，必须及时获取电子文件的结构和背景信息。因此，电子文件的背景和结构信息必须被纳入归档范围，形成电子文件的支持和辅助性文件，计算机、操作系统和应用软件的说明性文件也必须列入归档范围之中。此外，归档电子文件不仅局限于文字类文件，还应当包括图像、声音、视频及超媒体文件。

（3）归档时间前置。纸质文件一般在文件处理完毕之后的第二年完成归档。电子文件因其信息和载体的可分离性，随时面临着被篡改、被破坏的风险，因此在归档过程中必须贯彻前端控制和全程管理的原则。电子文件办结后就要及时归档。在设计电子文件管理系统时，就要考虑到电子文件的真实性、完整性、有效性和安全性，为归档要素提供保障措施。

（4）归档形式多元互补。电子文件的归档形式分为在线归档和离线归档。电子文件的归档按照鉴定标识进行，各单位可以通过计算机网络进行在线归档，也可以将电子文件存储在脱机载体上进行离线归档。网络条件不符合国家和本市有关保密法律法规规定的单位，其涉密电子文件不能在线归档，只能离线归档。

（5）归档实体移交与权责移交的分离。在线归档的出现使电子文件实体移交与权责移交出现了分离。传统文件管理中，文件的管理权是随着文件的归档由文书部门转移到档案部门的，是实体保管者与信息管理者的统一。而电子文件的实体与其信息的管理权责却是可以分离的。电子文件的在线归档，使档案部门并不一定要拥有电子文件实体，但仍可以实现对电子文件的掌控，从侧面反映了电子环境中档案管理的工作重点由实体管理向信息管理的转移。

2.归档时间

电子文件的归档时间分实时归档和定期归档两种。实时归档是指电子文件形成后即刻归档；定期归档是指按照机构有关规定，在电子文件形成一段时间之后再向档案部门移交。一般来讲，逻辑归档尽可能实时进行，以免发生失控；物理归档既可实时进行，又可与介质归档一样，借鉴纸质文件归档的经验并遵照有关规定定期完成，如管理性文件在次年年初归档，科技文件在项目完成之后归档，机密文件随时归档等。双套归档的电子文件和纸质文件，归档时间应尽可能统一。在实际工作中，无论采取何种归档方式，都存在提前归档的趋势，这有利于及时控制有用文件信息，保护其完整与安全。

3.归档范围

确定电子文件的归档范围时，应根据国家有关文件收集的规定要求，将反映机关单位主要活动、具有查考利用价值的电子文件纳入归档范围。归档前经鉴定为具有保存价值的电子文件是归档的主体，此外，还应该从以下几方面考虑收集相关的材料。

（1）支持软件。电子文件具有软硬件依赖性，对于采用专有格式的电子文件，可归档文件的支持软件及软件的文档资料。档案部门已有的无须重复归档。

（2）元数据以及相关管理信息。描述电子文件内容、结构和背景的元数据都必须随着电子文件一起归档。另外，电子文件形成阶段的管理活动也可能形成一些记录材料，如更改单、使用权限登记表等，有些可能记录在纸张上，也应予以归档。归档之后应保持元数据、管理信息与文件的联系。

（3）其他载体形式的文件。在同一活动中，除了电子文件外，有时还会生成纸质文件、缩微胶片等形式的重要文件，如上级机关的来文、外购设备文件等。为保持这些文件之间的历史联系，确保同一活动中形成的档案信息完整无缺，需要将之一同归档。有条件的单位可将这些文件作数字化处理，作为电子文件归档和保存。

具体来说，电子文件的归档范围主要有以下几方面。

①在本机构行使职能活动、业务管理及行政管理活动过程中形成的，有纸质文件对应的电子文件，参照国家有关归档范围和保管期限规定归档。对于需要保存草稿及过程稿的电子文件，需要按照版本管理的要求添加版本号，并和正本一并归档。

②在行使和拓展本机关职能活动过程中，利用信息系统产生的无纸化新型电子文件，如网站、电子邮件、微博、微信等电子文件，也要列入归档范围。

③各种数据文件，如数据库、图形库、方法库等。由于数据库是动态的，对于这种数据文件应定期拷贝，作为一个数据集归档。

④为保证电子文件的长期可读性，其支持软件（包括操作系统、应用软件及相关代码库、参数设置等）也需要归档。

⑤有助于确保电子文件真实、完整、有效、安全的有关元数据、说明性材料也要归档。

⑥对于必须实行"双套制"保存的电子档案，应归档相同内容的纸质文件，并在有关目录中建立电子文件和纸质文件之间的关联关系。

4.归档要求

归档电子文件的质量要求包括以下几方面。

（1）齐全完整。归档的电子文件应齐全完整，凡是归档范围内的文件均应及时向档案部门移交。尤其应注意相关电子文件的支持软件、元数据、管理信息、其他载体文件和硬拷贝的收集。

（2）归档范围和保管期限要求。电子文件应准确划分归档范围和保管期限，具有保存价值的照片、音视频文件和公务电子邮件等电子文件也应当列入归档范围；电子文件的正本、定稿、签发稿、处理单，重要电子文件的修改稿和留痕信息应当完整归档。

（3）双套制归档要求。具有永久保存价值或者其他重要价值的电子文件应当转换为纸质文件或缩微品同时归档。定期保存的电子文件由电子文件的形成单位根据实际需要决定是否采用异质双套归档。法律法规中规定不适用电子签名的电子文件，归档时应附加有法律效力的纸质签署文件。

（4）归档载体标签要求。存储电子文件的载体或装具上应贴有标签，标签上应注明载体序号、全宗号、类别号、密级、保管期限、存入日期等，归档后电子文件的载体应设置成禁止擦写操作的状态。用作电子文件归档或电子档案保存的光盘不能贴标签，该标签必须用特制的光盘标签打印机打印在特制的光盘空白背面上。因为对于高速旋转的光盘来说，贴上标签会造成光盘高速旋转时重力不均和抖动，损坏光盘或光盘驱动器。没有光盘标签打印机的，可用光盘标签专用笔在光盘标签面上手工书写编号。

（5）真实性要求。电子文件形成部门须对归档电子文件内容的可靠性、稿本的准确性以及双套文件的一致性加以确认。

（6）完整性要求。确保归档电子文件和相关文件及元数据齐全，且关联有效。为了保障电子文件的真实、完整、有效，可以将电子文件的办文单打印成纸质文件与电子文件一并归档。

归档完毕，电子文件形成部门应将存有归档前电子文件的载体保存至少一年。

5.归档方式

电子文件的归档方式有两种：物理归档和逻辑归档。二者的区别在于归档前后电子文件的存储位置是否改变。

（1）物理归档。物理归档是指把电子文件集中下载到可脱机保存的载体上，向档案部门移交的过程。物理归档类似于纸质文件的实体归档，这种方式将电子文件的保管权直接交给档案部门统一存储保管，该保管系统由档案部门统一维护，因此安全性比较高。

（2）逻辑归档。逻辑归档是指在网络上进行，不改变原存储方式和位置而实现的将电子文件的管理权限向档案部门移交的过程。这种方法将电子文件仍然存储在形成文件的业务系统中，但是归档文件的著录信息、存储地址及元数据应自动保存到档案部门的数据库中，以便档案部门对其进行控制。逻辑归档虽然不妨碍电子文件的共享利用，但是分散存储会给电子文件带来一定的安全风险，需要档案部门加强安全检查和督促。逻辑归档也有以下两种类型。

①电子文件存储在形成部门的服务器中。电子文件归档之后档案部门并不实际拥有文件数据，但负有管理职责，依照有关规定对其安全保管和合法存取进行有效监控。电子文件保存在原系统中的时间是有限的，为减少文件形成系统的荷载，提高系统效率，并集中保护电子文件，还是应该定期将有用文件信息做物理归档。

②电子文件存储在档案部门的服务器中。电子文件形成伊始就已经保存在档案部门本地，实现了数据的集中存储。采取这种逻辑归档方式的机构具备较为完善的网络基础设施和相对全面的系统规划设计。

无论是物理归档还是逻辑归档，都要实现电子文件的集中控制，保证电子文件的安全以及利用的便利。

6. 归档手续

为明确责任，电子文件移交双方应确认归档电子文件的数目、技术状况以及相关材料是否齐全，并在确认结果上签字盖章，保存备查。

（二）电子文件的著录

电子文件的著录是指获取、核对、分析、组织和记录关于文件内容、结构、背景和管理过程的信息，以准确描述电子文件的过程。由此概念可以看出，在电子文件管理中，著录信息即元数据。具体说来，著录项目即元数据元素，著录项目的具体数据即元数据元素的值，著录条目的格式即元数据格式，著录信息的编制即元数据的生成、捕获，著录信息的管理即元数据的管理，著录信息的应用即元数据的应用，著录信息的保存、维护和移交即元数据的保存、维护和移交。

1. 电子文件的著录项目

针对电子文件的著录项目不足。目前，澳大利亚、英国、加拿大等国家已经出台了元数据标准，我国一些地方和行业也出台了自己的元数据标准，2008年3月国家档案局公布了《电子文件元数据标准》征求意见稿。较传统的著录标准而言，这些标准具有以下特色。

（1）内容类著录项目基本一致。两类标准基本上都包括文件题名、分类号、主题词、关键词等项目。

（2）结构类著录项目增多。结构类著录项目描述了与电子文件解码、输出相关的属性，除了稿本、文种等之外，元数据标准还规定了格式模板、媒体类型、数据格式、存储位置、系统环境、密码、数字签名等著录项目，这些项目为电子文件著录所独有。

（3）增加了管理过程类著录项目。出台的所有元数据标准都设有管理史、保存史、利用史等项目，用来描述保存文件过程中鉴定、归档、销毁、迁移、移交、载体转换、利用等各项活动的时间、人员、处理结果和相关法律规定。这对于回溯电子文件历史原貌异常关键。

（4）背景类著录项目细化。电子文件的背景类著录项目包括形成文件的职能活动、职能部门、工作人员、形成时间等行政背景，形成文件的法律依据等法律背景，以及文件之间的联系等。其中的人员、时间项目则有可能根据文件的特点予以细化。比如对于电子邮件，人员则可能包括发件人、收件人、转发者等。详细的背景信息有助于确认电子文件的历史原貌。

2. 电子文件著录的特点

与传统著录相比，电子文件著录具有全面性、全程性、综合性的特点，两者的比较如表 4-1 所示。

表 4-1　电子文件著录与传统著录

名称	项目	
	电子文件著录	传统著录
范围	文件的内容、结构、背景和管理过程	档案的内容特征和形式特征
作用	维护文件的真实、完整、可读，便于检索（编制检索工具）	编制检索工具（如目录）
时间	整个文件生命周期	文件归档后
手段	人工直接编制，文件系统自动捕获	人工直接编制（手工编制或人工录入计算机）

（1）全面性。电子文件著录的全面性包括两层含义：其一，描述对象的全面性，具体包括文件内容、结构、背景和文件在形成后所经历的整个管理过程。其二，作用的广泛性，著录的基本作用是描述电子文件，在此基础上可以有多种用途，除了挑选具有检索意义的著录信息编制检索工具之外，还包括保障电子文件的真实、完整、可读等。

（2）综合性。电子文件的著录综合采用人工著录和系统自动著录相结合的手段。随着自动化程度的加深，人工直接著录将减少。系统自动著录将增加，电子环境中大多数著录信息可以由系统自动生成或捕获。当然，不管自动化程度如何，人工控制是必不可少的。

（3）全程性。电子文件的著录不再发生于归档后的某一个时间点，而是贯穿于文件的整个生命周期。文件一经产生，其著录便已开始；文件一旦变化，其变化情况就被记录在案。

（三）电子文件的开发利用

电子文件开发利用工作的内容较手工管理并无明显区别，信息开发工作包括分类、编目、编研等，信息服务包括提供利用、用户分析和反馈等。不过，在网络和计算机技术的支撑下，电子文件开发利用工作可借助的手段更多，信息的表现形式更丰富，利用的效率更高，当然，安全问题也更为突出。

1. 归档电子文件的利用

归档电子文件利用范围的确定须有严密的审核批准制度，并严格按照批准的范围提供利用。归档电子文件的封存载体不应外借。未经批准，任何单位或人员不允许擅自复制电子文件。利用归档电子文件时应使用拷贝件，并且应遵守保密规定。

2. 电子文件的检索

检索是最重要的开发利用工作，查全率、查准率的高低是决定用户满意度的关键因素。电子文件的检索工作应满足以下要求。

（1）实现目录体系的标准化。制定、遵守目录标准既是共享、互换信息的需要，也是持续建设档案目录的要求，是一件利在长远的工作。尤其是进馆文件，标准化目录是档案馆提供无缝检索的数据基础。文件检索标准包括规定著录项目的数据内容标准、规定著录项目之间关系的数据结构标准以及规定著录项目取值的数据值标准。

（2）展现文件层次结构。文件的价值往往不单独体现在某一份具体的文件上，而是体现在一系列相关的文件整体上。电子文件检索系统，尤其是档案馆的检索系统应能展现从文件集合到单份文件的层次结构。这种按照文件来源组织而成的等级结构，体现了文件、档案管理者关于文件来源、文件形成背景、文件之间内在联系等方面的专业知识，是文件检索的特色所在，其最大的好处是能够让用户获得所需文件的完整背景信息。

（3）提供多种检索途径。按照用户的使用方式，检索途径可以分为两类：一是主动式，即用户通过主动输入要查询的文件所包含的数据值来检索文件，如关键词、主题、时间、责任者、文种等。目前，较为普遍的检索途径是关键词，关键词有的来自题名，有的来自全文。在关键词检索中，布尔检索是常见的检索方式，用户可以根据需要对多个关键词进行逻辑运算，更精确地表达检索需求。二是被动式，即系统为用户提供分类体系，用户按照既定的目录结构层层搜索，直到发现所需的文件。完善的检索系统应该同时提供以上两种检索入口。

（四）电子文件的保管

手工管理中的保管是指对经过整理入库的档案的日常维护工作，一般发生在文件归档之后，基本方法是通过保护载体来维护信息的完整和有序。电子文件的保管则贯穿在文件整个生命周期之中，无法仅仅通过载体保护的方法来维护数字信息，工作内容和方法都较手工保管要复杂。

1. 电子文件的存储管理

存储管理的基本任务是为电子文件信息选择合适的存储设备（即载体）、存储方式和存储系统架构，并对载体实施保护。

（1）存储设备。主要有以下三种。

①硬磁盘和磁盘阵列。硬磁盘即通常所称的硬盘，利用电磁信号转化来记录和读出信息。按接口类型分有 ST506、IDE、SCSI 接口；按磁盘尺寸分有 14 英寸、8 英寸、5.25 英寸、3.5 英寸等。作为计算机系统中最常用的外存，硬盘存储容量大，采用随机存储方式，存取速度快，数据传输率高，可靠性高，适宜作为在线存储介质。

磁盘阵列应用磁盘数据跨盘技术，组合多个硬盘，使其协同工作。它容量极大，可以很好地满足多人在线并发访问，安全性好，能够免除单块硬盘故障所带来的灾难性后果，为许多大型系统所采用。

②磁带和磁带库。磁带是最早出现的磁存储介质。目前的计算机系统多采用二分之一英寸开盘式磁带和四分之一英寸盒式磁带。磁带存储容量较大，成本低，以串行方式记录数据，存取速度较慢，通常作为硬磁盘可靠、经济的大容量备份。

磁带库技术支持从装有多盘磁带的磁带匣中自动搜索磁带、拾取磁带并放入驱动器中，可实现数据的连续备份、智能恢复、实时监控和统计，整个存储容量可达数万 GB。

③光盘、光盘塔和光盘库。光盘采用激光技术写入和读出信息，主要包括只读光盘、一次写入光盘和可擦写光盘三种。其中只读光盘只能用来检索或者播放已经记录在盘上的信息，如 CDROM、DVD 等。一次写入光盘可根据需要录入信息，但只能写入一次，一旦录入便不能再进行修改和删除。可擦写光盘允许反复擦写信息。光盘成本低，制作简单，容量大，体积小。一次写入光盘是档案部门常用的光盘类型。

光盘塔由几台或十几台 CD-ROM 驱动器并联构成，可支持几十个到几百个用户同时访问信息。光盘库是一种可存放几十张或几百张光盘并带有机械手和一个光盘驱动器的光盘柜。它利用机械手从机柜中选出一张光盘送到驱动器进行读写，或将光盘取出放置到机柜的指定位置上。光盘库容量极大，适用于具有海量多媒体信息的存储。

（2）存储方式。①在线存储。在线存储是指存储设备和所存储的数据时刻保持"在线"状态，可供用户随意读取。通常选用硬盘、磁盘阵列作为在线存储设备，性能好，但价格相对昂贵。②离线存储。离线存储也称脱机存储，存储设备和所存储的数据远离系统应用，无法直接访问。通常选用磁带、光盘等作为离线存储介质，容量大，价格相对低廉。需要离线存储的数据包括在线数据的备份，以及不常用的数据。③近线存储。近线存储即近似在线存储，是介于在线存储和离线存储之间的一个存储级别，所采用的设备通常是由廉价磁盘组成的磁盘阵列。访问量不大的数据可采取近线存储的方式。

（3）存储系统架构。信息化建设初期，若要访问数据，必须将存储设备与某服务器或客户机直接相连，这样的存储系统架构称为直接附加存储（Direct Attached Storage，DAS）。随着对更高存储效率和更低存储成本的追求，出现了网络附加存储（Network Attached Storage，NAS）和存储区域网络（Storage Area Network，SAN）这两种新的存储系统架构。网络附加存储将存储设备直接连在网络上，按照 TCP/IP 协议进行通信。存储区域网络将各种存储设备集中起来形成一个存储网络，以便于数据的集中管理。

2.电子文件信息维护

（1）权限控制。为保护国家和机构秘密、知识产权、个人隐私，需要在分析机构规章制度、业务性质、利用风险的基础上，合理定义各类用户、各类文件的访问权限，并在业务系统和电子文件管理系统中实现，以保证合法用户访问的便利，防止非法用户的恶意访问。权限控制应当尽可能细致，防止未经授权就对信息采取存取、收集、利用、公布、删除、修改、销毁等操作。

（2）电子文件信息维护的关键技术。主要有以下两种。

①加密。加密技术包括对称加密技术和非对称加密技术两种。如果加密密钥与解密密钥相同，则为对称加密，又称私钥加密。对称加密技术的特点在于使用简单快捷，密钥较短但破译困难，但是存在密钥难以安全分发、难以管理等问题，不适用于开放系统，一般用于不在政府确定的保密范围之内的民用敏感信息。如果加密密钥和解密密钥不同，则为非对称加密，又称公钥加密。其中加密密钥可公之于众，称为公钥，解密密钥只有解密人自己知道，称为私钥。非对称加密技术的保密强度不及对称加密技术，但密钥管理、传递简单，适用于开放系统，且可用于数字签名。实际上两种加密技术也可以综合应用。经过加密的电子文件一般应解密后保存。

②身份认证。身份认证技术旨在确认用户的身份。在用户进入计算机系统时验证其身份技术包含口令认证、智能卡认证、USB Key 认证、生物认证等。口令认证通过验证用户输入的用户名和口令来验证其身份，是最常见的认证技术。智能卡是一种内置集成电路的芯片，芯片中存有与用户身份相关的数据，用户登录时将智能卡插入专用的读卡器读取其中的信息，以验证用户的身份。USB Key 是一种 USB 接口的硬件设备，它内置单片机或智能卡芯片，可以存储用户的密钥或数字证书，利用 USB Key 内置的密码算法实现对用户身份的认证，是目前较流行的一种验证方式。基于公钥基础

设施（Public Key Infrastructure, PKI）的 USB Key 还可以用作数字签名。公钥基础设施是利用公钥加密技术提供安全服务的基础设施。生物认证技术以人体唯一的、可靠的、稳定的生物特征（如指纹、虹膜、脸部、掌纹等）为依据，通过图像处理、模式识别的方法来验证用户身份。这几种验证方法的成本依次增加，安全性也依次增加。

（3）电子文件信息维护体系。可能危害电子文件信息的因素，除质量受损的存储设备以外，还包括计算机技术自身的固有缺陷，如病毒、木马等恶意程序；地震、洪水等天灾；火灾、盗窃等人祸，不合理、不完善的安全保护制度；怀有恶意企图的用户等各种因素。因此，在机构和档案馆内部应构筑涵盖制度、管理、人员、技术在内的全面的信息维护体系，包括制定出完善的规章制度、合理分配和有效监督各类人员的管理权限、培训和考核人员、采用可靠的安全保障技术等。当然，广义上的电子文件信息维护体系还包括相应的法律规范和道德规范，这需要全社会的努力。

（4）防火墙。防火墙是一种逻辑装置，通常处于机构内网与外网之间，通过监测、限制、更改跨越防火墙的数据流，来限制外网的用户对内部网络的访问以及管理内部用户访问外界的权限，对外部网络屏蔽有关被保护网络的信息、结构，从而实现对网络的安全保护。防火墙不能有效控制发生在内部的非法访问。

（5）入侵检测。入侵检测用于监控网络和计算机系统是否出现被入侵或滥用的征兆，可以阻断发生在内部的非法访问，是对防火墙技术的有效补充。

（6）长期可存取。长期可存取技术即保障电子文件长期可读性的技术，包括转换为开放格式、迁移、采用多格式阅读软件等。

（7）备份。备份是信息安全保障最重要的辅助措施，可为受损或崩溃的信息系统提供良好的、有效的恢复手段。在复杂系统中，应需要对数据文件所依赖的系统环境和应用程序进行备份操作。备份时需要根据相关制度确认备份的方式，确定备份的存储设备、套数，明确是否需要异地备份。备份最好自动执行。

（8）物理隔离。物理隔离是将不同网络相分离，保证其不相连，其目的在于隔断非法用户的访问链路。凡涉及国家秘密的计算机信息系统，不得直接或间接地与国际互联网或其他公共信息网络相连接，必须实行物理隔离。物理隔离技术发展很快，从最初的双机双网方案，到安装在计算机硬盘上的隔离卡，再到网闸这种独立的物理隔离设备，在保证两个独立主机系统间永不连接的条件下，内外网切换访问的便利性在不断增加。

（五）电子文件的移交进馆

在我国，电子文件的移交进馆还没有成为一种普遍的、常规的管理活动，2000

年之后全国陆续开展的电子政务试点项目、电子文件中心建设、数字档案馆工程等开始了这方面的尝试，并取得了一定的经验。发达国家电子文件移交进馆的实践历时要长，相对要成熟一些。

归档后，电子文件按有关规定移交至档案室等档案保管部门，作为电子档案进行集中保管，这是归档的最后实施环节。

1. 移交时间

移交时间分为定期移交和实时移交两种。采取介质移交方式的，一般是定期移交，而通过网络移交电子文件的，则可实时进行。由于文件形成时间尚短，一般未满 10 年至 20 年的进馆时间规定，所以已经进馆的电子文件，其纸质复制件一般仍保存在原单位。

2. 移交方式

电子文件的移交进馆主要有介质移交和网络移交两种，目前以介质移交为主。在政府专网已经建成运转的一些地方，则通过专网向档案馆移交电子文件。

3. 移交要求

移交要求主要集中在格式、载体规格和元数据这三个方面。

虽然都是出于保证电子文件长期可读性来考虑其格式要求的，但各个国家、地区、地方档案馆对进馆电子文件的格式要求不尽相同。例如，英国国家档案馆可以接受的文件格式主要有 Postscript、TIFF、SGML、PDF 等；澳大利亚国家档案馆则以两种格式保存同一份电子文件：原始格式和 XML 格式；安徽省电子文件中心推荐的文本文件格式为 PDF/A、CEB，图像文件格式为 TIFF、JPEG，视频格式为 MPEG、AVI，音频格式为 MP3、WAV。尽管还是有个别的私有格式，总体上还是以由国际标准组织制定和认可的开放格式为主，同时兼顾了本国、本语言档案信息资源安全管理的需要。

电子文件移交进馆之后可以转换载体，故而对载体规格要求的严格程度不一，如英国国家档案馆除推荐了使用 WORM 技术的 CD-ROM 和 CDR、4 mm 的数字音频磁带、DVD 以外，还推荐了 ZIP 盘和软磁盘；而澳大利亚维多利亚州公共档案馆的规定则要严格得多，只接收 CD-R、DVD-5，DDS-1、DDS-2、DDS-3 或 DDS-4 磁带、LTO-1 或 LTO-2 磁带，并对光盘的染料类型、容量、刻录模式以及磁带的存档格式等做出详细规定。

电子文件元数据对其真实性、完整性维护至关重要，各档案馆在这个方面的要求日趋严格和完善。除要求提交文件目录以外，安徽省电子文件中心还要求以 XML 格式对电子文件元数据进行封装，将封装对象和电子文件一起移交。

为加强对电子文件信息的控制，应对原单位在电子文件移交进馆之后如何处理做出规定。

4. 移交检验

在接收电子档案之前，均应对电子档案及其技术环境进行检验，合格率达到100%时方可进行交接。

检验结果分别由移交单位、接收单位填入《电子档案移交、接收检验登记表》的相应栏目，如表4-2所示。

表 4-2 电子档案移交、接收检验登记

检验项目	单位名称	
	移交单位	接收单位
载体外观检验		
病毒检验		
真实性检验		
完整性检验		
有效性检验		
技术方法与相关软件说明登记表、软件、说明资料检验		
填表人（签名）	年 月 日	年 月 日
审核人（签名）	年 月 日	年 月 日
单位（印章）	年 月 日	年 月 日

5. 移交手续

移交双方应对移交文件及相关材料的数量、质监进行核对审查，并签字确认。

三、我国电子文件管理模式的完善措施

（一）明确电子文件管理主体

现阶段，我国区域电子文件管理的主体具有多样性，有综合档案馆、电子文件中心、文件形成机构等。尽管由国家档案局牵头研制的国家标准《电子文件归档与管理规范》（2001年修改稿）中明确指出由档案馆最终保管电子档案，但是由于档案馆对

电子档案管理和控制模式涉及的因素多，实现难度大，而且数字档案馆的研究和实践还不够成熟，可供参考的现实模式很少，诸多理论问题还处于摸索之中。因此，一些学者认为，档案馆对电子文件的管理缺乏理论论证和技术支持。但是，国外的实践经验为我们确立档案馆的电子文件管理主体提供了实践基础。美国、英国、加拿大和澳大利亚等国的电子文件管理主体均为国家档案馆，并强调了电子文件的利用服务。美国的 ERA 项目旨在使美国国家档案馆捕获并保存联邦政府各部门产生的各种类型、格式的电子文件，并为政府部门及公众提供便捷、有效的利用服务；英国以电子文件从生成到接收进入档案馆的全程、无缝管理为目标，多年来致力政府机关电子文件的在线捕获和在线服务。即使是由其他部门开展的电子文件管理研究项目，国家档案馆也是其合作伙伴。如 2002 年由美国白宫管理与预算办公室启动的"电子政府的电子文件管理动议"（E-Government Electronic Records Management Initiative），就明确了美国国家档案与文件署是联邦政府开展电子文件管理的合作伙伴。以国家档案馆为中心，形成电子文件管理和服务网络，应是我国电子文件管理的必要且可行之道。

（二）尽快制定和实施电子文件管理国家战略

由综合性档案馆集中统一管理相应行政区域内的电子文件（档案），可以视为电子文件集中式管理模式在一定区域范围内的具体表现。行政区域划分造成的相对独立分工，决定了各行政区域档案工作的相对独立性。由于我国各地对电子文件的管理沿用了传统档案管理工作的做法，从而导致了多种电子文件管理模式存在的局面。这不仅造成国家资源的浪费，而且也不利于国家对电子文件的掌控。制定和实施电子文件管理国家战略可以从根本上改变这种状况，使我国电子文件管理模式朝着更加科学合理的方向发展。

2006 年冯惠玲教授等人提出电子文件管理国家战略思想后，引起国家层面相关部门的重视。2010 年 1 月，中央办公厅、国务院办公厅联合下发《电子文件管理暂行办法》，确立由国家电子文件管理部际联席会议制度来确定我国电子文件管理的国家政策。这一举措极大地推动了我国电子文件的管理工作，我国开始从战略角度来规划电子文件管理。作为我国电子文件管理机构，国家电子文件管理部际联席会议制度的主要职责之一便是负责统筹规划和组织协调全国电子文件的管理工作，这为我国制定和实施电子文件管理国家战略奠定了基础。

将电子文件管理上升到国家战略后，应尽快充分发挥电子文件管理部际联席会议的职能，增强国家档案行政管理部门在电子文件管理工作中的主导权，从推动电子文件管理立法、制定政策规划、制定重大项目方案、制定电子文件管理标准等方面入手，逐步解决我国电子文件管理的重大问题。

（三）整合现有模式的精华

实现电子文件管理"国家化"并非是要颠覆或抛弃地方和机构层面已经取得的成果，而是要兼顾各方，充分吸收现有成果的精华。正如在替换或升级一个系统时，人们往往要考虑新系统对原系统已有数据的兼容问题，而不是直接放弃原有数据。对于电子文件管理模式，同样也是如此。不放弃是一种态度，是对已有模式的肯定。

鉴于我国目前存在多种电子文件管理模式，而且这些模式基本上都是停留在地方层面和机构层面，因此不管是新构筑一种更高层面的电子文件管理模式，还是将现有的某种地方模式上升到国家层面的模式，都有必要对现有模式进行整合，吸收其中的精华。现有模式的精华往往被实践证明是可行且成功的，已经被人们所认可。通过整合现有模式的精华形成的新模式，更容易应用于实践中，也更易于被人们所接受。

（四）建立通用的标准模式

在某种成功模式的基础上，建立通用的标准模式，并进一步推广和应用，将极大地简化我国电子文件的管理工作，而且可以最大限度地避免现存的重复建设现象。

第一，同级同类档案馆相似。我国电子文件管理的主体绝大多数为各级各类档案馆。现实的情况是，我国同级同类档案馆在各自发展过程中虽有一些自己的特色，但更多的是体现出很大的相似性。例如，市级档案馆、区县综合档案馆在馆藏档案的主要来源、成分和管理方法上都具有共性。同系统（如高校系统）内的档案馆也存在类似的共性。同级同类档案馆的相似性，为建立通用的电子文件管理标准模式提供了物质基础。此外，我国档案工作实行的统一领导、分级管理原则，也为建立通用的电子文件管理标准模式提供了便利。统一领导有利于建立通用标准模式工作的组织和协调，分级管理有利于在各个层面实现意见统一。

第二，榜样的力量是巨大的。成功的模式容易得到人们的广泛认可，有可能被模仿和借鉴。这为通用标准模式的推广和应用提供了可能。例如，应用系统，开发商的普遍做法是在某种模板的基础上根据客户的具体需求进行修改。不管开发商面对的是什么样的客户，其所用的模板都一样，只是最后建成的系统有所区别。我们可以将其理解为，其所用的模板是一种通用的标准模式，最后建成的系统是标准模式的具体外在表现形式。也就是说，通用的标准模式被具体应用于电子文件管理实践后，其表现形式可以存在差异。

第二节　电子文件管理软件及其应用

一、电子文件管理软件的开发及其应用案例

随着办公自动化的迅速普及和档案学理论研究的进展，电子文件管理软件也得到了飞速地发展，各个领域的学者、开发人员等，都在进行着孜孜不倦的探索。

（一）单机版档案管理软件阶段

20世纪八九十年代，当微型计算机在我国开始普及时，已经有一些单位敏锐地意识到利用计算机来管理档案要比手工管理档案方便，于是开始了使用档案管理软件来代替手工管理的道路。从软件的开发形式上，由于其功能要求比较单一，一般都由各单位懂计算机的人员，或由本单位的技术部门自行开发，所用的开发程序一般都为FoxBASE或FoxPro，程序相对简单，一个单位开发成功后，往往也会推广到同系统的其他单位使用。20世纪90年代之后，开始有一些软件公司进入档案管理软件领域，开发了一些商品化的软件，但档案管理软件自行开发是这个时期的主要特点。

总体上，这一时期的档案管理软件有如下特点。

第一，由于计算机网络还没有普及，所以这个时期的软件普遍为单机版的软件，数据库和软件都运行在同一台计算机上。

第二，运行平台单一，支持的数据库种类少。这个时期的软件，开发工具多为FoxBASE或FoxPro，运行在DOS或Windows操作系统下，不能随意挂接多种数据库，数据库的性能也较为低下，检索速度慢，数据库稳定性差。

第三，功能比较简单。这个时期的档案管理软件，基本功能有数据录入、检索、目录、统计报表打印、统计等，起辅助管理的作用，在数据库中主要存储档案案卷或文件的著录信息，并不存储它的电子版或扫描版。

第四，软件的通用性比较差。这个时期，相关的档案管理标准还不健全，各开发单位自行定义数据结构，致使软件只能用于开发单位或某一类单位，不能针对不同类型的档案、不同的管理模式进行变化。

（二）网络版管理软件阶段

在20世纪90年代中后期，随着计算机的迅速普及和应用，档案界已经普遍认识到档案管理必须依托计算机来进行信息化管理。信息化管理的程度，成为衡量一个

档案馆（室）工作水平的重要指标。在国家档案局的有关档案馆（室）达标升级的指标中，将录入计算机的目录数占全馆档案的百分比列为一个重要的考核指标，于是各个档案馆（室）纷纷采购硬件设备，购买档案管理软件，档案管理软件的需求量大增。

这个时期，以前以个人或部门进行开发档案管理软件的弊病暴露出来。个人或部门开发缺乏必要的动力和长效机制，使档案管理软件的后期升级、维护困难，自行开发的软件不能很好地成长，因此商业软件公司开发的档案管理软件受到人们的欢迎，因为在购买这些软件时，软件公司也会提供相应的服务和以后的升级。档案管理软件的市场需求量很大，涌现出一大批开发档案管理软件的公司，如津科、世纪科怡、泰坦等，形成竞争的局面。例如，黑龙江科协于 2000 年 8 月购置了世纪科怡档案管理系统软件（单机版）。购置前曾使用其他软件，并已输入大量档案数据，科怡软件公司解决了数据转换中的难题，成功转换数据 3000 多条，保证了软件系统的正常运行。黑龙江科协在使用过程中及时将软件存在的问题反馈给厂家使之予以改进。

2000 年 12 月 6 日，国家档案局发布了《归档文件整理规则》，新规则中改卷为件的整理方式，对档案管理软件也提出了新的要求，要求档案管理软件既能适应过去以卷为单位进行整理的方式，又能适应以件为单位进行整理的方式，因此要求档案管理软件必须具有适用性、灵活性，能够根据不同的档案管理模式来进行相应的设置和管理。随着 20 世纪 90 年代后期网络技术的迅速发展，各单位纷纷组建自己的局域网，有条件的单位开始接入互联网。在档案管理中，单机版的档案管理软件逐渐暴露出运行速度慢、不稳定、可靠性差等一系列缺点，因此各个软件公司都开发出了网络版的档案管理软件。

随着档案管理软件的增多，如何选择规范、评测档案管理软件，成为人们关注的问题。国家档案局从 1996 年开始对国内档案管理软件进行测评和筛选工作，1997年推荐了首批软件，之后又重新筛选了一些软件在全国范围内推广。国家档案局于2001 年 6 月颁布实施了《档案管理软件功能要求暂行规定》，对档案管理软件的功能进行规范。

总体来看，这一时期的档案管理软件有如下特征。

第一，商业公司开发的档案管理软件占据了主流市场。其所用的开发工具由过去的 Visual FoxPro 逐渐变为 PowerBuilder 等专业数据库开发工具。

第二，所开发的档案管理软件，基本可使用 MS SQL server、Oracle、IBM DB2、Scbase 等不同的网络数据库，档案管理软件的安全性、稳定性大大提高。

第三，除在以前的单机版软件外，广泛出现了网络版软件，以 C/S 为主、B/S 为辅的模式，成为大多数档案管理软件的形式。

第四，这一时期的档案管理软件，比前一时期的档案管理软件在管理功能上也增强了许多。适用性增强，许多软件可以适用于文书、基建、会计等不同种类的档案的管理；可以进行全宗、案卷、文件不同级别的档案管理，对档案进行著录、标引、检索、编研、目录打印等日常管理工作；可以进行部门、类别的设置；可以针对不同用户设置不同访问权限；可以进行数据的备份、导出、导入等工作。但基本上还是进行的对以纸张为载体的档案的管理，没有涉及电子文件。

（三）电子文件管理系统阶段

21 世纪初，随着网络技术的迅猛发展，人们的工作方式发生了巨大变化，以前人们工作的副产品——文件不再以纸张形式形成，而是在网络环境中直接生成电子文件。为了更好地保证电子文件的真实性、完整性，档案界提出了前端控制的思想，即将过去在归档时才进行的著录工作，要求前置到文件形成时。同时要求能在档案管理软件中完成档案的归档、著录、检索、存储、发布、利用等一系列工作，而以前的档案管理软件显然不能满足这些要求，因此人们将档案管理软件做一个划分，将以纸张为主体的管理软件称为计算机档案辅助管理软件，以电子文件为主要管理对象的称为电子文件管理系统（Electronic Records Keeoing System，ERKS）。

电子文件管理系统和计算机档案辅助管理软件有很大的区别：以前只著录文件级或案卷级的目录信息，通过目录信息便于人们查找到纸质档案；而现在，电子文件管理系统在其内部不仅要保存这些目录信息，更重要的是，还直接保存电子文件本身，这些电子文件是人们有可能直接在网络环境中形成的，有文本文件、图形文件、图像文件、音频文件、视频文件等多种类型，也有可能是将纸质文件经过扫描进入系统中转化形成的电子文件；电子文件管理系统不仅要存储电子文件本身，还要保存电子文件在其生命周期中形成的背景信息，这些背景信息即元数据，对检索、管理、维护电子文件起到了非常重要的作用；电子文件管理系统不仅要处理电子文件管理系统内部的数据，还要与各个其他的信息系统进行信息的交流、交换，甚至要嵌入这些系统中，和这些系统集体在一起，通过工作流、自动捕获、代理机制等技术，实现前端控制，实现真正的文档一体化。

上海市静安区档案局、上海市档案局科教处与中信信息技术发展有限公司合作，研制开发了产品化的通用软件——"光典"电子文件归档及管理系统。2002 年 5 月，软件开发完成。其功能覆盖了对属于归档范围内的电子文件进行搜集、整理、归档、维护、利用等全过程，使档案人员能够方便、有效地进行电子文件的归档管理。上海市市西中学、上海市静安区卫生和计划生育委员会应用效果良好，并通过了上海市软件测评中心的测试。四川省档案局开发的《四川省电子文档管理软件系统》（2003年6月正式通过四川党政网建设领导小组办公室组织的专家验收），在四川党政网上作为唯一的公文归档软件进行推广使用，同时在四川档案资源、网站开辟了网上技术服务，对在全省使用的其他纸质文档管理软件予以数据转换或升级，获得了一致好评。

因此，国内的档案管理软件公司在21世纪初，在原有的档案管理软件基础上进一步发展，以适应电子文件管理的需要，现在已经有一些软件公司开发出具有新特点的软件。

考察这些软件，发现它们有如下特点。

第一，选择具有跨平台性的开发工具进行开发。要实现电子文件管理系统在不同的操作系统上运行，必须选择恰当的开发工具。在C++bulider、Dephi、Powerbuilder、.net和Java等工具中，Java的跨平台性最强，因此这类软件大多采用Java开发平台和B/S体系结构，通过J2EE技术实现跨平台操作。

第二，多种技术的集成。包括全文检索、OCR以及流媒体服务等方式。通过集成，可以实现对档案内容的高效检索、扫描文件信息的自动提取及查询，以及音视频档案的网络点播等功能。

第三，密切关注各个分散业务的关联性，通过建立以工作流技术为核心的业务流驱动机制，结合便利的短信功能和审批流功能，实现各个业务环节的平滑流转和相互驱动处理。系统支持对各类文件信息的归档整理，这些信息包括公文、从OA和PDM等业务系统采集的预归档信息等。

第四，强大的自定义功能。由于各个单位的管理模式不同，为适应不同单位对不同类型档案的管理，往往采用模板自定义技术来增强管理软件的适用性，模板的自定义工作无须编程就可以实现。模板自定义技术给用户提供了广阔的个性空间，用户可以快速地部署适合自身特点的档案系统，并且能够在自身需求、管理模式上发生变化时随需应变。

第五，信息安全是档案信息利用的基础。系统提供权限管理、数据加密、数据备份及恢复、日志管理、访误删除等完整的安全防护体系，确保信息资源能够安全存储并安全访问。

二、我国档案管理软件发展的问题

虽然我国档案管理软件有了很大的发展，但现阶段仍然存在着一系列问题。国内档案界人士认为，"档案管理软件在对传统的纸质档案管理方面，功能成熟成型，而电子文件管理功能则严重欠缺"。造成这种状况的原因，有软件公司的问题，也有档案管理部门的问题，还有档案管理软件用户的问题，必须根据不同情况，采取相应措施加以解决。

（一）"信息孤岛"问题

各个软件公司开发的档案管理软件，缺乏相应标准的指导，数据库格式、元数据标准等都不统一，各个档案管理软件之间，不同系统之间，不能实现数据的共享和互访，成为"信息孤岛"。针对此问题，一方面国家档案主管部门应加快相关标准和规范的制定，尽快统一数据库格式和无数据标准，促进各个档案管理系统之间进行信息的共享和交流；另一方面，也有人指出，软件公司可以尽可能开发基于跨平台的电子文件管理系统来解决"信息孤岛"问题。

（二）开发成本巨大问题

在电子文件管理时代，不同单位的业务模式往往不一样，要实现对电子文件的全程管理，不同单位也往往有不同的需求，有的单位要求进行嵌入式开发，有的单位则希望全面整合，因此在第二个阶段的那种批量化的、通用的档案管理软件越来越不适用。各个单位在实施时必须进行定制开发，而定制开发带来的问题是开发成本过大，不能广泛推广。因此，档案管理软件公司需要进一步细分市场，根据不同的用户，开发出不同的模块，根据用户的需要，进行模块化组合，降低成本，获取订单。

（三）软件复杂、用户难以掌握问题

随着需求的增多，档案管理软件也越来越复杂，功能强大的同时，往往造成操作上的困难，因为再强大的软件也需要具体的人员去操作完成。因此，需要软件公司进一步在流程和界面设计方面下功夫，分解流程，简化操作，使软件易于掌握。另外，软件公司也要加强对软件用户的培训和服务，使软件的功能得到最大限度地发挥。

总之，档案管理软件显然是档案信息化管理的核心，它的人性化、易用性、功能的强弱、成本的高低都影响了我国档案信息化的水平。虽然现阶段我国档案管理软件中存在着一系列的问题，但是随着国家电子政务的实施，随着国家信息化的发展，档案管理软件中存在的这些问题终将得到解决。所以希望国家档案主管部门能够站在全局的高度，大力扶持档案管理软件的开发，发展不同层次、能满足不同档案管理需求、具有广泛适应性的档案管理软件，推动我国档案信息化的进程。

第三节　纸质档案的数字化

一、档案数字化概要

（一）档案数字化的定义

档案数字化是随着计算机技术、扫描技术、扫描矩阵 CCD 技术、OCR 技术、数字摄影技术（录音、录像）、数据库技术、多媒体技术、存储技术的发展而产生的一种新型的档案信息形态，它把各种载体的档案资源转化为数字化的档案信息，以数字化的形式存储，网络化的形式互相连接，利用计算机系统进行管理，形成一个有序结构的档案信息库，及时提供信息，实现资源共享。

档案数字化是数字档案建设最基础的工作，传统载体的档案经高科技技术加工成数字档案形式，通过局域网、政务网、互联网进行计算机检索、阅读电子档案，来迎接档案信息服务新环境的挑战，提高管理水平、提高效率，增强档案业务部门的服务水平，为档案内部管理及面向客户服务提供高效率的全面服务。档案工作的数字化建设是顺应潮流、适应时代发展的新举措、新要求。档案作为一种原生信息资源，其重要性正日益凸显出来，我们应逐步掌握信息技术为档案工作服务，为社会主义经济建设服务，为社会主义精神文明建设服务。

（二）档案数字化的内容

1. 档案数字化管理

数字化档案管理系统是对传统档案管理工作的一次创新，能够实现对档案和档案材料收集、鉴别、整理、保管、转递、统计、查阅等日常工作的数字化管理，并可通过组织系统专网实现档案的网上浏览和远程查借阅功能。按照档案业务工作流程，经过系统管理员的授权，单位内部领导和有关科室可以在各自办公室查阅档案，外来查档单位可以在阅档室通过电脑查阅电子档案，也可以通过网络实现远程阅档。系统全面运行后，可以大大提高工作效率，提升工作服务的水平和质量，实现档案由管理向信息研究与利用的质的转变。

2. 档案数字化采集

从档案实体库提卷后，首先拆卷、校对档案页数、区分高扫和平扫材料，然后进行数据采集。档案采集的同时对图像进行纠偏、去污、去黑边等处理，校对档案目录、核对电子材料，完成初步审核。然后由专人再次对档案原件及数据进行审核，确认无误后，完成档案装订还原，对电子数据进行归档。为档案的利用提供准确可靠的数据信息。在整个过程中，各环节相互配合、协同操作，以流水线方式完成信息的采集、审核工作。

3. 档案数字化查阅

以组织系统专用资源网为网络基础，采用 B/S（浏览器／服务器）模式架构，在组织系统内部实现了本地及远程查档、阅档功能。系统在安全方面进行了考虑：可按日期、时间或长期有效等多种方式，完成阅档授权；阅档过程进行详细的日志记录；信息采用加密信道传输等多种方式，使系统运行更加安全可靠。

（三）档案数字化的优势

1. 提高经济效益

过去一直使用粗放型模式即以增加办公人员和办公费用为解决这一难题的唯一手段，致使管理成本大幅上涨。而数字化管理档案使传统的以纸质为载体的档案信息对象转为机读档案，不仅节约了保管费用，节省了占地空间，而且查阅起来极为方便迅速，从而避免了反复印制资料而造成的纸张和人员的浪费。

2. 提高办公效率

档案数字化管理使资料能及时归档，并尽快提供信息。以组织部门为例，干部的任用、提拔都需要详细准确的档案信息。档案数字化管理便可提供详细、及时的数据信息，为领导决策提供服务。与此同时，档案数字化管理使查询资料变得非常简单，真正让办公人员做到足不出户便可知晓天下大事。由于信息的超时空流动，档案数字化事实上成为"无墙界档案"，档案库也从文件实体的保管基本变成了提供利用方便的信息控制中心。

3. 增强档案原件保护

将纸制档案转变为数字化电子档案后，档案的使用更加安全。尤其对历史久远的档案材料，数字化处理无疑是对其更好的保护，另外，档案通过数字化处理后，防止了部分档案被篡改情况的发生。

二、纸质档案数字化的步骤

（一）档案整理阶段

1. 档案出库

一般来说，大批量纸质档案数字化，首先须将待数字化档案从档案库房搬移至临时周转库房；然后，数字化加工人员从周转库房领取档案进行数字化。无论前者还是后者，数字化加工人员都必须按照预定计划，提出申请，经过审批，交接双方清点档案，实行登记，完成档案的交接手续。

2. 拆装

档案在拆除装订前可逐卷加贴条形码，以便在随后流程中通过识别条形码对扫描档案进行准确、高效的控制。该条形码还可为以后档案借阅管理提供便利。然后，工作人员逐卷、逐页检查档案。对内容缺失、目录漏写、页码颠倒，以及珍贵、破损的档案卷进行登记，并提请档案保管机构妥善处理。

对于不去除装订物会影响扫描工作的档案，应先拆除装订物。拆除装订物时，应注意保护档案不受损害。拆除装订物之后要将档案原件排好顺序，并用夹子夹起防止散乱。对于年代久远、纸质条件较差、不便于拆卷的，可采用零边距扫描仪扫描。

3. 页面修整

纸张的质量关系到扫描仪的选择和扫描效果，因此需对严重破损、褶皱不平、字迹模糊的档案做好登记，分别处理。例如，对有褶皱的档案，可进行熨烫；对被污染的纸张，可在通风环境中用软毛刷轻轻刷去浮尘、泥垢或霉菌；对破损残缺的文件，须进行修补。

4. 档案及目录的检查、整理

检查整理时主要注意以下几方面。

（1）检查档案的顺序。基本原则是档案页号按顺序连续排列。需要在档案原件上重新标注页号时，必须使用标准档案页码章，加盖在档案的右上角，位置应统一，并不得用手写页码。

如果在档案原件中出现档案漏编页码时，可视下列情况具体处理。

①中间任意两页之间的空白页需以"×-1，×-2"补编页码。例如，第7页与第8页之间有4页没有编页码，则依次编为"007-1，007-2，007-3，007-4"。若空号为一份档案的首页，则将该页编为正码，其他页依次编为副码。例如，第7页与第8页之间有一页未编码，而该页正好是P8所在档案的首页，则将空白页编为"008"，而原第8页编为"008-1"。以上补编页码需在电子目录与卷内文件、案卷内的目录、档案目录上依次注明增加的实际页数。

②出现跳号。若前后两份档案内容完整且连贯，但编码时跳号，如第1页与第2页分别编码为"001"和"004"，则需在电子目录与卷内文件、案卷内的目录、档案目录上依次注明"P2、P3为跳号，无实际内容"。

（2）检查档案目录所有的项目包括题名、文章编号、责任者、日期、顺序号、页号、备注，保证其准确、完整，并与档案原件内容一一对应。要求一份档案对应一条目录，并仔细检查每份档案是否完整。如有档案漏编目录，应补编目录。正式档案若为复印件，则需在该档案首页的右下角加盖"复印件"章，字号要求五号字。

①题名：要写全，与档案完全相符，不能随意删减、省略，要做到一字不落。凡题名中只写了"通知""委托书""支持信""承诺书""确认函""抵押书""公证书""协议书""申请书""工作动态""简报"等字样的，必须重新拟写一条简洁的题名反映档案的内容，外加"〔 〕"号。凡档案内容涉及有关人物的姓名时，必须在题名项中照实著录。例如，题名为"有关张三等同志的任免通知（李四、王五）"，此时必须根据正文内容将"张三等"后面省略的人物姓名（如李四、王五）完整地著录。

②文件编号：要写全，照实著录。

③责任者：同一责任者必须用统一名称。例如，在所有档案中责任者为"珠海市档案局"时，需统一名称，不得使用其他名称，如"市档案局"。

④日期：需写全年、月、日，格式为 ××××.××.××。档案中存在多个日期的情况时，应按照该档案的主要责任者所对应同期著录。

⑤顺序号：按照档案的合理排列，要求一份档案对应一条目录，一条目录对应一个顺序号。

⑥页号：填写首页页号即可，但每卷最后一份档案的起止页号都要填写。应在页码后加"—"标示本卷结束，如"99—10"。如果最后一份档案只有一页，也必须用"—"表示结束，如"99—99"。

⑦备注：应标注档案密级，无密级的可不写。

（3）检查案卷封面上的项目。包括全宗名称、类别名称、案卷题名、案卷所属年度、保管期限、卷内文件件数、页数、全宗号、目录号、案卷号等是否案卷实际内容一致。

（4）花名册、介绍信及其他类型档案的整理。花名册整理方法如下。

①题名按名册全称著录。

②责任者一律为名册上印章所对应的批准单位，无批准单位印章的以填报单位所写字样为准录入。

③花名册及其他名册均不需著录人名。

④日期写填报日期或批准日期，若有多个日期则录入一个即可。

介绍信、报到证、工资转移证、农转非存根整理方法如下。

①以上类别档案中的人名必须如实录入，要求准确无误，少量看不清楚的字迹要核实后再作修改，如"党员介绍信存根（张三、李四、王五）"。

②责任者和日期应为档案中本章所对应的单位和日期。

此外，任免、出访、优秀人员批件（教师、党员、干部……）等档案中涉及有关人物的姓名必须在题名项中照实著录。

（二）档案数据修改阶段

对照查改后的档案目录修改电子目录，要注意经常保存，以免数据丢失。进行电子目录数据修改时，主要应注意以下著录项的修改。

（1）档案题名。题名要写全，照实著录。

（2）责任者。录入多个不同责任者时，必须用"／"分隔开，如张三／李四／王五。

（3）文件编号。录入多个不同文件编号时，编号之间必须用"／"分隔开，如××／××／××。

（4）文件时间。需写全年、月、日，格式为××××.××.××，中间必须用"."隔开。档案中存在多个日期的情况时，按照该档案的主要责任者所对应的日期著录。如果档案时间没有月和日，只有年份，则分别用"00"代替月和日，如"2007.00.00"；如果档案时间没有日，只有年和月，则用"00"代替日，如"2007.11.00"。

（5）人名。凡档案内容涉及有关人物的姓名，必须如实录入，要求准确无误。多个人名之间必须用"／"分隔开，如张三／李四／王五。花名册档案则无须录入人名。

（6）页号。填写首页页号即可，但每卷最后一份档案的起止页号都要填写。应在页码后加"—"标示本卷结束，如"99—100"；如果最后一份档案只有一页也须用"—"表示结束，如"99—99"。

（7）密级。按档案标注的密级著录，无密级的标注"无密"。

（8）页数。录入该份档案的页数。

（9）全宗号。输入时必须采用3位数，不足3位数的在前面补0，如"15"应为"015"。

（10）保管期限。按档案目录本上标注的保管期限著录。

（11）目录号／年度。归档改革前的档案，按档案目录本上的目录号著录，分别用"A1·×、A2·×、A3·×"表示，"×"为目录的流水顺序；归档改革后的档案，按文件归档的年份著录。

（12）案卷号／机构。归档改革前的档案著录案卷号，案卷号必须采用4位数，不足4位数的在前面补"0"，如"15"应为"0015"；归档改革后的档案，该处均录入"0"。

（13）顺序号／件号。归档改革前的档案著录顺序号，必须采用3位数，不足3位数须在前面补"0"，如"15"应为"015"；归档改革后的档案著录件号，必须采用4位数，不足4位数在前面补"0"，如"15"应为"0015"。

（三）档案扫描挂接阶段

1. 档案扫描

（1）扫描设备选择。必须采用专业文件扫描仪，按照CCITTGroup4压缩为标准格式或者标准TIFF格式。扫描以黑白为主，对原件不清和字迹较淡的档案，扫描时必须用灰度或真彩模式扫描。

（2）扫描色彩模式选择。扫描色彩模式一般有以下两种。

一是扫描形成黑白二值图像。这种图像只有黑白两级，没有过渡灰度。其特点是黑白分明、字迹清晰、文件容量较小。适用于扫描字迹、线条质量清晰的文字或图纸档案。

二是扫描形成连续色调静态图像。这种图像分灰度图像和彩色图像两种。灰度图像由最暗黑色到最亮白色的不同灰度组成。灰度级表示图像从亮部到暗部间的层次，也称色阶。灰度级越高，层次越丰富，文件所占容量也越大。灰度模式适用于扫描黑白照片、图像档案，色阶的选择要适度，只要不影响图像质量即可。色彩数表示颜色的范围，色彩数越多图像越鲜艳真实，文件所占容量也越大。同样，色彩数选择也要适度，不是越多越好。彩色模式适合扫描页面中有红头、红印章的档案或彩色照片的档案。需永久或长期保存，或向国家档案馆移交的档案，一般应采用彩色模式扫描。

2. 图像处理

扫描完成后，必须按照要求将所得图像进行技术处理，纠正档案扫描件和原件的偏差，使扫描后的档案图文更加清晰、规范。图像处理大致包括以下内容。

（1）图像数据质量检查。对图像偏斜度、清晰度、失真度等进行检查。发现不符合质量要求时，应重新对图像进行处理。由于操作不当，造成扫描的图像文件不完整或无法清晰识别时，应重新扫描；发现文件漏扫时，应及时补扫并正确插入图像；发现扫描图像的排列顺序与档案原件不一致时，应及时调整。认真填写相关表单、记录质检结果和处理意见。

（2）纠偏。对出现偏斜的图像应进行纠偏处理，以达到视觉上基本不感觉偏斜为准。对方向不正确的图像应进行旋转还原，以符合阅读习惯。

（3）去污。对图像页面中出现影响图像质量的杂质，如黑点、黑线、黑框、黑边等应进行去污处理。处理过程中应注意不要破坏档案的原始信息。

（4）图像拼接。对大幅面档案进行分区扫描形成的多幅图像，应进行拼接处理，合并为一个完整的图像，以保证档案数字化图像的整体性。

（5）裁边。采用彩色模式扫描的图像应进行裁边处理，去除多余的白边，以有效缩小图像文件的容量，节省存储空间。

以上处理，可以根据肉眼判断，人工处理完成。也可以用专门设计的软件，预先进行某些设定，然后由计算机自动处理完成。计算机处理当然效率高，但是没有人工处理灵活。例如，一旦将污点的大小尺寸设计得过小，计算机会将某些标点符号当作污点而自动去除。因此，扫描图像处理还需采用人工和计算机自动处理相结合的方式。

3. 图像存储

（1）存储格式。采用黑白二值模式扫描的图像文件，一般采用 TIFF（G4）格式存储；采用灰度模式和彩色模式扫描的图像文件，一般采用 JPEG 格式存储。存储时压缩率的选择，应在保证扫描的图像清晰可读的前提下，以尽量减小存储容量为准则。提供网络查询的扫描图像，也可存储为 CEB、PDF 或其他版式文件格式。

（2）图像文件的命名。应采用档号或唯一标识符为数字档案资源命名。采用档号为数字档案资源命名的，若以卷为单位整理，按《档号编制规则》CDA/T13-1994 编制档号，推荐增设档案门类代码作为类别号的子项；若以件为单位整理，档号可采用"全宗号—档案门类代码·年度—保管期限—机构（问题）代码—件号·子件号"结构。

4. 目录建库

（1）数据格式选择。目录建库应选择通用的数据格式，所选定的数据格式应能直接或间接通过 XML 文档进行数据交换。该数据库建立可以通过专用的档案管理系统或扫描加工管理软件录入，也可以先在 EXCEL 专门设计的档案目录表格中录入，然后将数据导入至档案管理系统。

（2）档案著录。按照《档案著录规则》CDA/T18-1999 的要求进行著录，建立档案目录数据库，并录入档案目录数据。

（3）目录数据质量检查。为了确保数据的准确性，可采用"单机录入—人工校对"或"双机录入—计算机自动校对"的方法。不管是人工校对还是计算机校对，都要核对著录项是否完整，著录内容是否规范、准确，发现不合格的数据应进行修改或重录。

5. 数据挂接

档案数字化转换过程中形成的目录数据库与图像文件，质检环节确认合格后，通过网络及时加载到数据服务器端汇总。目录数据库与图像文件应避免采用既慢又容易出错的人工挂接，尽量采用计算机批量自动挂接。只要扫描制作的数字化文件是按纸质档案的档号命名，就可以通过编制挂接程序或借助相应软件，实现目录数据对相关联的数字图像的自动搜索、加入对应的电子地址信息等，实现批量、快速挂接。

6. 数据验收

以抽检的方式检查已完成数字化转换的所有数据，包括目录数据库、图像文件及数据挂接的总体质量。目录数据库与图像文件挂接错误，或目录数据库、图像文件出现不完整、不清晰、有错误等质量问题时，抽检标记为"不合格"。一个全宗的档案，数字化转换质量抽检的合格率达到 95% 以上（含 95%）时，予以验收"通过"。

合格率＝抽检合格的文件数／抽检文件总数 ×100%

认真填写纸质档案数字化验收登记表单。验收"通过"的结论，必须经审核、签署后方为有效。

7. 数字化成果管理

应加强对纸质档案数字化成果的管理，确保其安全、完整和长期可用。纸质档案数字化成果提供网上检索利用时，应有制作单位的电子标识，并根据具体情况分别采用可下载或不可下载的数据格式。

（四）档案装订、归还阶段

按检查整理阶段确定的顺序将扫描完的档案装订好。装订时必须保持档案的原貌，不得更换卷皮，不得缺漏页，且按照档案原有的线孔装订。装订好后要将档案检查一遍，看案卷装订是否结实，有没有脱页，顺序对不对，档案及目录齐不齐。检查完毕后，归还档案保管处，办理归还手续。

如图 4-1 所示，为纸质档案数字化的工作流程。

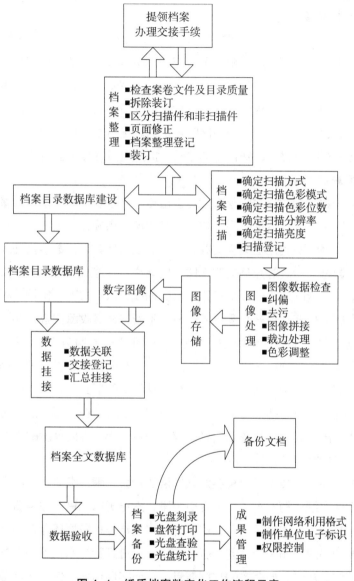

图 4-1 纸质档案数字化工作流程示意

三、我国档案数字化建设实践策略

随着我国科技软件系统的不断开发与扩充，档案信息化建设是信息时代我国档案工作的主题，也是今后档案工作发展的必经之路，而档案数字化建设作为档案信息化

117

建设中的重要内容，是顺应社会潮流、适应信息时代发展的新举措、新要求。

（一）创新服务观念

第一，升华信息服务内容，要明白数字档案馆的意义不仅是收藏信息和传递信息，还要对其进行开发和利用。相较于传统的档案馆来说，数字档案馆的功能应该更丰富、更强大。第二，扩大服务内容的宽广度，拓宽知识面，为用户提供最好的帮助和指导，满足用户的根本需求，实现真正意义上的资源共享。第三，根据实际情况开发专门的知识库管理平台，对其中存储的知识信息进行适当提炼和整理，将不同渠道收集到的信息进行有机整合，并转变其性质，提升自身的自主创新能力。

（二）创新服务内容

目前对我国数字档案来说资源库是建设重点，必须要不断丰富资源库的内容，对其进行创新和完善，保证信息的利用效率。具体实践措施如下：第一，我国应该根据档案馆的实际收藏情况建设档案全文数据库，对纸质档案进行数字化处理，转变成其他格式存储在数据库中。对光盘类的文件，应该注意其格式的规范性，然后统一进行归档处理。第二，我国应该建设多媒体档案数据库，从多方面收集相关视频、图片等信息，编研多媒体档案材料产生多媒体档案。不断丰富其收藏内容，保证可以为用户提供形象生动、图文并茂的数据信息。这样不但可以改善服务手段，提高服务质量，而且能在一定程度上受到更多用户的认可。第三，我国应该建设专题数据库。档案专题数据库在档案数据库中占据重要位置，是一种特殊的形式。它主要以所有档案库的资源为基础，通过对所有档案库进行管理，将其资源整合在一起，然后进行针对性地分析归档，提炼出最具价值的数据信息。有效满足了用户不同程度的需求，在很大程度上发挥了数字档案馆的积极作用。

当前的社会是一个技术及科技爆发式发展的社会，眼下纸质档案数字化建设如火如荼，相较于传统纸质档案来说，内容更丰富、设备更加先进、服务质量更高，极具推广价值。但是从目前的情况来看，档案的数字化建设和发展还存在一定的问题，有关部门必须要加强改进和完善，创新服务模式，引进高新技术，提高服务质量，保证可以为用户提供最及时、最有效的数据信息。从而实现档案工作管理规范化、资源数字化、服务网络化，希望我国档案的发展与实践更加完善。

第五章　大数据环境下档案管理探析

第一节　档案信息资源的整合

随着移动互联网的快速发展，微博、微信以及各种音频、视频等信息发布的方式也越来越多样化，信息发布速度更快、更方便，使信息的增长速度飞快，把全球的数据加起来就形成了一个数量级非常的数据集，这标志着人类进入大数据时代。在海量数据的包围下，人们获取信息很便捷，然而想要获取有用的信息还是需要一定的时间和精力，档案行业也同样如此。

大数据时代的来临使档案信息资源发生了翻天覆地的变化。但是档案信息资源难以避免地受到馆藏类别以及地域的制约，已经无法适应与满足信息时代公众对档案信息资源的需求。所以，在一体化信息资源管理系统中纳入档案信息化建设，将封闭而又单一的档案信息资源，转化成类别丰富、综合开放的档案信息，实现档案信息化以及档案信息资源共享显得尤其重要。因此，实现档案信息资源的挖掘与整合就显得尤其重要。

一、档案信息资源及其整合的概念

档案信息资源的概念有狭义和广义之分。狭义的档案信息资源是指来源于档案的，反映事物特征、运动状态、方式及规律的，已经加工处理有序化并大量积累起来的有用的集合。狭义档案信息资源实际上从属于广义的档案信息，包含了档案信息的三个层次。但是狭义档案信息资源并不等同于档案信息，而是具备了创造性、规模性以及开发性三大条件的档案信息。

蒋冠在《网络环境下档案信息资源整合研究》一文中指出：档案信息资源整合是"对各个相对独立的信息系统中的档案信息资源、功能结构及其互动关系进行融合、类聚和重组，使其形成一个新的有机整体，从而提供一个效能更好、效率更高的新的资源系统"。①

徐瑞鸿在《档案信息资源整合研究》一文中指出：档案信息资源整合，就是在我国档案工作"统一领导、分级管理"体制下，围绕特定的主题，对分散形成的档案进行信息资源集中，以集中反映某一实践领域或对象的基本情况，最终达到档案资源结构合理、配置优化，可以有效地实现信息资源的增值效益工作，能够适应信息全球化，增强区域综合竞争力的社会系统工程。②

二、大数据环境下档案信息资源整合的必要性

大数据时代，庞大的纸质档案信息资源和海量的数字档案资源的不断增长，给档案管理部门带来了巨大的挑战。但是，档案馆运用大数据挖掘技术和分析方法，开展档案信息资源整合，挖掘潜藏在档案信息资源中的深层价值，恰好可以解决这一难题。因此，实现大数据时代背景下海量信息的整合，是档案部门迎接挑战的有效方法。我们将从新时代的发展趋势、提高档案信息资源服务质量的需要和实现档案信息资源数字化这三方面来进行必要性分析。

（一）新时代的发展趋势

随着社会信息化的发展，数字化与网络化建设的不断完善，档案信息资源的记录载体、记录方式、管理方式也随着时代的进步而发生着变化，档案信息资源的管理也应朝着网络化、数字化的方向发展。

随着人类的进步和发展，大数据时代的来临，人们在计算机系统存储的数据信息也越来越多，这些数据是人们工作、生活和生产活动等的原始记录，能够为人们提供重要的利用价值。例如，美国沃尔玛超市将尿布与啤酒这两种看似毫无任何关联的商品摆放在一起进行销售，这一举措带来了意想不到的收益，使超市尿布和啤酒的销量大幅增加。原来，美国的妇女通常在家带孩子，所以她们会经常嘱咐丈夫在下班路上为孩子买尿布，而丈夫在买尿布的同时就顺便购买了自己爱喝的啤酒。于是，沃尔玛就通过这一发现为企业带来了丰厚的利润。这个故事讲述了沃尔玛超市通过对自己企业的档案信息资源的数据信息进行挖掘，为超市的发展带来了黄金价值。由此可见，档案信息资源整合将是挖掘档案信息资源潜在信息价值的有效措施，是实现档案信息资源、共享化的必然选择，也是适应社会信息化进程的需要，更是档案事业发展的必然趋势。

---

① 蒋冠. 网络环境下档案信息资源整合研究 [D]. 湘潭大学，2005.

② 徐瑞鸿. 档案信息资源整合研究 [J]. 兰台世界，2006(17):23-24.

除此以外，实现档案信息资源的整合还是解决传统档案资源管理模式带来的弊端的需要。长期以来，档案保管机构各自为政，造成档案资源长期分散，而这种分散性已然不适应大数据时代集中性的需求，于是便产生了对档案信息资源进行整合的诉求。档案信息资源数字化、信息化后，体现的明显特征是相对完整性、集中性，这就出现新的诉求——档案信息资源整合。尤其是现代电子计算机普遍应用，所生成的文件档案信息越来越具有电子特征后，我们进行整合时不得不考虑到未来发展趋势问题。例如，科技部、财政部、农业农村部等有关部门协调成立的国家科技文献资源网络服务系统，教育部主持推进的全国高校信息保障系统，由文化部（现为文化和旅游部）、国家图书馆牵头的中国数字图书馆工程以及各地数字档案馆的建设等，这些工程建设是对信息完整性、集中性需求的体现。

（二）提高档案信息资源服务质量的需要

国家档案局在 2010 年对《各级国家档案馆收集档案范围的规定》进行了修改，按照以人为本的思想，引导全国各级档案部门以民生需求为导向，把涉及人的档案应收尽收，建立面向全民的多元化档案资源体系。

在现代政府以公民需求为导向信息管理的核心下，充分利用信息技术提供高效、高质的档案信息服务，是未来服务发展的方向。在这种背景下，档案馆被推向了信息公开的前台，意味着档案信息资源开发具有了政治合法性和迫切性。社会信息资源整合程度的提高与公众信息意识的觉醒为档案信息资源的整合创造了良好的社会环境与氛围，同时使档案资源的整合成为一种必然趋势。

近年涉及老百姓切身利益的民生档案数量与日俱增，与之相对应的是人民群众利用档案的需求也不断增加，因而迫切需要一种能够集中保管和统一利用的档案管理机制的出现与创新。整合档案信息资源为公众提供了一个双向主动式档案信息服务手段。除此之外，一方面是档案信息资源提供服务的频次、速度、要求越来越高；另一方面是档案信息资源服务的范围、空间、形式越来越广，社会的需求永远是激活档案信息资源整合和开发的力量源泉，推动档案信息资源整合的动力是适应时代发展和档案信息资源服务对象多元化的需要，档案信息资源整合的建设会使档案服务社会的力度、方式、手段实现新跨越。

总之，实现档案信息资源的整合，可以提高人们利用档案信息资源的检索效率，可以改善档案网站、档案馆以及档案室的服务质量。

（三）实现档案信息资源数字化

大数据环境与过往的信息环境最大的区别，不仅是巨量的数据资源的诞生，而且是大数据能够对信息、数据等进行筛查、分析和处理。大数据的处理包括了大数据采集、大数据处理、大数据统计分析与大数据挖掘等方面。大数据具有数据挖掘和分析、内存计算和流处理技术等处理技术。大数据的存储包括分布式文件系统、非关系型数据库（NOSQL）、数据仓库等存储技术。大数据的应用技术包括云计算及其编程模型 MapReduce、大数据获取技术、大数据存储技术、大数据分析技术、大数据可视化技术等。

在大数据时代，档案馆既要开展纵向层次的整合，又要开展横向功能的整合。档案馆可以通过综合利用大数据的存储技术、处理技术以及应用技术实现数字化档案信息资源的功能，如实现数字化档案信息资源的交换与共享功能、安全存储功能等。如表 5-1 所示。

表 5-1　大数据相关技术及功能

大数据相关技术分类	技术示例	实现功能
大数据存储技术	分布式文件系统、非关系型数据库（NOSOL）、数据仓库等存储技术	存储功能
大数据处理技术	数据挖掘和分析、内存计算和流处理技术	信息挖掘与数据处理功能
大数据应用技术	云计算及其编程模型 MapReduce、大数据获取技术、大数据存储系统、大数据分析技术、大数据的可视化	信息资源交换与共享、安全存储等功能

一方面，云计算技术的具体应用说明大数据技术能够实现档案信息资源的交换功能。例如，档案"云平台"的构建。支撑云、公共云、业务云三个平台共同组成了档案信息资源整合的"云平台"。其中在业务应用层，可以通过大数据的存储处理技术完成档案信息资源的采集、编目、存储等工作。数据整合处理层通过对档案信息资源的分类等工作加工，编研不同的档案成果，形成不同的数据库，如特色档案、现行文件等。

另一方面，大数据技术在档案信息资源共享平台充当着非常重要的角色。通常来说，档案信息资源整合共享平台有着采集功能、审核功能、信息管理功能、信息共享功能、安全保障功能，如图 5-1 所示。其中，采集功能主要是负责收集档案信息，既可自动采集，又可人工采集。大数据的获取技术可以通过档案信息资源的数据分析，从而更好地获取可以用的档案信息资源。审核功能主要负责对其质量的监控，通过层层严格的筛选和鉴定，删除不合格的档案信息，动态存储可利用的资源。此外，仍可以通过大数据的智能过滤技术提前对档案信息资源进行筛选和加工。

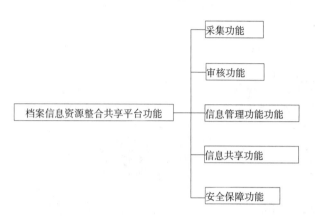

图 5-1　档案信息资源整合共享平台功能

　　大数据技术可以促进档案信息资源共享功能的实现。公众可以通过档案信息资源整合共享平台，在线访问和查询档案馆藏信息资源，使档案信息资源充分地发挥自身的价值，服务大众。其次，档案信息资源整合共享平台可以打破地域限制以及"信息孤岛化"的状态，促进各大档案馆之间的联系，实现更大范围内的资源共享。

三、大数据环境下档案信息资源整合的 SWOT 分析

　　大数据是以容量大、类型多、存取速度快、应用价值高为主要特征的数据集合，正快速发展为对数量巨大、来源分散、格式多样的数据进行采集、存储和关联分析，从中发现新知识、创造新价值、提升新能力的新一代信息技术和服务业态。

　　随着互联网的普及，计算机信息技术和网络通信技术的飞跃式发展，各种数据和信息呈现出爆发式的增长。事物都有两面性，互联网在给人们带来获取大量文本信息资源快捷方便的同时，也带来了一些难题，如如何快速有效地在海量的信息资源中挖掘出自己所需要的信息资源。总之，大数据时代已经悄然降临，海量信息也给档案部门的档案信息资源整合带来了挑战。因此，档案部门应该实事求是地立足于档案信息资源整合的现状，结合大数据的时代背景，充分应用大数据时代的信息挖掘技术，采取有效的措施实现档案信息资源的整合。

　　接下来，我们将采用 SWOT 分析法：S(strengths)是优势；W(weaknesses)是劣势；O(opportunities)是机会；T(threats)是威胁或挑战，对大数据环境下档

案信息资源整合的优势、劣势、面临的机遇和挑战进行分析，如图 5-2 所示，有利于档案部门在进行信息资源整合时认清形势，扬长避短，抓住机遇，寻找良好的契机，制定符合大数据时代背景的档案信息资源整合措施。

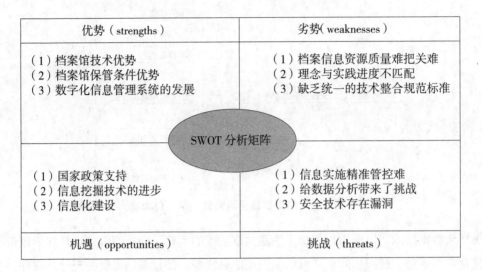

图 5-2　大数据环境下档案信息资源整合的 SWOT 分析矩阵

（一）优势分析

在大数据时代，各种数据信息日益膨胀、呈现爆炸式的增长。那么，将各种分散的、独立的信息统一到一起，形成逻辑上统一的整合体，将是目前档案部门存储和利用大数据的最大需求。因此，实现档案信息资源的整合与共享是大数据时代和信息化时代的召唤，得到了国家层面的高度重视。接下来，我们将从国家政策支持、信息挖掘技术进步、数字化现代管理系统的产生三方面来分析大数据时代档案信息资源整合的优势。

1. 国家政策的支持

国家档案局在 2010 年对《各级国家档案馆收集档案范围的规定》进行了修改，按照以人为本的思想，引导全国各级档案部门以民生需求为导向，把涉及人的档案应收尽收，建立面向全民的多元化档案资源体系。由此，可以看到国家是支持对档案信息资源进行整合的。2015 年 8 月 19 日，国务院审议通过了《促进大数据发展行动纲要》，这标志着我国在顶层设计上对大数据的实践与实施做出了集体部署。《促进大数据发展行动纲要》不仅对其背景及意义进行了阐述，对涉及的主要内容及产业也进行了部署。其中，虽然没有明确档案部门的任务，但指出如何应对大数据时代下的快速变革是档案部门的当下之责。

"十三五"规划期间，国家档案局印发的《全国档案事业发展"十三五"规划纲要》中也制定了相关的政策支持档案信息资源整合的发展。并提出档案资源的发展目标就是"实现档案资源多样化。依法管理档案资源，各级国家机关、团体、企事业单位档案实现应归尽归、应收尽收；档案资源更加齐全完整、丰富多元，覆盖人民群众的档案资源体系更加完善"。

此外，地方也主张区域性"大档案格局"，颁布了相应的政策。以苏州为例，从2010年10月1日起正式实施的苏州地方性档案法规《苏州档案条例》中就明确规定，各级开发区、乡镇（街道）也可以建立档案馆，集中统一管理本区域范围内所有档案。《苏州档案条例》第七条规定"有条件的镇（街道）设立档案馆"，第八条则明确指出"国家级、省级开发区管理机构应当建立档案馆，负责本单位的档案工作，并对所属单位的档案工作进行监督和指导"。管理模式和管理方法的转变，必将推动开发区和乡镇（街道）的档案工作进一步向法制化、规范化迈进，从法规层面赋予了构建区域性大档案格局实践的合法性。

2. 大数据环境下信息挖掘技术的进步

互联网的发展与普及，各种数据以及信息呈现出爆发式的增长。互联网在给人们获取大量文本信息资源快捷方便的同时，也带来了诸如如何挖掘、筛选自己所需信息的难题，但是大数据时代的信息挖掘技术则刚好可以帮助人们解决这一难题。以"Web"数据挖掘技术为例。

首先，谈一下"Web 文本挖掘技术"在档案信息资源整合中的应用。Web 是当今互联网上最受欢迎、最为流行的超文本信息系统，不仅能实现各种类型数据的无缝集成，还具有提供图形界面快速检索等功能。因此，我们可以利用 web 文本挖掘技术的高效率、智能化等优势，结合档案信息资源整合中所面临的多种多样的问题，帮助人们改善检索效果以及服务。

接下来，介绍一下文本挖掘的基本思想，如图 5-3 所示。

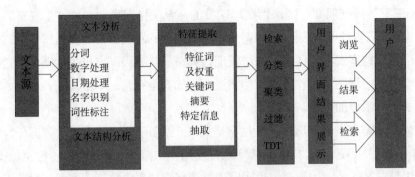

图 5-3　文本挖掘的基本思想

一方面，Web 文本挖掘技术可以有效地改善档案信息资源的效果。通过对信息的聚类处理，对使用者的检索历史信息进行分析，对分析结果进行分组，并分别进行标注，可以使提供的检索内容更加精确，在一定程度上优化使用者的检索效果。这样可以提高检索信息的准确度，提升搜索效率，节约检索时间等。另一方面，可以改善服务。比如，档案馆、档案网站等可以通过掌握、分析使用者浏览各类信息资源的频率以及所花费的时间，分析判断出使用者对不同类型信息资源的兴趣度，这有利于升级、完善更加人性化的推荐，定制多样性的服务。

3. 数字化的现代档案管理系统的产生

随着计算机技术、通信技术以及互联网技术的飞速发展，传统的档案管理模式遇到了严峻的挑战。与发达国家相比，我国档案管理现代化建设有一定的滞后性。2006 年，有关组织部门明确指出要充分利用现代技术改造传统的档案管理方式，加快电子档案建设，完善干部档案管理系统和干部信息管理系统，逐步实现档案管理的数字化。档案数字化必将成为今后档案的主要存在形式。

数字化档案管理是对传统干部人事档案管理工作的一次创新，能够实现对档案和档案材料收集、鉴别、整理、保管、传递、统计、查阅等日常工作的数字化管理，并可通过组织系统专网实现干部档案的网上浏览和远程查询。这为今后干部任用、干部提拔等工作带来了极大的方便。系统分为日常业务管理、档案数字化采集系统和数字化档案查阅系统三大部分。

以苏州构建区域性大档案格局为例，苏州市的现代化档案管理系统已经基本建成。肖芃在文章中提到："苏州市具有较完备的网络基础设施，各机关单位统一管理系统和硬件设施，电子政务的运行已经普及，公文从网上流转、传输、归档，实施网上无纸化办公；苏州市数字档案馆项目已经完成，能通过网络处理档案馆的所有业务，而各机关事业单位的信息化建设也已初见成效，不少单位档案已经全文数字化处理，建成数字档案室，形成了统一的数字档案管理标准，培养了一批档案工作的优秀管理人才，为构建区域性大档案格局打下了良好技术基础。"

（二）劣势分析

凡事都有两面性，有利就有弊。接下来，我们将从三个方面集中分析大数据环境下档案信息资源整合的劣势。

1. 缺乏统一的技术整合规范标准

许多学者认为技术与标准是制约档案信息资源整合的重要"瓶颈"。熊志云认为："尽管我国档案信息化建设起步较晚，但对档案信息的标准化工作一开始就比较重视。"梁作华指出："迄今为止，标准问题仍未受到足够重视，缺乏制定标准的统一机构，国家尚未出台档案数据库结构、信息存贮和著录格式、软硬件配置、网络体系结构、信息处理界面等方面标准，要建立一个比较完整的档案信息资源整合的标准体系，还须一个长期的探索和实践过程。"许多研究者指出在档案信息化建设中，标准问题仍然没有受到足够的重视，缺乏一个统一的机构对此进行统一的研究与组织，也就谈不上建立跨系统、跨领域的标准制定机构了。因此，建立专门的机构，在全国范围内逐步推出和建立比较完善的信息资源管理标准体系，已成为档案信息资源以及其他信息资源整合工作的当务之急。

2. 理念与实践进度不匹配

"大档案"理念由来已久，但是在实践进程上并未得到良好的落实。长期以来，许多档案工作人员和专家学者都提到整合档案信息资源以及转变档案管理观念，但是如何转变并没有一套详细具体的对策。因此，我们不仅要提出与时代发展相匹配的管理理念，还要将理念贯彻到档案信息资源整合的实践中。

在大数据时代，档案信息资源整合需要各个环节的配合和各个部门协调一致的工作才能完成，而各部门、各环节的协调需要一个强大的信息系统来组织和实现，从而使档案信息资源得到最优化的利用，使良好的档案信息资源整合观念发挥意识能动作用，更好地指导档案信息资源整合的实践工作。

3. 档案部门各自为政，缺乏有效沟通联系

目前，中国实行的档案管理体制是条块相结合的，即综合档案馆主要负责党和政府机构形成的档案，而专业档案则由专业档案机构负责保管，档案部门由同级档案行政管理部门进行指导、检查和监督。无论是在实践层面还是在法规层面，条块分割已经成为档案管理的基本形态，并且已经持续多年。但是，随着档案信息资源整合工作

的开展，许多学者指出这一制度阻碍了档案信息的共享。郑鸥认为："它虽然有其合理性，但也造成了地方各级国家综合档案馆在档案资源整合上难以有所作为。由于档案资源的分散、馆藏档案信息的'含金量'不高，很难满足日益增长的为领导决策资政服务、为群众维权服务的需求。"[①]

（三）机遇分析

只有抓住机遇，才能更好地发展自己。大数据技术的发展为档案信息资源整合提供了一些机遇，抓住这些机遇，有利于档案事业更好地发展。接下来，将从三方面进行机遇分析。

1. 我国的信息化建设为档案信息资源整合提供了环境支撑

我国在进行信息化建设中不断完善通信网络与计算机系统，这为档案信息资源的整合提供了良好的基础设施条件。首先，我国已经基本形成了一个覆盖全国、通达世界、技术先进、业务多样的国家公用通信网络框架。目前，全国几乎所有的学校、科研部门、政府、企业和家庭都使用上了计算机网络。其次，网络的连通是档案信息资源整合的基本手段和有效途径，网络使数字化档案资源互相联结，社会公众能不受时空条件的约束获取自己所需的档案信息。先进、专业的通信网络的建成为档案信息资源整合提供了许多实践的机会，日渐成熟的因特网技术为实现档案信息资源整合提供了良好的基础设施条件。

"十二五"期间，我国的档案信息化建设已经取得了一些成果，例如档案信息化建设初具规模，初步建成以局域网、政务网、因特网为平台，以档案信息管理系统为支撑，以档案目录中心、基础数据库、档案利用平台、档案网站信息发布为基础的档案信息化体系。

在"十三五"规划中，国家档案局印发的《全国档案事业发展"十三五"规划纲要》中提到要加快档案管理信息化进程。它要求各档案部门、档案网站等主体"加快提升电子档案管理水平，积极参与国家政务信息化工程建设，制定相关标准和规范，明确各类办公系统、业务系统产生的电子文件归档范围和电子档案的构成要求；加强对业务系统电子文件归档管理，通过推进电子档案管理促进电子会计政务和电子商务文件归档管理工作"。

2. 电子政务建设为档案信息资源整合提供了技术支撑

胡锦涛在中国共产党第十七次全国代表大会报告中提出"加快行政管理体制改

---

① 郑鸥. 加强档案信息资源整合势在必行 [J]. 上海档案，2006(5)：22-25.

革，建设服务型政府"，并明确指出要"健全政府职责体系，完善公共服务体系，推行电子政务，强化社会管理和公共服务"。实施电子政务是改革开放的需要，是建设服务型政府的基础工作。除此以外，《国家电子政务工程建设项目档案管理暂行办法》也具体规范了档案管理工作中电子政务建设相关事项。

在我国，档案有着为政治提供服务的职能，因而档案馆、档案室等档案管理部门必须结合国家电子政务建设的大背景开展档案管理工作。因为电子政务建设能够促使政府更加重视档案室、档案馆、档案网站、档案公共服务平台等的建设，给予相应的资金以及技术支持。有了政府资金、技术支持作为后盾，档案信息资源整合工作可以更加顺利开展。

3. 档案部门的数字化建设为档案信息资源整合提供了基础

近年来，社会环境的变革使档案界不得不改善档案信息工作，各地档案部门不同程度地进行了数字化、信息化管理建设，为档案信息资源整合提供了好的开端。档案部门要努力建设并投入使用一批内部局域网，基本实现档案管理现代化和办公自动化，部门、地方自行建立为本部门机关服务的档案目录信息中心，为逐步构建中国档案文献数据库创造条件。档案部门根据电子档案管理的要求，加强对本单位电子文件的管理，保证电子文件真实、完整、有效。此外，北京、上海、江苏、浙江、广东等地选择在国家档案馆开展网络环境下接收电子档案试点工作。北京市近年来制定档案信息资源整合发展规划，实现市区县档案馆之间的联网与开放档案目录；深圳市建立数字档案馆系统，将原有各种载体的档案数字化，对档案文件实施数字化管理。

（四）挑战分析

知己知彼，方能百战不殆。一方面，我们既要抓住机遇，促进档案信息资源整合开展；另一方面，也要了解其面临的挑战和威胁，以制定好相应的解决对策。接下来，我们将从以下几方面进行分析。

1. 需要庞大的资金支持

虽然档案管理部门在开展档案信息资源整合工作的时候，得到了政府的财政资金支持，但是这些资金远远不够，档案信息资源整合的后续工作需要更多的资金做支撑。然而，档案部门缺乏其他筹款渠道，因而资金将是大数据环境下档案信息资源整合面临的一大困境。此外，受我国各地区经济发展水平的制约，各区域档案信息资源整合建设的投入、档案数字化、信息化建设等方面都存在着严重的不平衡以及信息不对称等问题。

藤霞认为："档案信息资源整合还存在论证不足的问题，在系统设计档案信息资源整合规划时没有一个相对完整的构想，对整个过程中容易出现的问题或解决对策准备不充分，论证存在缺陷，所以其结果既达不到整合的要求又造成了不必要的浪费。"

2. 档案信息资源质量的把关

档案信息资源的质量难以控制。蒋冠指出："就目前的情况来看，我国大部分公共档案馆的馆藏结构单一，政府部门的文书档案占了很大的比例，而其他类型的档案少之又少，特别是某些特色档案更是缺乏，档案信息库的建设要有坚实的资源基础，单调无用的信息根本无法吸引用户的目光，大量的投入只能是一种浪费。因此，要采取多种措施，大力加强档案馆的馆藏建设，丰富自身资源，建设特色档案库已成为当前工作中的重中之重。另外，档案信息资源与其他社会信息资源相比，有着机密性的特点，有一大部分档案因为涉及国家集体的秘密而不能轻易地在网上公布，而必须履行一定的手续，超过一定的时限才可以公之于众，而事实上，等到这些档案过了保密期之后，其所载信息则往往已经过时滞后，无法满足公众的现时需要。"[①] 除此以外，档案信息资源的质量没有统一而具体的标准。所以，在进行档案信息资源整合的时候，如何收集质量优、价值高的档案资源也将是面临的一大挑战。

3. 档案信息资源整合管理体制的建立存在困难

我国现存档案工作实行的分级、分专业管理体制暴露出了许多弊端，已经不适应档案信息资源整合工作的开展，大量档案资源长期散存在各单位，处于非专业管理状况，管理混乱，损失难以想象。有的单位把档案长期堆放在楼层间，虫蛀鼠咬，温湿无常；有的单位将档案堆放在各个办公室，基本无人过问，损毁现象严重。档案管理无序，查找利用困难，更难以服务社会，并存在重复建设的问题，财力、物力浪费严重，同时综合档案馆馆藏结构单一，服务功能弱化，均为档案信息资源整合管理体制建立所面临的困难。

实施档案整合信息资源管理机制不仅是对已有的档案信息资源进行整合，重要的是通过资源整合理顺管理体制和建立新的规范化运行机制，以确保今后不再产生新的档案资源分散问题。建议实行大档案管理体制，确定省、市级综合档案馆的中心地位，并赋予其整合的权利。把现有市县级综合档案馆作为中心基点，才能有效地克服资源分散的问题，打破各自为政的管理模式，提高档案馆的辐射力、影响力、凝聚力。

① 蒋冠. 网络环境下档案信息资源整合研究 [D]. 湘潭：湘潭大学，2005.

四、大数据环境下档案信息资源整合的策略

我们将从档案实体整合与数字档案信息资源整合两方面提出应对措施。首先，谈一下档案实体的整合。

（一）从内容层次开展档案实体整合

档案实体整合是一个个体层次的整合过程，丰富的馆藏是档案信息资源整合的基础。档案实体整合包括综合档案馆自身管理制度、管理程序、馆藏系统信息的整合，还包括县级区域内各种实体信息部门的整合，将区域内各个独立、分散的部门档案资源进行综合整合。

1. 现有馆藏整合

档案馆不再仅仅是一个实体保管机构，还是今后实现档案资源共享的主要源头和基地。传统的档案实体一般以案卷形式保管在库房，档案馆应对其馆藏数据清楚掌握，做好基础的编目工作。目前，档案馆的实体整理工作一直在做，但是结果不尽如人意。档案馆应根据档案整合功能特征从档案馆管理制度化、归档程序化、馆藏数字化、信息网络化、控制智能化方面进行管理。还应做好现有馆藏各种载体标准、海量存储整合工作，有选择地将原始馆藏中有特色、有较高利用价值的档案数字化，积极将已接收进馆的文件建成编研成果数据库，使传统档案信息与现有档案信息共同发挥作用，如建立电子政务档案、城建档案、指纹档案、民生档案等特色数据库。

2. 开展区域档案信息资源整合

以往，单个部门多自己保存自己形成的档案，然而单个部门的条件往往有限。如果把一个区域县级的部门档案整合在一起会节约很多人力、物力。滕霞认为："在区域整体规划中设立县级单位为档案管理中心，各级档案信息形成部门向县档案馆移交，建立一个以档案部门为主体、各专业主管部门配合的区域管理模式，实现档案资源集约化、人员素质现代化、业务建设标准化、管理工作规范化、利用服务优质化。"

（二）从技术层次开展数字档案信息资源整合

在大数据的时代背景下，档案数字资源具有数量庞大、增长迅速、多源异构等新特点，在给人们带来丰富信息的同时，也给数字档案信息资源的整合带来了一定的困难，如数据存储问题、安全保障体系的建设等问题。接下来，我们将从以下几方面对大数据时代下数字档案信息资源的整合策略进行探讨。

1. 建立统一的档案数字信息资源整合标准体系

在大数据时代，档案数据的多样性已成为常态，要实现档案数字资源的整合就

需要协调相关利益方建立兼顾适用性、稳定性和国际性的档案数字资源整合的标准体系，完成对不同协议、标准、规范的整合。这包括档案信息化过程中涉及的各类数据组织方式和网络通信协议的整合，各相关业务系统中使用的数据标准和协议规范的整合以及采用的各类存储、应用标准的整合等。唯有如此，才能确保整合工作遵循相同的标准，方便档案数字资源的存储和迁移，实现档案数字资源的交流与共享。

2. 实现由馆藏中心模式向服务中心模式的转变

前面我们提到过大数据时代的信息挖掘技术，如云计算、Web 2.0 文本挖掘技术等。这些大数据技术可以通过对复杂关联的数据网络中出现的趋势进行预测，为人们的行为决策提供有益指导。这就要求档案部门改变过去单一的"供给式"思维模式，关注大众的利用需求，构建起以社会利用需求为导向的档案数字资源体系。比如，档案网站导航、索引等人性化服务的提升都可以更加方便用户。时刻关注用户需求的变化，进而实现由馆藏中心模式向服务中心模式转变，不断提高档案服务与用户之间的匹配度。

3. 构建适应大数据要求的档案数字资源分析系统

毫无疑问，构建适应大数据要求的档案数字资源分析系统依然要用到大数据信息挖掘技术。接下来以"云计算"技术为例加以说明。

云计算技术具有资源虚拟化、高可扩展性、高可靠性、按需付费等显著的特征。它适应了大数据时代分布式存储与海量数据并行处理的需求，实现了计算机资源的服务化，是大数据时代档案数字资源整合的基础平台和支撑技术。

首先，各档案部门应根据国家统一规划以及自身基础设施建设与档案数据库资源的匹配程度，灵活选择适合的云部署方案。处在档案数字资源整合关键节点的部门应架设私有云，其他部门可根据自身情况将关键数据存放在私有云上，同时以动态申请公有云的方式弥补自身计算能力、存储空间等的不足。其次，云计算能统一各应用环境之间的业务逻辑、组织结构和表达方式等，消除信息孤岛，从而建立集成的档案数字资源管理平台，促成档案数字资源深层次整合与知识开发的实现。最后，云计算能实现对档案应用的整合，并以服务的形式向用户发布，同时支持用户利用各种终端设备随时随地访问所需的云服务。这些都将最大限度地发挥档案数字资源整合的优势，提高档案服务的效率和便捷程度。

（三）从服务层次开展档案信息资源整合

众所周知，档案馆开展档案信息资源整合一方面是为了加强对档案信息资源的管理，另一方面更为了提升档案馆的服务效能，方便公众查找和利用。笔者将从构建档案信息资源整合共享平台和主题档案数据库两种途径进行说明。

1. 构建主题档案数据库

在大数据时代，基于公共服务的视角下，档案馆既要做好档案的征集、保存、管理等基础性工作，又要积极实现档案信息资源的共享，满足公众多样化的需求和高标准的期望。

首先，档案馆可以打破"条块"机制的束缚，和各级档案馆分工合作，形成资源互补，最大限度地发挥资源优势。同时，依托档案馆形式各异的馆藏资源，根据一定的标准进行资源挖掘与整合，推进档案的数字化工作，建立编研成果数据库，做好检索与服务工作，从而提升检索效率，完善服务质量。

其次，广大公众既可以是档案的利用者，还可以是档案信息资源收集者。档案馆可以通过广泛的宣传，如通过网络宣传、发放宣传手册等方式调动大众贡献档案信息资源的积极性。此外，档案馆还可以以"公开征集"的形式征集档案。如沈阳档案馆征集了展示九一八事变"真相"的珍贵档案资料入馆，这些珍贵的档案资料能强有力地证明日本侵华的罪行。档案馆还可以开展形式多样的主题展览展示，展览从公众手中征集的档案信息资源，增强公众的自豪感和使命感，使公众更加积极地贡献自己珍藏的档案信息资源。比如，沈阳市档案馆在2016年8月25日举办了"沈阳老照片"主题展览，既丰富了档案馆的馆藏资源，又能让公众积极参与到档案信息资源成果共享之中。

除此以外，档案馆还可以构建联机检索数据库，将档案馆的数字化档案信息资源分门别类，然后实施联机检索，方便公众打破地域限制，检索其他档案馆的馆藏档案信息资源。沈阳市档案馆的检索数据表明公众对民生档案、家庭档案以及社会保障等相关档案的查阅最频繁。因此，档案馆在进行档案实体资源整合的时候，可以按主体建立编研成果数据库，比如建立社保档案、婚姻档案、民生档案等主题档案数据库。

2. 构建档案信息资源整合共享平台

在大数据时代背景下，档案馆数字化档案工作的开展，催生了海量的数字化档案信息资源，且公众对档案信息资源的需求也日益增多，实现档案信息资源的整合与共享是时代的必然趋势。

档案信息资源共享平台是一种基于互联网技术，整合了采集、审核、存储、发布、共享利用功能的软硬件集合。通常来说，档案信息资源整合共享平台有采集功能、审核功能、信息管理功能、信息共享功能、安全保障功能。

首先，公众可以通过档案信息资源整合共享平台，在线访问和查询档案馆的馆藏信息资源，使档案信息资源充分发挥自身价值，服务大众。其次，档案信息资源整合共享平台可以打破地域限制以及"信息孤岛"，促进各大档案馆之间的联系，实现更大范围内的资源共享。浙江省在构建整合共享平台方面有诸多成就和可供借鉴参考的经验。笔者将以浙江省构建档案信息资源整合共享平台为案例进行说明。浙江省多个城市和地区开展了区域档案信息资源整合共享平台的构建，如"湖州市数字档案资源共建共享工程""丽水市档案共建共享平台""海宁市档案信息资源共享平台""宁波市档案信息资源共享平台"等。丽水市整合了全市范围内的档案信息资源，并且以民生为需求建立了民生档案数据库，放在丽水市档案信息资源共享平台之上，能够满足丽水市公众不出家门，远程利用和查阅档案的需求。

（四）从安全层次开展档案信息资源整合

在大数据时代，个人电脑、手机等移动设备，微博、微信等社交 App 产生的多种类型的信息构成了海量的大数据资源。这些数据涉及个人、企业、国家等人类生产生活的方方面面。然而，这些海量的数据资源面临着黑客攻击、恶意泄密等安全威胁，尤其是档案馆存储的档案信息资源有的涉及国家或者企业的机密。因此，在大数据时代，档案馆加强数字化档案信息资源的安全保障体系的建设就显得极其重要。

1. 加强访问安全的建设

首先，加强访问安全的建设。访问控制是实现档案信息资源受控共享、保障档案信息资源被合规访问的有效措施。访问控制是档案馆网络安全防护的重要渠道，起着关键性的作用。通过访问控制技术能够合理地控制和认证用户访问权限，保证非法用户无法窃取资源。常用的访问控制措施有身份认证、口令加密、设置文件权限、控制网络设备权限等。档案馆应建立 IAM（身份识别和访问管理）和隐私保护系统，实现统一身份认证与访问权限控制，达到用户安全集成管理的目标，有效应对档案数字资源整合与大数据应用过程中的安全风险。其次，通过数据加密技术保护档案信息安全。通过 SSL（secure sockets layer，安全套接层协议层）加密，实现在数据集的节点和应用程序之间移动保护大数据。

总之，档案馆可以综合运用大数据集成、存储、处理、访问相关技术以及云平台保障技术加强数字化档案信息资源安全保障体系的建设，保障档案信息资源不受非法侵害和恶意泄密。

2. 加强存储安全的建设

为了实现档案信息资源的整合，档案馆开始尝试构建档案信息资源整合共享平台，档案信息资源整合共享平台通常包括用户端、各级档案部门、档案控制中心和云端模块。在实施档案信息资源整合与共享的过程中，其存储安全十分重要。一方面，为了保护档案信息资源的存储安全，档案馆在上传数字化档案信息资源到整合共享平台的时候需要进行扫描，防止恶意数据的侵袭。另一方面，档案馆要开展数据加密存储，寻求适用于档案馆存储系统的加密存储技术、密钥长期存储和共享机制。这样既能保护档案馆用户的隐私性，又能保障档案云平台和档案信息资源整合共享平台的信息存储安全。

总之，档案馆在开展档案信息资源整合工作的过程中，一定要格外重视安全保障体系的建设。一方面，档案馆要提升安全防范意识，从档案存储物理系统到档案信息资源本身，多方位实施安全防范与控制。另一方面，档案馆要构建风险预警与防控机制。例如，在档案"云平台"的构建过程中，开展风险识别、风险控制等工作，监测与维护存储资源的安全。

第二节　档案信息资源的挖掘

在大数据环境下，伴随着互联网技术的飞速发展，各类社会媒体的普遍应用，档案信息资源具有来源多元、内容丰富、信息散布、数据繁杂等特性。档案信息资源的数量急剧增长，种类越发繁杂，数字化、信息化程度不断提升，使用传统的管理手段已经难以处理新形态的档案信息资源，树立大数据观念下的档案信息资源挖掘新思维、构建大数据技术指导下的档案信息资源挖掘新技术显得越发必要。

目前，云计算、语义处理技术和可视化技术等新型大数据应用技术已经趋于成熟，并已应用在档案管理领域。深入探究这些技术在档案信息资源管理中的应用，总结经验和不足，有利于档案工作更好地开展。以大数据技术指导档案信息资源挖掘工作，对档案信息资源的价值进行深入分析和系统全面地提取，对未来档案服务工作有着非常重要的作用。

一、利用大数据技术进行档案信息资源挖掘的应用背景

在大数据时代，数据的种类和规模空前庞大，数据成了一种最重要的社会资源，且亟待人们对其进行开发和利用。大数据深刻改变了人们的生活、生产和思维方式，对社会各方面造成了巨大影响，档案信息资源在新的社会背景下也发生了巨大改变并越发显现出大数据的特征，如何对海量档案信息资源进行高效系统挖掘，从而实现深

层次开发利用成为当下档案工作的中心。传统的档案信息资源挖掘工作不能满足新形势下档案信息资源的开发要求，将以云计算、语义引擎和可视化分析为代表的大数据技术应用到档案信息资源的挖掘工作中，可以为其带来巨大机遇，世界各国深入推广、积极倡导于大数据技术，我国也出台了相关政策进行支持，为大数据技术深入应用于档案信息资源挖掘领域提供了支持。

（一）我国政府的支持与引导

大数据概念一被提出，就成为最热门的名词之一。大数据技术给社会带来强烈冲击，深刻影响着社会的各个领域并引发思想变革。2012 年 3 月，美国政府发布"大数据研究发展倡议"，在大数据技术研究领域投资 2 亿美元，并将大数据上升到国家战略级别。2012 年 5 月，联合国公布了《大数据促发展：机遇与挑战》白皮书，对大数据技术给人类社会带来的机遇和挑战进行分析，在该报告中，联合国分析了大数据技术在中国互联网行业的发展状况，并认为大数据技术将会给中国互联网行业带来巨大的发展机遇。

2015 年 8 月，我国国务院发布了《国务院关于促进大数据发展行动纲要的通知》，在此通知中指出了我国大数据技术发展的形势和意义，认为大数据是重塑国家竞争优势的新机遇，并提出了在我国发展大数据的指导思想和总体目标，同时提出在未来的国家发展过程中，应利用好我国的数据数量优势，努力实现数据数量、质量和数据应用水平的协同发展，注重对数据资源潜在价值的挖掘，将大数据这一战略资源的作用得到最大限度地发挥，以提升国家竞争力。

在《促进大数据发展行动纲要》中明确了未来发展大数据的指导思想，包括"大力推动政府信息系统和公共数据互联开放共享，加快政府信息平台整合，消除信息孤岛，推进数据资源向社会开放……着力推进数据汇聚和挖掘"。这些指导思想对于在档案信息资源挖掘过程中使用以云计算为代表的大数据技术，实现档案信息资源共享、消除档案信息资源孤岛、实现数据广域采集具有很好的引导作用。

目前，我国已经认识到大数据对于国家未来发展的重要价值，并为大数据技术的发展提供了思想指导和政策支持。档案信息资源是国家记忆的主要构成部分，也承担了保存国家记忆的重要使命，是未来国家战略资源最重要的组成部分之一。在国家积极倡导大数据技术应用的当下，把大数据技术与档案信息资源的挖掘工作紧密结合，构建一个基于网络的具有多种结构的、承载"中国记忆"的数字资源库，并使用大数据技术对档案信息资源进行深入挖掘和利用，顺应时代的要求和政策的支持方向，扩大档案信息资源的社会影响力，使档案信息资源为国家信息化进程的深入和国家竞争力的提升做出更大的贡献。

（二）大数据技术在档案信息资源挖掘工作中体现的优势

国际咨询机构麦肯锡对大数据做出以下定义："大数据是指无法在一定时间内用传统数据库软件工具对其内容进行采集、存储、管理和分析的数据集合。"因此，在大数据时代必须使用新的数据处理技术才能更好地开发和利用数据资源。大数据背景下档案信息资源已具备大数据特征，主要体现在以下三点：一是各级档案机构所产生的档案信息资源总量日渐庞大且增长迅速；二是档案信息资源种类日趋繁杂，而且结构日渐复杂；三是档案信息资源的价值丰裕度、凝聚度很高。对具备大数据特征的档案信息资源进行广泛采集，深入挖掘，对档案信息资源发挥最大化效用具有不可估量的意义。

档案信息资源的挖掘工作是指对海量的档案信息资源进行采集，并对采集到的数据进行清洗、集成、变换等处理，最后选择相应的挖掘模型，实现对档案信息资源价值的开发和提取，从大量的档案信息资源中挖掘价值、提取知识，从而对其进行更为广泛和高效利用的过程。档案信息资源的挖掘流程如图 5-4 所示。

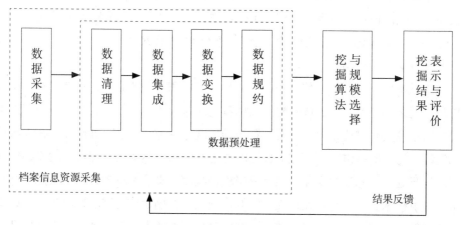

图 5-4 档案信息资源挖掘流程

档案信息资源的大数据化给其挖掘工作带来了很多困难，如档案信息资源的采集问题、清洗问题、价值分析问题和结果提取问题等，但是大数据技术运用于档案信息资源的挖掘工作有以下三点优势。

1. 可以实现档案信息资源更系统、更全面地采集

大数据处理技术强调对整体数据进行分析和挖掘，取代了传统档案信息挖掘中以抽样代替整体的方法，可以改变因为遵循传统经验思维搜集局部档案信息进行分析

而造成的挖掘成果的片面性和不完整性。云存储技术手段为信息采集提供了足量的空间，为系统、全面采集档案信息资源提供了技术支持。

2. 可以实现档案信息资源的智能化提取，并提高挖掘的精确度和效率

基于云计算的大数据价值分析技术可以在挖掘过程中提高精确度，可视化技术可对档案信息资源进行全面直观地呈现，语义处理技术为档案信息资源的智能检索创造了条件，有利于挖掘效率的提升。

3. 可以弥补由于档案缺失而造成挖掘结果价值低的问题

大数据技术通过对海量档案信息资源进行处理分析，创建数据资源库，当某一部分档案信息资源存在缺失时，可以根据档案信息资源间的关联性原则对相关资源进行追踪，以补充缺失的档案信息，从而保证档案信息资源挖掘结果的完整性和可靠性。

二、大数据技术在档案信息资源挖掘中的具体实践

大数据技术对社会生活的各个方面造成了冲击，深入影响着人们生产和生活的方式。在档案信息资源的具体挖掘流程中，以语义处理技术、云计算技术和可视化技术为代表的大数据技术正得到日渐广泛和深入地应用，并取得明显的效果。

（一）语义处理技术在档案信息资源挖掘中的应用

1. 应用必要性分析

在大数据背景下，档案信息资源的总量呈现急剧增长的态势，且其结构形态也表现出越发复杂的特点，多媒体类档案占据着越来越大的比重。在此背景下使用人工方法对档案信息资源进行采集、开发和利用的难度越来越大。语义处理技术在大数据挖掘的过程中为机器提供了可以理解数据的能力，使用自然语言处理技术对原始档案信息资源进行处理，构建数字化档案信息资源跨媒体语义检索框架，为深入挖掘档案信息资源提供技术支持，可以在语义理解的基础上提高档案信息资源挖掘算法的语义化程度和性能，最终实现对海量、繁杂档案信息资源的快速挖掘、智能提取，提升挖掘质量和挖掘效率。

2. 语义处理技术在档案信息资源挖掘中的具体应用过程

语义处理技术的主要作用是对原始的档案信息资源进行自然语言处理，以便机器更好地"理解"使用者的目的和需求，从而实现对档案信息资源更为精确地提取。自然语言处理是基于计算机科学和语言学，利用计算机算法对人类自然语言进行分析的技术，属于人工智能领域的一个重要方法。自然语言处理的关键技术包括对自然语言的词法分析、语义分析、句法分析、内容分析以及语音识别技术和文本生成技术

等。在档案信息资源挖掘过程中，这些技术可以使计算机对原始档案信息资源有深入地理解和认识。这些技术有利于档案信息资源挖掘者系统地掌握档案信息资源的内容概要，对档案信息资源进行内容检测，依照关键词义、语义对档案信息资源进行系统分类整理，对原始信息进行深入挖掘检索、质量检测。利用这些技术还可以实现自然语言所表达的内容信息不同形态之间的转换，有利于档案信息资源的丰富拓展以及清晰表述，对档案信息资源挖掘效率的提升意义重大，同时为智能检索技术的应用奠定基础。

自然语言处理技术主要包括两大类，即机器翻译技术和语义理解技术。机器翻译技术，即使用计算机实现对自然语言内容的认识和提取，并以文本或其他形式输出，可把一种类型的自然语言翻译成另一种类型的自然语言。语义理解技术则强调把检索工具和语言学进行有机结合，通过对关键词专用检索工具的开发以及对原始信息的前文扫描，弄清其词义、句意之间的相互关联，从而在语义层次上实现检索工具对检索目标词汇的用解。在自然语言处理技术中会用到汉语分词技术、短语识别技术、同义词处理技术等，对原始语言信息进行系统区分、鉴定和提取。

总的来说，在档案信息资源挖掘过程中，语义检索技术方法主要有两种：语义分析法和分词技术。前者目的在于在资源挖掘中对检索关键词进行语义分析，对关键词进行拆分，并查找拆分后关键词之间的关联以及搜索与关键词含义存在关联的其他关键词，最终实现对查询者目的的解读，搜索出最符合使用者要求的结果；而分词技术则是当档案使用者对档案信息资源进行查询时，将其查询词条按照相应标准进行划分，然后按照对应匹配方法把划分后的字串符进行处理，实现对目标资源提取的一种技术。将语义处理技术应用于档案信息资源挖掘工作中，有利于提高档案信息资源的检索质量，使检索结果更符合使用者需要，可以更确切、高效和准确地实施档案信息资源挖掘工作。

目前，语义处理技术已经在档案信息资源的开发利用中得到了实践。例如，维基百科、百度百科等无须付费的新型资源库本身覆盖了范围很广的信息资源，且这些资源易于获取、成本低、更新速度快，将其应用于档案管理领域，使之逐渐成为档案信息资源挖掘和自然语言处理的语义知识库和语义知识来源。从这些语义知识库中，可以对近义词、相关词、上下位词和同义词进行智能分析、自动抽取，从而大大增加了对档案信息资源进行语义分析的智能化程度，可以提高在档案信息资源挖掘工作中提取目标资源的效率和准确度。

（二）云计算在档案信息资源挖掘中的应用

云计算（cloud computing）是分布式计算的一种，指通过网络"云"将巨大的数据计算处理程序分解成无数个小程序，然后通过多个服务器组成的系统对这些小程序进行处理和分析，并把得到的结果返回给用户。在云计算发展早期，简单地说，其就是简单的分布式计算，解决任务分发，并进行计算结果的合并。因此，云计算又被称为网格计算。通过这项技术，可以在很短的时间内（几秒钟）完成对数以万计的数据的处理，从而拥有强大的网络服务能力。

云计算是继计算机、互联网后的又一次 IT 革命，云计算是信息时代的一个大飞跃，未来的时代很可能是云计算的时代。虽然目前有关云计算的定义有很多，但总体来看，云计算的基本含义是一致的，即云计算具有很强的扩展性和高可用性，可以为用户提供一种全新的体验。云计算的核心是可以将很多的计算机资源协调在一起，使用户通过网络就可以获取到无限的资源，同时获取的资源不受时间和空间的限制。

在档案信息资源的挖掘过程中，首先要完成档案信息资源的采集，然后进行档案信息资源的预处理，即对档案信息资源进行价值分析和去噪处理，以实现档案信息资源的高效挖掘、优质开发。在此过程中，云计算技术广泛应用于构建档案信息资源整合共享平台，以拓宽档案信息资源的采集渠道；提供高效且廉价的档案信息资源处理工具，以降低档案信息资源的挖掘成本，并提升档案信息资源的价值密度。构建基于"云平台"的云档案系统，从而实现对档案信息资源更全面系统地开发与利用。

1. 应用必要性分析

云计算的应用必要性体现在以下几个方面。首先，可以平衡档案信息资源挖掘基础设施建设。目前，由于地区经济发展不平衡、经费投资差别大，我国档案信息资源开发挖掘工作在基础设施建设上存在较大差别。一些发达地区在档案信息资源挖掘基础设施的建设上投入大量资金，确保了工作需求得到满足，但是有些经济欠发达地区的基础设施建设存在较大缺陷，没有足够的设施和技术对档案信息资源进行挖掘、开发。在这种情况下，通过云计算的基础设施服务来统筹规划档案机构的挖掘工具、管理服务器、存储器等基础设施，通过建设营造云计算环境，向分布的档案机构提供基础设施服务支持，这样不仅可以节省档案信息资源挖掘基础设施建设的资金，还可以平衡不同经济状况地区的档案信息资源开发状况，使挖掘技术力量较弱的档案部门同样可以开展档案信息资源开发工作。其次，可以拓宽档案信息资源采集渠道。在档案信息资源挖掘工作过程中，最基础的部分是对海量档案信息资源的采集。广域的数据采集对于档案信息资源挖掘成果的系统性、全面性至关重要。通过云计算构建"档案云"平台，实现档案信息资源共享，对各档案机构、企事业单位的档案信息资源进行统筹规划，合理存储、调动、分配档案信息资源，消除以往的档案信息资源"孤岛"，将其融合为一个档案信息资源的"海洋"。分散的档案机构在进行档案信息资源采集时，不仅可以对自身馆藏资源进行采集和处理，还可以通过档案信息资源整合共享平台，综合考虑云平台中档案信息资源的关联性，拓宽采集渠道，深入探索档案信息资源价值，实现更为高效、优质的挖掘和开发。

云计算存储空间大、计算能力强、安全性高，现在通过云计算实现数据共享的技术条件已经成熟，并在档案信息资源管理领域有所应用。随着档案信息资源的大数据特征进一步明显，云计算必将在档案信息资源的挖掘和开发领域发挥越发重要的作用。

2. 云计算在档案信息资源挖掘中的具体应用过程

云计算应用体现在三个层次，分别是基础设施服务、平台服务和软件服务。目前，云计算在档案信息资源挖掘过程中最直观的应用是构建云档案平台，完善数字化的云档案管理系统，实现档案信息资源和档案基础设施的共享，以拓宽档案信息资源的挖掘渠道，扩大档案信息资源的采集范围。此外，云计算是对海量数据进行分析和处理的关键技术，也是进行大数据分析及应用的基本平台。在档案信息资源挖掘过程中，云计算的 MapReduce 处理技术可以对海量的档案信息资源进行预处理，以关联原则和聚类分析的方法，对档案信息资源分批处理并对其进行价值分析，确保档案信息资源的优质挖掘。

（1）构建云计算平台以拓宽档案信息资源采集渠道。云档案平台的构建是档案信息资源挖掘的前提，构建云档案平台之前必须建设平台必需的资源设备体系，具体包括作为云档案平台服务器端的服务器设备、互联网设备和档案信息资源的存储设备和构建云档案平台必需的现有档案信息资源，这些由云平台的构建者统一实施建设，以完成构建平台的硬件准备。此过程就是构建一个把档案信息资源、档案处理软件资源和档案信息存储资源有机整合的资源池，把档案机构现有的大量相同类型的资源构成同构或接近同构的资源池的过程。通过上述工作将不同的档案机构间或同一档案机构中的异构档案信息资源进行处理，使之整合成同一结构类型的档案信息资源，为实现档案信息资源共享、广域信息采集奠定基础。之后所构建的云档案平台的管理系统，负责对该平台中存储的海量档案信息资源进行统筹管理，同时协调支配云平台的各类任务，使云档案平台得以正常运行、高效操作，并保证平台的安全性。在此环节中，云平台管理系统负责管理档案信息资源、各项具体应用任务、云平台的安全性监管和用户的使用情况管理等。通过构建管理系统实现档案信息资源的共享，以形成档案信息资源广域采集。基于以上操作，最后通过云档案平台的服务系统实现档案信息资源的共享，以统一标准实现档案信息资源的整合之后，构建成一个规格确定的档案云平台，在技术上能将分布在不同档案部门的数据库和一站式检索界面结合起来，最大限度地实现档案信息资源共享和业务协同。同时，建立平台的服务接口，建立查询、访问档案信息资源的服务区域，从而实现档案信息资源的共享，如图5-5所示。在此过程中，云平台还可以创建其信息数据采集接口，注重对网络档案信息资源的采集和移动互联网 App 数据的采集，利用强大的储存能力和对档案信息资源的处理能力，对档案信息资源进行收集。云档案平台的构建实现了档案信息资源的扩区域整合，把档案信息集中统一存储在后台数据库中，为海量档案信息、资源的安全存储和高效共享提供了存储空间和管理工具，为档案信息资源的大规模系统采集提供了基础，为档案信息资源的挖掘开发提供了条件。

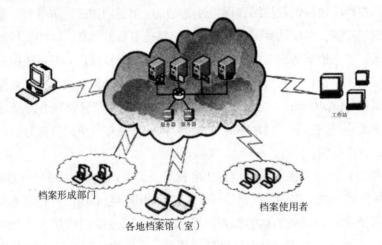

图 5-5　"云档案平台"示意图

（2）云计算可以对挖掘对象进行价值分析、资源整合，提升挖掘精确度与效率。云计算的 MapReduce 处理技术在档案信息资源挖掘的数据预处理阶段可发挥重要作用，主要应用于对海量档案信息资源进行价值分析以及对原始档案信息资源进行数据清洗，以实现档案信息资源的高效挖掘。不同地域的档案机构在进行档案信息资源的深层次开发利用时，通过信息资源共享平台采集到的档案数据是凌乱复杂的，不具有应用价值的档案信息资源普遍存在，同时由于多信息资源采集渠道导致存在大量重复档案信息资源。MapReduce 应用算法可以对档案信息资源价值进行评估和处理。在档案信息资源挖掘工作的数据预处理阶段，对采集到的大量档案信息资源进行同构化处理后，将其分割成几个部分，在此过程中每一部分都会有相应的键—值对应关系，将这些档案信息资源交予不同的 Map 区域进行处理，此时在不同的 Map 区域对最开始的键—值对再次进行处理，形成中间结果更细化的键值对，继而由 Shuffle 进行清洗操作，把所有具有相同属性的 Value 值组成一个集合，将此集合呈至 Reduce 环节进行价值合并，Reduce 部分将这些 Value 值进行搜集，把相同的 Value 值合并在一起，最终形成较小的 Value 值集合，如图 5-6 所示。MapReduce 对海量档案信息资源分而治之，并使用"物以类聚"的分析方法，分析档案信息资源之间内在的特点和规律。根据档案信息资源属性间的相似性对其分而治之，再根据其价值点之间的相似性对其实现价值聚合，可以在档案信息资源挖掘中实现资源清洗和价值分析整合，提升挖掘效率。

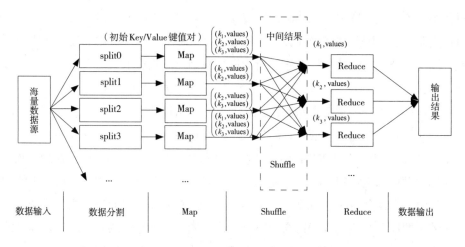

图 5-6　MapReduce 数据处理流程

目前，利用云计算管理和开发利用档案信息资源已取得了很好的应用效果，在现实中有很多案例，具有代表性的就是丽水市云档案平台的构建。从 2011 年起，浙江省丽水市完成了云档案信息共享系统的构建，该系统把数字化机关档案室、档案备份系统和云档案信息资源共享系统整合为一体，实现了市级、下辖 9 县区以及丽水市下辖各级档案机关的数字档案室"1+9+N"的协同管理。截至今日，丽水市已经有200 多个各级机关单位在云档案平台上实现了在线档案信息资源的归档和移交，共享的各种类别的电子文件 30 余万件，为各级档案机构实现扩区域的档案采集、档案信息资源深度挖掘和开发利用提供了坚实的基础。

（三）可视化技术在档案信息资源挖掘中的应用

1.应用必要性分析

在大数据背景下，档案信息资源种类、结构更加复杂，数量也更巨大。在档案信息资源挖掘过程中，需要对诸多海量的、多元化的、结构复杂的档案信息资源进行直观展示，使档案信息资源的管理者和使用者可以清晰洞察档案信息资源背后所隐藏的信息，并将这些信息转化为可以对自身生产生活发挥实际作用的知识。对档案信息资源进行挖掘首先必须对原始资源有清晰、直观地认识，随着档案信息资源总量的增大，这一过程愈发困难。对于档案信息资源的开发者和挖掘者而言，海量的档案信息如同一个口很大的黑洞，必须对这些资源进行逐一认识、排查，发掘其所隐藏的价值。当原始挖掘对象的总量很大时，还需要对原始信息资源进行检索，在传统的档案信息资源检索条件下，为了浏览所有结果，用户只能不断翻页。在档案信息资源的挖掘过程中引入可视化技术，把档案信息资源以及其内部不可见的语义关系以图形的形式进行直观呈现，同时在使用计算机对档案信息资源进行处理时更加注重人机交互的过程，以更系统、高效地对档案信息资源进行发掘，准确提取其潜在价值，使之发挥更重要的社会效用。

2.可视化技术在档案信息资源挖掘中的具体应用过程

信息可视化的定义为"使用计算机技术，使复杂的数据信息以交互的、可视化的形式体现出来，以增加人们对其认知程度"。可视化技术的主要研究重点在于它倾向于对复杂的数据信息进行综合分析，将其转化为易于理解的可视化图形，以直观的视觉方式展现数据中隐含的信息和规律。人类从外界获取的80%信息来自视觉系统，因而可视化的主要任务在于建立起符合大家普遍认知的、易于理解的心理印象。信息的可视化技术已经发展多年，现在越发成为人们分析抽象、复杂数据的重要工具之一。在现实生活中，存在很多信息可视化的使用案例，例如，俄罗斯互联网调查机构在2013年对全球196个国家的35万个网站进行数据收集、整合和统计，并且根据这些网站之间的数百万个网页链接制成了互联网星际图。在互联网星际图中，星球的大小代表了该网站访问流量的多少，星球之间的距离则表示了相关网页链接出现的频率和强度。

在档案信息资源挖掘领域，信息可视化技术也可以发挥类似的效力。首先构建一个完整的档案信息资源数据集，即档案信息资源可视化界面，对该数据集中的档案信息资源进行全面的认识。其次放大目标所在的档案信息资源领域并剔除不需要的档案信息。最后结合用户的具体需求向用户展示具体细节，通过用户的具体操作和实践过程探索在档案信息资源可视化分析中使用者的行为，以此对可视化系统的实现提供指导。同时，注重档案信息资源的关联性和系统性，向用户展示档案信息资源数据项之间的相关性。在上述过程中须注重对历史操作数据的搜集和整理，要重视保存并整理在与使用者进行交互过程中产生的历史记录，这样可以对可能遗失的相关信息资源进行复原，也可以对类似的工作进行复制和重复以及细化更深层次的档案信息资源可视化处理与挖掘工作。与此同时，注重使用者、档案信息资源和档案管理者三者之间的交互，以实现档案信息资源可视化的操作。

　　档案信息资源的可视化描述是对其进行高效、准确挖掘的前提。这一过程的主要内容是构建反映档案信息资源具体内容的图符、多纬度空间描述图、特征库、知识组织体系和相应的数据压缩格式。对于档案信息资源，尤其是以文本形式存在的文书类档案信息资源，可以根据这些档案形成的时间先后将其进行图形化显示，将它们的特性以图形形式表示出来。当前可应用于档案信息资源挖掘工作中的文本信息可视化技术有很多种，如标签云技术，即将原始档案信息资源的原始属性根据词频规则，总结规律，根据该规律对其进行排列，用大小、颜色、字体等图形属性对原始档案信息资源的关键属性进行可视化表述。除此之外，还有图符标志法，这种可视化方法可以把专业的、复杂的档案信息资源以十分直观且易于理解的形式向挖掘者和使用者进行展示。在档案信息资源挖掘过程中，通过可视化技术了解挖掘对象的属性和关联性，对采集的海量数据进行去噪处理，有利于管理者和使用者更清晰地认识这些信息资源，从而实现档案信息资源准确高效地提取。

　　目前，已经有很多城建档案馆将可视化技术运用于档案信息资源的管理和应用中，如鞍山市城建档案馆、安庆市城建档案馆等。通过可视化技术对馆藏资源进行直观表示，增强了档案信息资源采集、归档、处理过程的透明度，对档案信息资源的开发利用有着重要作用。除此之外，南京信息工程大学也对高校档案信息资源进行了可视化处理，构建了以校档案馆为中心，涵盖学校各级党政机关、学院各档案机构的档案信息资源可视化协作网，将学校的行政类档案、学术类档案以及其他类型档案信息资源进行系统搜集，将相关数据利用可视化技术以图符的形式进行直观展示，并将其应用于有关联关系的抽象网络档案信息资源库。以可视化管理技术对该网络信息库进行管理，并设计易于操作的人机交互界面，以此辅助用户充分发掘和分析档案信息库中隐含的知识信息。

三、大数据技术应用下档案信息资源挖掘工作的发展趋势

　　大数据技术深刻地影响着档案信息资源的挖掘过程，在社会信息资源日新月异的

大数据背景下，未来的档案信息资源挖掘工作也必须适应时代发展的潮流。在大数据技术得到深入应用的前提下，档案信息资源的挖掘工作逐渐呈现出新的发展趋势，主要体现在挖掘主体协同化、挖掘对象社会化和挖掘方式标准化三个方面。

（一）挖掘主体协同化

在大数据时代，档案信息资源外延的扩大化以及跨媒体的语义处理技术在档案信息资源挖掘领域的应用，未来的档案信息管理工作应当秉承以档案部门为主导的协同合作主体多样化原则。在档案信息资源挖掘领域主要体现在挖掘主体的协同化。在大数据背景下，数据的关联性日渐紧密，档案信息资源与其他类型的信息资源之间也具有越来越紧密的联系，档案机构在从事信息挖掘的过程中与其他社会机构协同合作成为未来档案信息资源挖掘工作的新趋势。各级档案馆可以加强与图书馆、博物馆等文化事业单位的协同与合作，推进信息资源的共享；也可以加强与商业机构的合作与协同，对档案信息资源进行协同开发，注重与档案信息资源的服务供应方、互联网运营商的协同，挖掘档案信息资源中隐藏的商业价值；高校档案机构也可以搭建与政府机构、企事业单位、民间组织进行信息交流的平台，主动推送档案信息服务，与这些机构协同挖掘档案信息资源的价值，获得人力、物力和财力上的支持，使高校的研究成果产生更大的社会效益。

现已存在档案机构与其他文化事业单位协同挖掘档案信息资源的案例。比如，中国第一历史档案馆与故宫博物院、湖南广电集团进行协同合作，深入挖掘馆藏档案信息资源，联合摄制了大型纪录片《清宫秘档》，使社会公众通过这些清代档案深入了解了当时的历史状况，深得好评。在云计算技术的支持下，未来图书馆与档案馆进行资源整合，协同挖掘馆藏信息资源成了档案信息资源挖掘发展的一个方向。又如，加拿大国家图书档案馆、天津泰达图书档案馆的成功运行都为未来的图书馆与档案馆协同发展提供了参考。

总之，档案信息资源是大数据时代最重要的财富之一，其价值的挖掘和提取对未来数十年社会的发展具有不可估量的意义，档案信息资源的挖掘工作关系到档案信息资源的整合与优化，关系到档案服务工作的前进方向，关系到信息化社会档案信息资源对于社会的服务能力，更关系到我国在大数据时代能否把握历史机遇，实现综合国力和国际竞争力的全面提升。大数据技术虽然已经普遍应用于社会的很多领域，但在档案信息资源挖掘领域中的应用尚处于起步阶段，使用云计算、可视化分析、语义处理技术等大数据技术系统而高效地进行档案信息资源挖掘是当下和未来档案工作的重要内容。广泛采集、综合分析、整合成果、高效利用，树立大数据背景下的档案信息资源挖掘新理念，使用以大数据技术为基础的档案信息资源挖掘新技术，广泛借鉴国内外先进成果，积极总结经验教训，顺应时代潮流和国家政策的指引，完善相关标准和法规，大力深化大数据技术在档案信息资源挖掘领域的应用，打造多部门协同发展、面向多元化信息来源、统一协调的档案信息资源挖掘体系，为我国的档案事业做出更大的贡献。

（二）挖掘对象的社会化

大数据时代，各类新型数字化媒体层出不穷。这些社会化媒体每天都产生和传递着海量的社会信息资源，而这些信息资源日渐成为档案信息资源的重要来源，如何对与日俱增且价值巨大的社会档案信息资源进行采集、存储，并挖掘其中价值成了档案挖掘工作的难题。大数据技术在档案信息资源挖掘中的深入应用可以解决这一难题，云档案平台的构建可以实现社会化档案信息的跨区域共享和流通，云存储技术可以为体积巨大的社会档案信息资源提供安全可靠的存储空间，语义处理技术可以实现跨媒体的档案信息资源处理。这些都为社会档案信息资源挖掘提供了技术支持。如今档案信息资源的社会化趋势与日俱增，随着"大档案观"理念和档案的"社会记忆"理念的提出与推广，档案信息资源的外延逐渐扩展，关于社会化媒体信息资源的研究也愈发活跃。国内档案学学者冯惠玲早在2012年全国档案学年会上就指出当下社会化媒体的快速发展和普及，将会对未来档案信息资源的平台搭建理念、管理方法以及利用方式产生巨大影响，导致档案信息资源采集渠道、管理架构和开发利用方式的调整和变化，推动未来档案信息资源的新变革。如今，社会媒体信息资源的急剧增长极大地推动着我国档案信息资源的社会化进程，社会媒体的应用深刻改变着社会民众的档案意识，为档案信息资源的社会化注入潜在推动力。大数据技术为其开发利用提供技术支持和保证，在未来的档案信息资源挖掘中，挖掘对象的社会化已成为必然趋势。

现已有对社会化档案信息资源进行挖掘的实践案例。早在2011年，美国国家档案馆就在官网上开设了"公民档案工作者"板块，面向社会大众，开放档案信息资源，并接受反馈信息。公民可以在此板块针对社会化档案信息资源发表图片、文字说明，对某些信息资源进行标注，对网站内容进行补充，甚至可以就某一具体信息进行撰文评论。这一板块的开设实现了档案信息资源网站与社交媒体的联通，大大推进了档案信息资源的社会化进程，档案机构通过对社会化档案信息资源进行采集和深入挖掘，可以开展更好的档案信息资源服务工作。

（三）挖掘方式的标准化

虽然云计算、语义处理技术已应用于档案信息资源挖掘领域，并将不断普及，但是想要实现档案信息资源更大范围的资源共享、应用工具的共享和利用，还有很多挑战，最主要的挑战在于挖掘方式的标准化处理。国务院颁布的《促进大数据发展行动纲要》中提到要"推进大数据产业标准体系建设，加快建立政府部门、事业单位等公共机构的数据标准""推进数据采集、政府数据开放、指标口径、分类目录、交换接口、访问接口……关键共性标准的制定和实施""积极参与 ISO/IEC、ITV 等相关国际标准的制定"。在目前的大数据挖掘工作中，原始档案信息资源普遍存在著录标准、组织标准不统一现象，这给档案信息资源的挖掘利用造成了困难。因此，今后云计算技术、语义处理技术应用于档案信息资源挖掘时将呈现出挖掘方式标准化的趋势。在未来的档案工作中，各级档案机构首先要做好档案信息资源组织标准的构建工作，为跨媒体的语义处理和信息提取创造条件。要注重对现有档案信息资源组织标准的完善和对统一挖掘标准的理解和推广，实现大范围的档案信息资源标准化处理，从而使档案信息资源的挖掘方式实现标准化和统一化。同时，在云档案平台的构建过程中也应该注意标准化建设，需要由国家出台相关政策对云计算服务平台标准进行规范和指导，在具体的实践过程中，严格执行现有的档案数据著录与案卷级、目录级数据格式标准，还应总结问题出台新标准，以实现档案信息资源在未来更大范围内的资源共享、广域采集和标准化开发利用。除此之外，还应当注意在档案信息资源挖掘过程中如何参与制定与执行国际标准，建立起标准化的信息资源接收渠道，形成统一规范的接收协议。实现全球通用的档案信息资源执行标准是新技术在该领域得以普及和推广的重要保障。

建立统一标准，在该标准下对档案信息资源进行采集、整理，进而实现标准化的挖掘和利用。在现实中已经有了初步的探索，比如浙江省丽水市完成了全市范围内的云档案信息共享系统的构建，该系统把市区及下辖九个县区的各数字化机关档案室、档案备份系统和云档案信息资源共享系统整为一体，采用统一标准进行处理，大大提升了档案信息资源的挖掘效率，也为我国未来在全国范围内推行档案信息资源的标准化处理提供了借鉴。

第三节　档案信息资源的开发与利用

当前社会是一个信息社会，在该社会背景的影响下，对信息资源的利用不断增强，在档案管理中充分利用信息资源是提高其管理效率的关键。档案信息是一种重要的资源，通过各种手段和控制技术对其进行分析、开发和利用，是当前社会发展的必然结局。在档案工作的管理过程中，档案信息资源的开发和利用是利用相应的手段和分析方式对其进行控制的过程，是档案工作在社会发展中的必然选择。

随着科学技术的不断发展，档案管理已成为当前企业发展的重点。在档案管理的过程中，对各种档案管理方式和档案控制模式进行分析是当前发展的关键，是提高档案管理水平的主要方式。在我国传统的档案管理过程中，由于人们对档案管理的重视不够，使档案管理存在诸多问题。随着当前信息资源利用的不断深入，各种技术手段和管理模式的应用成为发展的主要措施。推动档案管理在档案管理的过程中，信息化管理模式已成为当前档案管理的主要手段，是加强档案管理工作的主要措施和手段。信息技术的应用提高了档案管理的工作效率，是保证其发展的前提和关键。这是信息时代的要求，也是档案事业发展的必然结果，更是社会发展的主要手段。

一、档案信息资源开发与利用的现状

（一）档案信息资源开发与利用的含义

档案信息资源的开发与利用就是在档案工作领域运用现代信息技术采集、处理、传递和使用信息资源，提升档案工作质量的过程。开发的任务是生成有用信息，通过信息的生产确保信息的供给。利用是实现信息的价值，确保信息能够在各项活动中发挥作用，形成效益。可以说，档案信息资源开发是基础，利用是目的，两者互为因果，相辅相成。

（二）移动互联网环境下档案信息资源开发与利用的特征

在移动互联网环境下，档案信息资源开发与利用有了一些新的特征，把握变化才能更好地适应这一环境。

1. 获取档案信息资源的途径增多

传统获取档案信息资源途径主要包括到馆获取、从档案编研成果中获取、访问档案网站获取。在移动互联网环境下，档案获取途径变得更加丰富，微信、微博、手机App 等多种途径可供选择。在这些社交媒体的帮助下档案走进了千家万户。

2. 时间上的碎片化

由空间的移动性导致了档案信息资源利用时间的碎片化。这一特点不仅要求档案信息资源可被随时访问到，还对档案信息资源开发者提出了新的要求。在移动互联网环境下，人们已经进入"读图时代"，档案信息资源展示形式应该与时俱进，图片、小视频是当前更受欢迎形式。另外，阅读时间碎片化对档案信息资源的内容也产生了一定影响，人们更加倾向于简单娱乐性的内容。因此，档案信息资源开发者应该把握住移动互联网环境下的新特点，提供用户需要的内容。

3. 空间上的移动性

移动环境指的是人或物处在不断变化的空间环境中，茆意宏提出："在移动信息服务的过程中，用户及其所持终端是处于移动状态的，总是跨越不同地点，跨越不同情境。"[①] 一方面，这一特点为档案利用提供了便捷，用户获取和利用档案信息的空间自由度更大。另一方面，这一特点也对档案利用工作提出了挑战：移动空间环境中的干扰因素增加，用户对档案信息的利用呈现碎片化趋势，对档案信息的质量要求更高，移动环境对无线网络、信息传输等的技术要求也更高。

4. 用户主导档案信息资源开发

在移动互联网环境下，网民的"话语权"得到增强，更加有利于表达自身诉求。传统的由"档案馆"主导的档案信息资源开发逐渐向用户主导转变，一些类似于"我需要的档案信息"的调查活动使用户加入到档案信息资源开发的"选题""选材""编辑"，甚至是宣传推广中。利用者也是开发者，使档案信息资源利用率得以提升。

5. 档案信息资源利用的深度增加

在移动互联网环境下，档案信息资源的利用从简单的"实物利用"向"知识利用"转变。档案的凭证性作用依然重要，但是在移动互联网环境下人们参考档案指导实践活动、利用档案信息进行创作、通过档案回忆历史的例子随处可见。档案信息资源开发利用深度加深。

（三）档案信息资源的开发与利用的现状

2019 年 8 月中国互联网络信息中心发布了《中国互联网络发展状况统计报告》，报告指出截至 2019 年 6 月，中国网民规模达 8.54 亿，中国手机网民规模达 8.47 亿，较 2018 年年底增加 2984 万人，网民中使用手机上网人群占比达 99.1%，较 2018 年底提升了 0.5 个百分点。由此可见，在移动互联网环境下，提供档案利用途径是十分必要的，目前档案工作在这一新领域既取得了一定的成绩也存在着一定的不足。

1. 移动互联网环境下档案信息资源开发与利用取得的成绩

目前，我国各级各类档案馆已经利用移动互联网推出多种档案信息利用服务，并取得了一定的成绩。下面从实践和理论两个方面进行总结。

---

① 茆意宏 . 移动信息服务的内涵与模式 [J]. 情报科学，2012,30(2): 210-215.

（1）在实践方面。移动互联网的发展给档案信息资源开发利用带来了巨大的变化，档案信息资源利用更加方便快捷。2006年贵州省档案馆首次开通手机短信查档业务，2010年东莞市档案馆开通WAP站点档案查阅业务，2013年湖北省十堰市档案馆推出手机微信查档业务，2013年江苏省句容市档案馆率先开通"手机档案管"服务，此后各种移动互联网服务迅速在全国各地拉开帷幕。这些新型档案信息资源利用的方式使档案利用效率得到了很大提升。

①短信服务是基于SMS（short message service，短信服务）和IMMS（multimedia message service，彩信服务）两种数据通信服务技术，实现的档案信息查询、档案咨询服务、档案信息推送、档案信息发布等档案利用服务形式。为了更好地为社会各界提供良好的服务，让广大利用者更方便、更快捷、更准确地获得所需要的档案信息和有关现行文件，提升档案信息服务层次，贵州省档案馆在贵州省移动通信公司的大力支持下，在以往开展的到馆查询、网络查询的基础上，通过充足的调研、论证和多次测试，于2006年5月推出了国内首个短信查档服务，开通了利用手机短信查询档案和现行文件的服务业务。服务对象是贵州省移动手机用户，服务方式是通过手机短信进行档案查询，服务内容为贵州省可向外界提供的约15万条档案目录。短信查档是一种早期的利用移动互联网提供档案利用服务的方式。其特点是操作简单、使用灵活、稳定性好。通过短信可以向利用者提供一些诸如档案利用开放时间、预约查档等辅助性的简单而确定性的信息。

②WAP（wireless application protocol，无线应用协议）以智能信息传送的方式在移动终端实现互联网和高级数据业务的引入和交互操作，实质是为移动用户提供浏览网页等网络服务。WAP是简化的Internet协议，其目标是将丰富的互联网信息引入移动终端中，使用户能够随时随地利用丰富的信息。通过WAP，档案部门可以提供诸如移动馆藏目录查询、个人利用信息查询、在线移动利用等服务。相对于短信服务，WAP的服务范围更广，内容更加丰富。相较于固定的Internet协议，WAP更加开放灵活，界面更简洁、操作更简单、实时互动效果更好。叶莎莎认为："WAP是专门为小屏幕、窄带宽、高延时、有限存储容量和较低处理能力的无线环境而制定的一种无线应用协议。"目前中国第一历史档案馆与中国第二历史档案馆等许多档案馆都设有专门的WAP服务。

③档案微博指的是一些档案机构如各级档案局（馆）、高校档案馆及档案杂志社等所开通的微博账号。目前，通过新浪认证的省级档案馆微博号共有7个，它们分别是山东省档案馆、安徽省档案馆、江苏省档案馆、浙江省档案馆、吉林省档案馆、河

南省档案馆、湖南省档案馆。其中，湖南省档案馆与江苏省档案馆的粉丝最多，分别是 50 717 和 50 062 位。微博的特点主要可以归纳为"短、平、快"，短，是指微博字数控制在 140 字以内；平，是指微博用户信息交流与发布的方法简单，中间环节很少；快，是指微博可以随时随地进行信息发布，信息传播的速度很快。这些特点使微博的影响范围广，信息传播快，影响力巨大，吸引各个领域加入其中。

④微信是腾讯公司于 2011 年 1 月 21 日推出的一款通过互联网快速发送短信、语音、视频、图片和文字，并支持多人群聊的即时通信工具。微信与档案利用工作的结合始于 2014 年嘉兴市档案局微信公众号首次通过认证。微信属于社交媒体，用户多，即时性强，信息传播与社会交往相连接，地域性强。社交媒体上的信息传播同样遵循情报学的"小世界原理"（即无论世界如何大，人口如何多，联系多么困难，人际情报交流与传递总是能实现的）和"六度分离"实验结论（即世界上任意两个人之间的信息传递人际网络平均传递大约是 6 次），所以我们认为社交媒体的传播方式非但没有限制信息传播范围，反而具有巨大的潜力。

⑤ App 是英语 application 的缩写。它是结合了通信和互联网的优势，加之云计算所拥有的强大信息资源，借助广大的终端传递服务，专门针对智能手机、iPad 等移动设备所开发的应用。对于档案利用工作，App 可以集检索、咨询、互动、导航、建立读者账户等多项功能于一体。目前已经有浙江省的"浙江档案"、温州市的"档案云阅读"、广东省的"广州市国家档案馆手机智慧导览 V1.0"等少数几个档案馆专门 App。

（2）在理论方面。截至 2019 年 12 月，以"移动互联网"及"档案"为主题在中国知网上对"中国期刊全文数据库""中国博士学位论文全文数据库""中国优秀硕士学位论文全文数据库"和"中国重要会议论文全文数据库"四个数据库进行检索，共搜出 134 篇论文，删除重复发表的论文和类似于新闻报道一类的非学术文章后，共搜出 83 篇有效论文，如表 5-2 所示。

表 5-2　移动互联网环境下档案信息开发研究的时间分布和类型

数据库	2008 年	2009 年	2010 年	2011 年	2012 年	2013 年	2014 年	2015 年	2016 年	2017 年	2018 年	2019 年	合计
中国期刊全文数据库	0	0	0	0	1	6	15	25	6	5	0	2	60
中国博士学位论文全文数据库	0	0	0	0	0	0	1	1	0	0	0	0	2
中国优秀硕士学位论文全文数据库	1	0	0	2	3	9	3	1	0	0	1	0	20
中国重要会议论文全文数据库	0	0	1	0	0	0	0	0	0	0	0	0	1
合计	1	0	1	2	4	15	19	27	6	5	1	2	83
备注	检索项为"主题" 检索式为"移动互联网 and 档案" 检索时间范围为 2001 年 1 月 1 日至 2019 年 12 月 31 日 匹配为"精确"												

153

从表中可以看出，我国档案学界对移动互联网环境下档案的研究开始于 2008 年（第一篇论文发表）。2013 年后档案研究开始引起学界关注（相关论文数量增加到 15 篇），从 2015 年开始渐渐得到更多学者的关注。目前，移动互联网环境下档案信息资源研究仍然处于初级探索阶段（相关论文共 75 篇），总体成果数量不多，研究层次有待深入。

上述 75 篇论文的研究主题主要可以分为以下几类。一是基本概念类，主要介绍移动互联网与档案信息资源的概念，档案信息资源开发利用的概念，移动互联网环境下档案信息资源的特点，新技术环境带给档案信息资源利用的机遇与挑战，档案信息、资源利用的必要性与可行性、难点应对策略等。二是创新思维类，主要移动互联网环境下档案工作者思维的转变，具体包括档案资源的收集、整理、保管、开发、利用等管理思维观念的转变。三是调查研究类，主要对利用者需求、移动互联网技术在档案信息资源的开发利用中的应用现状进行调查统计。四是案例研究类，主要以案例研究为主，分析其发展历程、具体过程以及效果。通过典型案例总结经验，推而广之。五是应用技术类，主要介绍将移动互联网技术应用到某些专门档案的管理中，阐述档案管理系统设计开发的流程以及在档案信息资源的收集、存储、开发过程中存在的具体技术难点和解决方案。六是与智慧档案馆相关的主题，主要介绍智慧档案馆的概念、特点、移动互联网技术与智慧档案馆的关系等问题。具体分布情况如表 5-3 所示。

表 5-3 移动互联网档案信息资源研究论文的主题分布

主 题	基本概念	创新思维	调查研究	案例研究	应用技术	智慧档案
篇数	21	10	2	6	31	4
比例	28.4%	13.5%	2.7%	8%	41.9%	5.4%
备注	有些论文涉及多个主题，如对各个主题的论述都比较浅，则归入"基本概念"；若对某一个主题论述较深，则归入对应主题					

由表 5-3 可知，目前关于移动互联网环境下档案信息资源的研究主要是对基本概念和应用技术的研究，这两类占比达到了 70%，而在接下来的研究中我们发现应用技术方面的研究成果多是计算机专业领域的研究成果，涉及档案资源开发利用的内容不多。而我们对于目前现状的调查研究仅有 2.7%，表明我们非常缺乏量化的现状调查，多属于理论性研究。案例研究占比 8%，表明目前研究中缺少对已取得成果的

案例的具体分析。另外，智慧档案研究占比5.4%，说明目前的研究层次及与现实档案工作的衔接仍需进一步提升。

2.移动互联网环境下档案信息资源开发与利用中存在的主要问题

我国各级各类档案馆已经开始利用移动互联网提供多种档案信息利用服务，并取得了一定的成绩。然而，面对这一新事物，由于问题本身的复杂性及经验上的不足，我们在实践过程中遭遇了一些问题。针对现状，我们主要提出了在功能定位、内容推广等方面的问题，对于法律制度、观念等具有固有滞后性的问题，在此不提。

（1）宣传推广成效不大。在移动互联网环境下，档案馆致力于让更多的人利用档案，最大限度地实现档案的价值。但是，在实际工作中，由于档案工作的基础性，档案微媒体的关注度和互动度都不高。一般档案微信公众号的阅读量在100次左右，有的阅读量仅有几次。在宣传推广方面做得比较好的档案微信公众号是"天津市档案馆"。其他地区利用微信、微博等移动互联网环境推出的新型利用方式都存在推广上的困难。有开发没利用、投入与产出不成正比是目前许多档案馆面临的窘境。

（2）功能定位模糊。在移动互联网环境下，档案馆的定位是指对档案馆利用服务的定位，预期利用者要做的事。定位的作用在于指导工作方向，确定档案信息资源开发的方向。换句话说，定位决定了档案信息资源开发的"选题"与"选材"。在目前档案馆提供的移动互联网服务中不乏定位模糊的现象。比如，一些档案馆所发布的微博多是局馆新闻动态内容，少有关于档案利用的信息，而局馆动态新闻主要为档案局（馆）本身服务，并非为预期利用者服务，可见其微博定位出现了偏差。在移动互联网环境下，档案馆在档案信息资源的传播方面做出了很大的努力，投入了很多资源，例如开通微信公众号、微博、开发App等。但是，在选题、选材等内容方面却没有利用好移动互联网环境。

定位主要是解决档案馆"为谁服务"的问题。在移动互联网环境下，档案利用者的范围整体扩大，但仍以传统环境中对档案信息资源具有刚性利用需求的群体为主。在主要服务这些既有利用者的基础上，尽可能地为其他利用者服务。在档案馆的发展中，我们通过"档案利用登记表"积累了许多档案利用者的数据，通过大数据思维我们可以将这些数据转化为新环境下的"眼睛"，分析利用者特征，找到主要服务对象和他们的利用需求，进而进行科学的选题。但是，实际上，无论在实践中，还是在研究中我们只关注了"档案利用登记表"的形成和管理，对利用档案登记表预测利用趋势的研究少之又少。

（3）粗糙编辑缺乏吸引力。精益求精的编辑是档案信息资源开发利用中的重要一环。面对移动互联网环境下的信息大爆炸，精巧的编辑形式有时候是敲开档案信息资源利用大门的"敲门砖"。

档案信息内容的表现形式至关重要。在移动互联网环境下，人们阅读信息的空间移动性和时间碎片化意味着我们进入了"读图时代"。相对于文字，我们更喜欢简单直观的图片；相对于图文，我们更喜欢声像结合的"短视频"。从这一方面看，我们的服务有一定的不足。通过我们的亲身体验，档案馆在媒体上提供的档案信息仍然以文字形式为主，一篇2000字左右的文章仅配3~4张图片，视频文件很少。这些不符合当前利用者习惯的形式，会对档案利用效果产生不利的影响。另外，平铺直叙的标题、规规矩矩的格式是我们的现状，引人入胜的标题与独特漂亮的格式应该成为编辑过程中的更高追求。

（4）传播方式缺乏顶层设计。目前档案馆推出的传播方式众多，手机短信、微信公众号、微博、WAP、App应用程序多种多样。但是，由于档案馆的资源有限，众多服务使档案馆力不从心，结果事倍功半。主要表现在服务众多却无人管理，有一些档案公众号自开通以来从未发布过任何信息，还有一些档案公众号根本无法提供服务。另外，由于缺乏顶层设计和整体规划，各种服务方式之间互相重合而又不能完全替代，导致各种方式的优势得不到体现。这种"有数量，没质量"的状况不仅没有达到我们的预期目的，还引起了资源的浪费和利用者的不满。

二、档案信息资源开发与利用的策略

移动互联网环境下的档案信息资源的开发与利用必然要经过功能定位、选题、选材、编辑、公布、推广这几个环节。下面主要针对这几个环节提出相应的策略。

（一）科学定位，明确服务内容

下面从移动互联网环境下档案馆档案信息资源利用功能的服务对象和该定位所决定的服务内容两方面进行策略分析。

1.大数据思维锁定主要用户群

科学定位首先要解决"为谁服务"的问题。在移动互联网环境下，档案利用者的范围与数量总体在增加。这些利用者大致可以分为两类：一类是原有的档案利用者，这些人在传统环境下就是档案信息资源的利用者；另一类是在移动互联网环境下新产生的利用者，这些人主要通过微博、微信等社交媒体浏览档案信息。我们需要通过分析这些利用者的特点来确定档案信息资源开发与利用的定位。

2014年，国庆档影片《心花路放》取得了近12亿票房的佳绩，这背后离不开大数据分析的支持。在影片上映之前，制片方对猫眼电影提供的相关数据进行了大数据分析，精确锁定了主要消费群体并进一步开展精准营销。《心花路放》利用大数据技术确定发行定位，避免了移动互联网环境下的"盲人上战场"，最终取得了高票房。对档案信息资源开发和利用而言，我们也可以利用大数据思维找到较为精准的利用者。对原有档案利用者，我们可以利用"档案利用登记表""档案网站统计"收集到的数据分析利用者的共同特征，预测潜在的档案利用者，如对职业、学历、单位等方面的预测。对于移动互联网环境下的新利用者，我们可以对微信、微博等微媒体产生的数据进行分析，进而预测他们的特征。

2. 精确设置服务内容

第一，移动互联网环境下档案信息资源的开发与利用必须体现出档案信息的资源优势。档案相较于其他信息，具有高度可靠性，因此档案信息的真实性是我们的优势。第二，开发对用户有价值的信息，通过调查统计将开发内容的决定权交给利用者，我们可以在微博上展开类似于"你最需要的档案"的讨论，调查利用者需要的内容。第三，发布有趣的内容，人们总是对秘密的事更感兴趣，我们可以开发那些大多数人都有兴趣的档案信息。第四，推出"民生档案"，它们与我们息息相关，许多"老城记忆"类的档案信息不仅阅读量高还引发许多民众参与互动。第五，反映热点的内容，紧跟社会热点不仅会吸引利用者目光，而且会增加利用者转发的可能性，增强用户推广欲望。

（二）精心选择表现形式

在移动互联网时代，人们对信息的要求更高，引人入胜的标题、直观形象的形式、简约友好的界面让档案信息资源的利用更有优势。

1. 引人入胜的标题

在移动互联网时代，大量的信息充斥在人们的生活中，拟好标题是做好编辑的第一步。通过对"天津市档案馆"微信公众号的调查分析，以下几种拟标题的方法对提高"天津市档案馆"的关注度功不可没。对"天津市档案馆"119 条推送信息进行了统计，平均每条信息的阅读量为 1159 次，高阅读量标题主要有下面几种，如表 5-4 所示。

表 5-4　几种常见的高阅读量标题类型

标题类型	举例（阅读量）
口语对话型	老天津卫的小买卖："卖凤梨"的您见过吗？（2786） 《生活老照片》献给 70 后，我们出生时世界是这样的（2544）

标题类型	举例（阅读量）
提问式	馆藏珍品：传说中的大龙邮票长啥样？（863） 《原档品读》你见到过真实的"良民证"吗？（902）
悬念型	微展：民国老山海关汽水，保你没见过！（1414）
惊爆型	《口述档案》：目睹拆鼓楼谣传曾拆出七尺长"蝎子精"（1159）

2. 直观形象的形式

通过对"天津市档案馆"的统计，我们发现表现形式对阅读量有直接的影响，图片形式的阅读量是文字形式的 46 倍，图文形式的阅读量是文字形式的 33 倍，由此也可看出我们已经进入了"读图时代"，具体形式比较，如表 5-5 所示。另外，"微视频""小视频"的形式越来越受到广大用户的喜爱。"天津市档案馆"在 2015 年 7 月 8 日发布的"1989 年老西北角街景珍贵视频：追寻 26 年前的回忆"在 48 小时内阅读量便突破了 10 万次，在群发后的 7 天内总阅读次数达到 17.33 万次。这是目前档案微信公众号文章取得的最高访问量，其中视频形式产生了很大影响。

表 5-5　图片、文字、图文三种形式评价阅读量统计

形　式	图　片	图　文	文　字
平均阅读量	2042	1460	44

3. 简约友好的界面

在移动互联网环境下，用户获取利用档案信息资源的简约化是发展趋势，友好简单的页面是优质服务所不可或缺的。以微信档案公众号为例，一般设有两级菜单，一级菜单下设二级菜单，一般为 3 ~ 4 个，要求菜单名称文题通俗易懂。另外，菜单总体应该尽可能覆盖利用者需要的功能，但又不可太过复杂，影响利用。

（三）合理选择传播途径

目前，移动互联网环境下的档案信息资源传播途径众多，我们要加强顶层设计，运用互联思维使这些传播方式优势互补，通过整体效益实现利用目标。首先我们需要分析用户实现利用的所需的全部功能。从档案信息资源开发成果完成到用户实现利用，主要经过了发布→检索→利用→利用情况反馈几个环节，因此各种服务方式总体

上必须实现发布、检索、阅读、反馈四项必要功能以及包含在四个环节中的基础性的咨询功能。

明确了完整的功能需求，我们再具体看看目前档案馆在普遍运用的微博、微信、WAP、App四种主要传播途径上应该如何设计实现以上功能。

1. 微博发布信息

以新浪微博为例，2009年新浪微博开始内测，以"发现新鲜事的交流平台"为定位进行宣传。2016年4月，中国互联网络信息中心发布了《2015年中国社交应用用户行为研究报告》，报告指出中国网民在最近半年使用过社交应用中，新浪微博的使用率达到了43.5%。调查显示"就微博的使用目的而言及时'了解新闻热点'的提及率为72.4%，在使用目的选项中居于首位"。所以，微博对新闻热点的传播具有其他方式无可比拟的优势。我们可以利用微博发布档案信息资源开发与利用方面的通知。

2. WAP检索信息

WAP是一个用于向无线终端进行智能化信息传递的无须授权、不依赖平台的协议。它是针对小屏幕、低链接率和小内存设备的上网需求而设计的。用户可以利用手机或其他的无线设备获得相关Internet/Intranet信息。通过WAP，档案部门可以提供诸如移动馆藏目录查询、个人利用信息查询、在线移动利用等服务。WAP可以连接数据库，实现档案信息资源检索，是微信、微博等简单灵活的方式所不能实现的，所以WAP方式应该重点用于档案信息资源检索工作。目前山东档案馆、湖南档案馆等许多档案馆都有WAP或者网站检索功能。

3. 微信促进互动传播

微信（WeChat）是腾讯公司于2011年1月21日推出的一个为智能终端提供即时通讯服务的免费应用程序。2015年6月腾讯公司发布的《2015微信用户数据报告》显示截至2015年第一季度末，微信每月活跃用户已经达到5.49亿，有近80%的微信用户关注了微信公众号。2016年4月中国互联网络信息中心发布了《2015年中国社交应用用户行为研究报告》，报告显示"和朋友互动，增进和朋友之间的感情"是人们使用微信的主要目的，提及率为80%。

通过以上特征，我们可以发现微信的优势主要在档案信息资源的阅读、推广和档案信息资源利用的咨询功能上。首先，微信用户基数大，用户使用时间长；其次，微信作为社交媒体，其上的现实生活中的联系人占到了80%～90%，为档案信息资源的分享提供了优越条件；最后，微信公众号中的"自动回复"功能使档案利用咨询可以实时实现。比如，中国移动公司的官网微信号"中国移动 10086"中的自动回复服务取得了有效的成果，关注后即可收到中国移动的自助服务说明。目前档案类微信公众号少有利用"关键词回复"的功能。"浙江省档案馆"已开通"陪聊机器人"应用，针对档案利用者利用中的常见问题，设计出了相应的回复内容，这样既节省了人力资源，又使利用者的咨询得到及时回复，提升了利用体验。

4. 档案 App

对于综合性档案馆而言，开发一款优质 App 的成本要比开通微信公众号、档案馆微博，开发 WAP 网页等的成本要高。另外，2015 年 1 月 22 日第三方数据服务提供商 TalkingData 发布了《10 亿说：行业精细发展，O2O 热度空前》分析报告，报告显示全国平均每部移动设备上安装了 34 款应用，同时每部设备上平均每天打开应用 20 款。由于档案信息资源的特性使档案信息资源的利用呈现刚性特征，因此专门下载安装档案 App 的用户较少。

考虑到目前的开发成本与用户需求，我们认为目前针对普通利用者单独开发档案 App 的必要性有待观察。赵红颖、王萍在文章中提出"图书档案资源数字化融合服务"的思想与泰达图书馆档案馆的实践开启了图书馆与档案馆合作探索 App 开发的新局面。[①]2014 年 8 月，天津泰达图书馆档案馆推出"移动图书馆App"服务，将"档案服务"作为图书馆 App 中的一个模块。该模块包含"办事指南""法规标准""档案培训""编研成果""掌上展厅"五个部分。虽然在总体上档案资源与图书馆资源有着本质的区别，不可能完全融合，但是将已经开放的不具有保密性的档案信息嵌入到手机图书馆中形成图书馆 App 中的档案模块，与图书资源同一账号，同一软件，这既能满足用户的多种信息需求，又能节约档案部门的开发成本和用户设备空间。另外，针对经常利用档案的群体，如档案工作者、研究学者等可以通过各地或者全国范围内多个档案馆的共同合作开发小众化的档案 App。

（四）分阶段生态推广

一个新事物的推广一般经过两个阶段，主动推广阶段和自动推广阶段。在主动推广阶段，需要开发者投入一定的人力、物力，采取主动推广措施，寻找第一批"种子粉丝"；在第二阶段，当"种子粉丝"达到一定数量时，其推广者就由开发者转变为"利用者"。

---

① 赵红颖，王萍. 图书档案数字化融合服务研究论纲 [J]. 图书情报工作，2013, 57(12): 17-22.

1. 主动推广阶段

第一阶段是开发者主动采取措施进行推广。"吃在重庆"通过已有的微博账号对微博粉丝向微信公众号导流、宣传等进行推广。天津市档案馆在2016年4月公布的"全国档案微信公众号排行榜"中名列第一，推广效果显著。目前档案类推广多处于推广的第一阶段，如天津市档案馆、青岛市档案馆等。天津市档案馆首先在天津市档案馆的单位工作人员中推广，然后到天津档案馆的利用者、《天津档案》杂志的订阅者、天津档案网站的浏览者。2014年6月10日，青岛市档案馆邀请市民代表启动并体验青岛档案信息全域共享服务平台和"青岛档案"微信服务平台两个服务系统。其他诸如利用新闻报道、电视节目来宣传推广也是属于第一阶段，下一步我们应该注意转向依靠"内容"实现自动推广。

2. 自动推广阶段

第二阶段，"吃在重庆"不再进行主动推广宣传，依靠原创的热门文章进行自动推广。目前"吃在重庆"阅读量超过10万次的有20篇，破百万次的有8篇。由投入推广到自动推广，由依靠人力、物力到依靠内容，"吃在重庆"已经可以称为健康生态的推广模式了。在档案领域，目前尚未有实现稳定"自动推广"的档案类账号，所以我们应该注意充分开发利用档案馆独特的资源，打造"热门文章"，使内容本身成为服务推广的动力。

总之，移动互联网环境下档案信息资源的开发和利用是传统档案信息资源开发利用的延伸和补充，是目前档案工作的新领域。技术的发展带动档案信息资源利用需求和利用形式的变化，在当今移动互联网环境下，挖掘档案信息资源，开发档案信息成果，依托移动互联技术分析各项服务方式的特点，并将其对档案信息资源开发利用的价值最大化的发挥，是档案馆顺应时代发展、更好地服务社会实现转型的必由之路！

第六章　大数据环境下档案信息服务创新性研究

第一节　档案信息服务研究现状

近年来，随着信息技术的飞速发展，人们对大数据（big data）一词的关注度越来越高。2015 年国家在贵州省建立了首个大数据中心，实现了国家与贵州灾备中心数据的同步传输和异地备份。2017 年，国家档案局李明华局长指出，2017 年是全国数字化档案资源年，全国的数字化档案资源已达到了 22 430 000GB，数字化全文识别取得重大进展，这标志着档案管理也进入了大数据时代。在大数据时代下，档案机构如何充分发挥主观能动性，开发网络档案信息资源的作用与功能，是档案机构所面临的一个重要问题。大数据技术最重要的价值就是能够迅速处理海量的、多样化的、增长速度极快的信息资源，从而给档案机构信息服务开辟新的发展道路和创新空间，这成为档案信息服务的主要发展趋势之一。从档案工作的角度来看，与传统的"一查一调"档案服务方式相比，大数据将是一种有效的，且更具生命力的档案服务方式。

一、档案信息服务的概念

档案信息服务是指档案馆通过档案信息的收集、整理、归档、利用等一系列活动，为用户提供其所需的档案信息资源，以满足用户的档案信息需求，为用户解决各种社会问题提供方便。所谓大数据时代的档案信息服务，就是指充分利用云计算和大数据技术，从各种类型的档案信息中，快速获得有价值的信息，实现迅速、优化、系统、科学的档案管理模式。

二、大数据环境下档案信息服务的特点

（一）档案信息服务的智能化

大数据环境下，档案机构工作人员可以通过数据库技术、数据的合理压缩、网络远程信息传递、自动翻译、扫描等技术手段对档案信息资源进行立卷归档，组织成具有有序结构的档案信息资源库，通过计算机网络技术进行云储存。利用档案数据库系统进行智能计算检索、分析、查询、处理、存储数据等，从而使档案资源的开发利用实现数字化和智能化、纸质档案与信息高速公路的接轨。另外，还能在大数据技术的支持下，使用户仔细分辨自己的档案需求，分析所得的结果，改变档案信息形态，从而使档案信息资源得到充分挖掘和利用。

（二）档案信息服务的高效化

原始的档案信息服务是对一整个库房、一排排档案柜架、一盒一盒的纸质档案进行手工翻阅查找，不仅工作量大，而且效率低下，准确率低，极大地影响了档案信息资源的利用率。在当今大数据时代，数据量大、时效高、速度快，以手工检索为主的查档方式已经不适应时代的需要。随着网络信息技术和大数据的发展，查阅者只要满足档案机构规定的查阅权限要求，符合档案保密规定，就可以通过网络终端对所需档案信息资源进行智能搜索、查找，甚至进行浏览、分析和利用，检索速度以秒计，大大提高了档案检索和利用的速度。

（三）档案信息服务范围的社会化

在大数据背景下的档案信息服务，只有得到用户的一致认可，服务的效果才能得到最大限度的展现。档案机构的中心工作是提供服务利用，因此在提供方面，档案机构一直坚持以社会公众需求为导向，坚持以优质的服务质量和高效的服务效率，以较低的服务成本，最大限度地满足社会公众的需求。网络环境时代，由于网络资源和网络技术的发展，社会公众查询和利用档案的方式变得更加便捷，并且随着大众的档案意识日益增长，档案机构的用户范围越来越广，各种网络范围、用户层次、地域单位都能共同利用档案信息资源，逐渐呈现出"社会化"趋势。

三、大数据环境下档案信息服务研究现状

截至目前，学界虽然并未对大数据形成一个统一的定义，但存在着这样一个共识：大数据作为结构化数据、半结构化数据与非结构化数据的总和，不是对数据量大小的定量描述，而是一种在种类繁多、数量庞大的多样数据中进行的快速信息获取。

正如前文所提及的大数据具有 4V 特点，即种类（variety）多、速度（velocity）快、容量（volume）大、价值（value）大。这些内涵和特点预示着大数据将改变目前"IT"架构，将信息界变革的重点由"T"（技术）转向"I"（信息），以形态多样且富有价值的数据为主体，借助一定的技术发展数据处理、深层次分析与价值挖掘等信息业务。

在国内，施永利最早（2012 年）将大数据引入档案利用服务领域，他分析了大数据背景下档案服务面临的挑战，指出数据挖掘是大数据时代下档案利用服务的必然选择，提出档案资源数据挖掘及智能应用的对策。近两年有关大数据背景下档案利用的研究逐渐增多，笔者利用 CNKI 总库，以关键词"大数据"和"档案"为检索项进行检索，发现 2012 年有 1 篇、2013 年有 14 篇、2014 年有 106 篇、2015 年有 176 篇、2016 年有 253 篇、2017 年有 376 篇、2018 年有 480 篇相关文献。近两年由于大数据技术的飞速发展，各行业和领域都在探索大数据的应用，档案学亦不例外。预计未来几年，大数据在档案领域的应用将是研究热点之一，将会有更多的研究成果。

在以上研究成果中，刘国华等探讨了档案工作中大数据框架构建及其应用过程，认为在信息化时代可以依托信息技术构建大数据处理流程，并将流程中的六个部分整合成一个档案信息大数据平台框架。李小刚等认为在大数据时代档案馆可以更加精准地定位用户的需求，通过数据分析积极主动地向用户提供个性化的、智能化的优质推送服务。黄少芳等分析了大数据时代档案管理与服务面临的问题和挑战，提出了应对大数据、大档案和大服务的档案工作方向和发展对策。库俊平则探讨了大数据环境中企业文书档案的信息化管理及利用问题。刘建伟等探讨了大数据环境中数字档案馆信息服务的模式。陈芦燕从服务理念、技术应用、人才队伍、安全风险等方面分析了大数据给传统档案信息服务所带来的严峻挑战并提出了应对策略。对于大数据背景下档案服务创新研究的著作也逐渐增多。例如，在 2013 年，吴利明、张慧、王冬菊、张海威和张风武分别就基于 Web 2.0 和云计算背景下对档案信息服务进行研究；在 2014 年，刘国华、李泽峰、陈芦燕、田伟和韩海涛分别就档案工作大数据框架的构建以及大数据时代档案信息服务研究进行阐述；在 2015 年，李宗富和张向先就大数据背景下档案服务进行探索。同时在大数据背景下，也有一些人就应时产生的各种交流 App 进行了档案信息服务研究，如博客、微博、微信、QQ 等。例如，在 2013 年，王潇在《陕西档案》杂志上发表过一篇题为《微信公众平台开启档案利用新时代》的论文，阐释自己的前沿观点。

第二节　档案信息服务研究的主要内容

一、大数据环境下开展档案信息服务的必要性和可能性

传统档案信息服务主要建立在馆藏基础之上，服务地点局限于馆内，服务手段相对落后，服务速度和效率受到极大地影响。传统档案信息服务的种种弊端促生了档案信息服务的大数据化管理模式。

（一）大数据环境下开展档案信息服务的必要性

1. 传统档案信息服务的内容单一

传统档案信息服务以纸质档案的提供为主，主要包括档案借阅服务、档案外借、制发档案复制本等，内容单一，大大限制了视频、音频、影像等多媒体信息的利用以及综合开发利用。而大数据时代，档案馆藏数量巨大，既有传统纸质档案，又有电子档案信息，一切数据和记录几乎都归入大数据范畴，档案资源更丰富，类型更多样。而且人们更加追求对档案数据的整体分析，找到它们之间的联系，而不是零散数据的利用。所以，大数据环境下，不仅要开展档案信息服务，更要创新档案信息服务。

2. 传统档案信息服务的手段落后

传统档案信息服务一般不借助计算机，以人工处理为主。手工式操作让整个服务过程烦琐复杂，且档案原件在长期利用中受各种因素的制约容易出现磨损，影响后期利用。大数据环境下，TB 级非结构化数据的出现让传统数据处理技术受到质疑。我们必须借助数据挖掘、知识挖掘技术，从大数据档案中挖掘符合用户需要的信息，才可以改变人工服务方式所带来的不便，实现向大数据管理模式的转变。尤其对于动态更新的档案，对服务速度要求很高，借助传统服务手段既影响效率又影响效果，只有不断改进档案信息服务的手段，才能更好地顺应大数据热潮。

（二）大数据环境下开展档案信息服务的可能性

1. 档案领域具备现实的发展环境

随着新兴技术的出现和发展，我国档案事业逐步向智慧化发展。各项社会实践活动产生了大量的数据信息，包括各级各类档案机构的信息、传统载体档案的数字化和数字化环境中产生的电子档案等，这些多样化的档案大数据如果只是简单地应用于传统档案馆的服务中将很难实现档案信息服务的创新与发展。面对社会发展的实际和用

户对档案的多样化、个性化、集成化的需求，契合大数据时代的技术，将"为政府作嫁衣，为领导当参谋"的档案部门转化为资源建设部门是新时期档案工作的方向。档案大数据为大数据时代档案信息服务的开展提供了基本的素材积累，档案事业顺应大数据潮流的发展方向更为这一背景下档案信息服务的开展提供了指导思想，切实打造了现实而可靠的发展环境。

2. 馆藏档案具备典型的大数据特性

第一，馆藏档案数据体量浩大，类型多样。实体档案馆和数字档案馆的数据资源都极为丰富，既有传统纸质档案，又有档案馆搜索引擎、BBS 论坛类、电子邮件类、网络电话、视频会议、档案网站等的半结构化和非结构化的信息等。相应的，档案馆的存储介质也越来越多样化，磁盘、光盘、云盘、移动硬盘等的出现让档案信息存储密度更高，集成性更强，更加符合大数据的 4V+1C 的特点，为档案馆在大数据环境下开展档案信息服务奠定了基础。第二，馆藏档案数据易于处理。大数据环境下，馆藏档案数据的分析已由传统的人工分析转变为网络分析和数据分析为主，档案工作者一敲一点之间，只需要几秒钟的时间就能实现对馆藏数据的简单统计。2009 年，甲型 H1N1 流感爆发的几周前，谷歌公司的工程师们在《自然》杂志上发表了一篇预测冬季流感传播的论文，而这份预测就是建立在大数据的基础上完成的。以既有数据为基础，加上计算机工具的简单操作，可以很快得出分析结果。大数据时代，更多新技术的出现让信息生产和加工的成本逐步下降，处理更加简单，使以前只能被少数管理阶层才能进行的加工活动增加了更多参与者。第三，馆藏档案数据价值巨大，但密度很低。档案是历史留给我们的社会记忆，具有其他材料不具有的价值，同时其价值还有大小之分。但是，馆藏档案数据量的多少并不代表数据价值量的大小。相反，很多时候数据量的庞大却意味着数据垃圾的泛滥。档案数据的集成过程如果简单地将所有数据聚集在一起而不进行任何数据筛选、清理等操作，将会产生很多没有任何价值的数据，降低档案价值密度。因此，档案数据量的大小与档案数据价值并不一定成正比。

二、大数据环境下档案信息服务创新研究的主要内容

大数据给档案信息服务模式带来了冲击，未来档案服务机构的核心竞争力很大程度上取决于其信息服务的能力，这就要求档案服务机构就服务方式进行创新。大数据时代是信息的时代，不仅包括繁多的数据，也包括各种数据平台，如 Web2.0、微博、微信等。下面我们就数据平台对档案信息服务创新的方式谈一下自己的认识。

（一）云计算背景下的档案信息服务

在云计算背景下，构建数字档案馆是受"服务型数字档案馆"的启发而提出的。之所以构建数字档案馆，是因为数字档案馆能够使档案云服务平台应用起来，并且使其系统能够得到有效运营和维护，最大限度地实现档案信息云服务，满足档案信息用户的各种需求。基于云计算构建数字档案馆，提供档案信息云服务，已经是当前档案信息服务模式的一大趋势。下面就用一个案例来说明利用云计算提供档案信息云服务已经是一大创新服务方式。

1. 基于云计算，丽水市云档案共享系统构建便民服务"连心桥"

丽水市档案局为了方便提供用户档案信息服务，于2011年开始构建云档案共享系统。丽水市云档案共享系统是一个崭新的创新性服务系统，引领着全国云档案服务系统，已经被国家档案局科研所鉴定为全国首创。该系统主要是将本市的数字档案室管理系统、档案登记备份和云档案信息共享融为一体，"实现了市本级、9县（市、区）、各级机关数字档案室的协同管理"，形成了"1 + 9+N"的管理服务模式。同时，该系统将档案目录数据库和全文数据库统一起来，将所有已开放的档案信息资源放在同一平台上实现"百度式"检索利用。在该系统中，用户只需要在搜索栏输入关键词，就可以检索出市、县、乡所有档案室的档案信息。据了解，以往借阅档案需要走一步一步的流程，甚至排很长时间的队才能查到极其有限的档案信息资料，很辛苦、很麻烦；如今只需通过网络，输入几个关键词就可以查到自己想要的档案信息，极其方便、极其贴心。

丽水市云档案共享系统主要包括3个部分：一是档案与电子文件登记备份系统，该部分主要是"将电子文件及其元数据进行封装和备份"，包括将涉民单位管理系统的电子数据在线进行登记备份和电子文件转缩微品的异质备份；二是机关数字档案室管理系统，该部分主要是将OA系统中形成的电子文件及其元数据进行完整迁移，然后在线逻辑归档和物理归档，并将纸质档案进行数字化，然后将加工成果进行批量挂接；三是档案目录以及原文资源库共享系统，该部分主要是对档案目录著录格式和档案进行全文检索，构建档案目录数据库和全文数据库，并制作出搜索引擎，实现云档案信息资源共享，满足用户的个性化需求。这三个部分构成了丽水市云档案共享系统的整个组成部分，极大地提高了丽水市档案信息服务水平。

2. 基于云计算数字档案馆提供创新性云服务

基于云计算构建数字档案馆主要是对全国的数字档案信息资源进行统一管理，为档案信息服务工作者提供便捷的服务平台。当我们在改善原有的数字档案馆服务模式以及创建新的服务模式时，我们可以借鉴丽水市云服务共享系统的成功之处，在此基础上进行调整，在保持该馆档案特色档案服务的同时，要适应当前的利用需要，提高服务质量和效率。大体上，数字档案馆云服务系统模型包括以下五个部分：数字档案信息资源、档案云服务基础、档案云服务控制、档案云服务应用、用户终端设备，如图 6-1 所示。

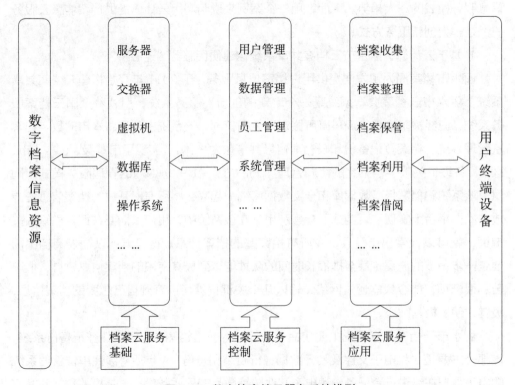

图 6-1　数字档案馆云服务系统模型

（1）数字档案信息资源。基于云计算的数字档案馆可以将多个实体档案馆、机关档案室、数字档案馆等的档案信息资源进行组合，形成一个云档案共享网络。这个方式能够很好地提高数字档案信息资源的利用率，更加全面地满足利用者的利用需求。随着机密性档案的不断降密和公开，越来越多的档案信息展现在世人面前，供利用者查阅，档案信息的利用范围也越来越广。因此，为满足利用者的信息需求，数字档案馆需要不断收集实体档案馆的档案信息资源来充实档案云服务资源库。

（2）档案云服务基础。档案云服务基础是实现数字档案馆云服务的基础部分，主要包括服务器、交换器、虚拟机、操作系统等，是实现数字档案馆云服务的硬件要求，为数字档案云服务提供操作平台。云计算中的应用程序只是在互联网上运行，不需要在本地计算机安装，避免了用户的安装、维护等麻烦。但是，我们可以肯定档案云服务在数字档案馆服务中占有基础性地位。

（3）档案云服务控制。档案云服务控制是数字档案馆云服务实现的核心部分，包括数据管理、用户管理、员工管理、系统管理、系统维护等。该部分主要是对档案资源、服务器、虚拟机、交换器、操作系统等设备进行管理和控制，保证该系统的正常运行，为档案云服务的应用打下基础。

（4）档案云服务应用。档案云服务应用是数字档案馆云服务实现的重要环节，该部分主要包括档案的收集、整理、利用、保存、借阅、统计等众多档案基础管理性工作。正是因为档案云服务的应用，才能将数字档案信息资源与用户连接起来形成档案云服务网络，简化档案用户的借阅程序和档案工作者的工作内容。

（5）用户终端设备。用户终端设备主要是为档案用户提供进入数字档案馆云服务平台的端口服务，这可以是任何一种移动终端，如电脑、iPad、手机等。任何档案馆、档案室以及其他档案管理机构和个人等都可以不受限制地访问任何数字档案馆中的档案信息资源，以满足自身的信息需求。

基于云计算构建数字档案馆创新性云服务在理论上没有太多的问题，但在技术和生活实践中却存在着很多困难，这需要档案工作者有勇气、有目标、有毅力，对原有的档案信息服务模式进行革新。随着云计算技术在档案信息服务方面的影响不断扩大，越来越多的人力、物力和财力投入到档案信息服务当中，未来的档案信息服务模式将会焕然一新。

（二）Web2.0背景下的档案信息服务

1. 基于Web2.0美国国家档案与文件署签署网站协议

美国国家档案与文件署（The National Archives and Records Administration，简称NARA）是美国联邦政府系统中档案和档案工作的最高管理机构，也是首个将Web2.0应用到档案信息服务中的档案机构。NARA认为，"Web2.0应用支持创建和管理内容的业务流程，创建了与公众沟通的新方式"。[①]利用Web2.0，档案服务机构可以通过网络发布信息、提供有关档案的讨论话题、获取公众反馈等，加强档案机构和用户之间的联系。因此，NARA与一些Web2.0网站签署了网站协议，利用Web2.0工具推送最新档案信息来提高档案工作的服务效率。

---

① 谢靖宇. Web2.0背景下的档案利用服务研究[D]. 合肥：安徽大学，2015：36.

在 NARA 首页上，主要有以下几个关键按钮：博客(Blogs)、收藏／分享（Bookmark/Share）、联系我们（Contact Us）、研究记录（Research Our Records）、退伍军人的服役记录（Veterans' Service Records）、教师资源（Teachers' Resources）、我们的位置（Our Locations）、网上商店（Shop Online）、最近信息（Recent News）等。在首页的右上方和右下方，我们均可以看到 "Contact Us" 这一项，点击一下，就进入了 NARA 社交媒体与 Web2.0 网页。在该网页上，NARA 不断扩大 Web2.0 应用和社交媒体项目，这些应用包括：Blogs、Facebook、Flickr、RSS Feeds、Twitter、YouTube 等。

Blogs 是个人或群体按照时间先后发表信息的交流方式。"NARA 把 Blog 作为与民众分享档案信息的重要方式，Blog 也是民众反馈档案信息的重要方式。"[1]Facebook、Flickr、Twitter、YouTube 是美国有名的社会网络服务型网站，而且功能各有侧重，如 Facebook 主要是侧重为用户提供照片分享的网络平台，而 YouTube 则是主要侧重为用户提供视频分享的网络平台。无论功能如何，这些网站就是 NARA 与档案用户就档案信息与档案问题进行发布与讨论的公众平台。RSS Feeds 是该网站与其他网站站点进行分享档案信息的简易途径。RSS Feeds 的优点主要是发布成本比较低。"对于 NARA 和利用者来说，几乎所有的 Web2.0 网站都是由非政府的第三方社会力量开发的。"[2]NARA 对 Web2.0 网站进行了说明并提供链接，便于 NARA 的档案工作人员和档案利用者之间进行交流与沟通。

2. 基于 Web2.0 平台构建档案信息服务互动系统

由上述的美国国家档案与文件署利用 Web2.0 为公众提供档案信息服务的案例可知，若想在 Web2.0 背景下对档案信息服务方式进行创新，档案信息服务机构必须要做好档案服务机构与用户之间的交流。我们认为，要想创新必须要有创新的思维、清晰的思路。在思路创新的基础上，我们将其运用到档案信息服务机构，创立基于 Web2.0 的档案信息服务互动系统，如图 6-2 所示。该系统在借鉴 NARA 的基础上结合本机构的服务特点进行创建，主要包括以下三大板块：用户板块、档案信息服务人员板块和咨询板块。

① 仲雪珊. 基于社会公众需求的档案信息资源建设研究 [D]. 南昌：南昌大学，2013:46.
② 赵屹，陈晓晖，方世敏. Web2.0 应用：网络档案信息服务的新模式——以美国国家档案与文件署（NARA）为例 [J]. 档案学研究，2013(05)：74-81.

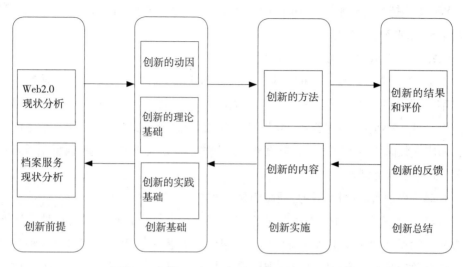

图6-2 基于 Web2.0 的档案服务创新思维

（1）用户板块。该板块主要包括用户管理和用户认证两个部分。用户管理部分主要是负责存储和管理用户相关信息，通过用户认证后就可以获得其个性化的档案信息服务。例如，检索相关档案资源，与档案工作者交流，用户向档案机构推荐相关信息资源等。用户认证部分则是档案服务机构对档案用户的权限设置，只有通过认证的用户才可以使用系统内的信息资源。

（2）档案信息服务人员板块。该板块主要包括信息发布、资源、简介、交流方式（QQ、Blog、微信）等。信息发布主要是本档案机构发布给员工的内部工作信息，如值班日期、工作模式、管理规定等内部服务性和管理性文件。资源简介部分主要是利用 RSS 技术将本机构的档案信息发送给利用者，并且将文字、图片或视频档案结合使用来引起用户的兴趣。内部交流方式 QQ、Blog、微信则是档案机构提供给员工进行信息交流、发表心得体会的重要方式。

（3）咨询板块。该板块是用户与档案工作人员进行沟通的地方。用户通过咨询板块进行信息咨询，并利用 QQ、微信、Blog 进行信息留言与档案工作人员保持密切联系。信息服务人员也可利用该板块为用户答疑来提高服务质量。

档案信息服务互动系统是一个全方位的档案信息交流平台，该平台由档案服务机构自发研制并采用 Web2.0 技术，满足利用者的多样化需求。它是一个功能强大的档案服务互动平台，简化了档案工作人员的操作流程，显著提高了工作质量和效率。此外，Web2.0 技术在档案服务中的应用将使服务质量更加个性化和人性化，从而增强了档案部门的核心竞争力。

（三）基于微信的档案信息服务

2011 年，腾讯研发出一种新型的信息交流工具——微信，它可以快速方便地发送文字、图片、声音、视频等。用户可以通过关注微信公众号来了解想要知道的信息。如今许多档案馆、档案室、立档单位等档案服务机构基本上都开通了微信公众号，为广大微信用户提供档案信息服务。这项举措无疑是在原有档案信息服务方式的基础上进行的服务创新。

1. 基于微信青岛市档案局开通微信公众号

青岛市档案局于 2014 年 4 月 4 日完成了微信认证，开通了"青岛档案"微信公众号，为微信使用者提供信息服务，主要功能是提供档案信息在线查询和咨询服务。这个举措对于不能亲自到青岛市档案局查阅档案的人员来说是一大福利。微信用户只需要查找"青岛档案"这一公众号或扫描二维码就可以进行关注，进入微信公众号查询自己想要了解的信息。在"青岛档案"微信公众号首页，主要有三个菜单供使用，分别是："档案服务""青岛历史"和"信息动态"。点击"档案服务"菜单按钮就会出现下拉菜单，分别是档案推送、查档 ABC、在线查档和在线咨询，如图 6-3 所示。点击菜单项，就会出现对应的界面。档案推送主要是青岛市档案馆向外推送的一些档案信息；"查档 ABC"主要是主要介绍青岛市档案馆的主要职能、机构设置、联系方式等；"在线查档"主要是为档案用户提供数字档案服务，在档案查询一栏输入档案类别、题名、责任者等就可以查到相关的信息，非常方便；"在线咨询"主要是包括查档咨询和业务咨询，回复咨询类型和咨询问题，就可以在周一至周五得到回复。"青岛历史"菜单包括历史上的今天、岛城影像、老青岛和历史知识库这四个部分，顾名思义主要是介绍青岛的历史发展轨迹。"信息动态"菜单主要是推送青岛市档案馆最新信息，如图 6-4 所示。由以上介绍可知，青岛市档案局发布的"青岛档案"这一微信公众号包括的内容非常齐全，无论是在线查询，还是在线咨询都非常完备。这项举措扩大了利用范围，提高了利用率，满足了用户的档案利用需求。

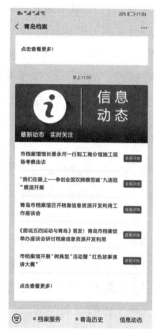

图 6-3　档案服务菜单　　　　　　图 6-4　信息动态界面

除了青岛市档案局开通档案微信公众号外，很多档案馆、档案室和档案服务机构也开通了档案微信公众号。

2. 基于微信构建档案微信信息服务平台

由上述案例可知，当前各类档案服务机构都可以借鉴此方法提高档案服务水平。"青岛档案"这一微信公众号是青岛市档案局实施的一大创新服务举措，极大地推动了档案信息服务事业的发展。其他档案服务机构也可以按照青岛市档案局的做法创建各自的微信公众号，构建档案信息服务平台。我们认为，这个平台大致可包括以下几个方面：

（1）档案推送。档案工作者必须利用微信向微信用户发布并且推荐一些档案信息资料，无论是文字信息、图片还是视频，确保微信利用者能够看到自己感兴趣的档案资料，以提高档案信息的公开度和利用率。这些档案资料不仅要包括国家机关档案、社会组织档案、企业档案、个人档案等，还要包括本馆特色的档案信息。同时，档案工作者可以利用该微信公众号发布一些最新的馆藏信息，如档案馆开放信息、讲座信息、展览信息等。总而言之，档案推送这一板块主要是全面展示本馆馆藏信息与最新信息的。

（2）档案查询。档案查询主要是对用户提供查档服务，根据主题、关键词、责任者等为用户提供相关的档案信息。服务范围包括档案馆藏资源目录体系、档案使用方法，并在帮助用户的过程中不断总结用户需求，有组织、有计划地组织好档案信息资源、档案资料等。同时，档案服务机构要逐步改善技术水平，创建档案服务系统，提高档案信息服务的查全率与查准率。档案服务机构也要逐渐完善和丰富档案内容，无论是文字、图片还是视频，应一应俱全，为用户提供丰富的档案资料以供参考和查询。

（3）档案咨询。档案咨询是档案服务机构与用户相连接的纽带。微信作为新兴的信息交流媒体具有优秀的社交网络服务属性，人与人之间可以进行实时交流、互动和资源共享。用户通过微信能够直接和档案服务人员进行交流，一对一的方式使双方的交流更为顺畅，也能逐步建立起档案服务人员与用户之间的情感桥梁。通过档案咨询，档案服务人员会认识到工作中有哪些不足，从而提高服务效率；而用户则可以通过在线咨询完整地得到档案服务人员的答复，对档案工作的理解将会更加深刻，以确保档案服务人员工作的顺利开展。

我们认为以上三点是任何一个档案微信服务平台都必须具备的，其他的附加功能则是根据各地档案服务机构的服务方式、服务内容、服务范围等所决定的，不用作太多具体的要求。各自的档案信息服务机构应有各自的服务特色，不能千篇一律。

总之，档案信息服务历来是伴随着档案发展的历史全过程，从分散服务到系统服务，逐渐完善成为一个服务体系。从古至今，档案工作实现着从重"藏"到重"用"、从为一小部分人服务到面向社会服务的重大转变。随着社会的发展，这个转变正在逐渐进行。从纵向层面讲，档案信息资源至今还没有完全开发出来；在横向层面讲，档案服务机构至今还未建立起较为完善的档案信息服务模式以及体系。因此，研究档案信息服务相关内容应该发展成为档案发展事业要务之一。

在大数据时代的背景下，将档案信息服务置于 Web2.0 环境、云计算环境和各种交流 App 软件相结合，研究档案信息服务应将如何创新开展。在 Web2.0 环境下，我们通过构建档案信息服务互动系统来改变原有的服务方式；在云计算环境下，我们可以通过构建数字档案馆形势下的创新性云服务来提高档案信息服务效率；在微信背景下，我们可以利用微信及其他手机 App 软件便捷地推广档案信息服务范围。虽然目前在理论研究层面和实践探索层面已经取得了一定的成果经验，但是我们在对档案信息服务方式进行创新研究的同时要注意以下三个方面的问题：一是要提高档案工作人员的服务意识，紧随时代步伐，重视研究、宣传和利用网络技术优化档案信息服务；二是要深化微信平台内容、功能、资源等方面的开发与研究；三是要借鉴其他领域的成功经验，注重理论研究与实践经验相结合。

第三节　档案信息服务模式面临的机遇与挑战

随着信息化与数据化进程的加快推进，大数据理念正在影响着人们学习、工作、生活的方方面面，为新时期的档案信息服务工作带来了新的机遇和挑战。

一、大数据环境下档案信息服务工作的机遇与挑战

（一）大数据环境下档案信息服务工作的机遇

大数据时代，信息资源增长迅猛，丰富了馆藏档案信息资源的内容和数量。一方面，"互联网＋"环境下出现了泛档案化的现象，对传统的档案格局形成了较大冲击，原有档案信息资源与网络化所产生的信息资源的结合，使档案信息更加具有完整性；另一方面，随着互联网的高速发展和普及化，自媒体的发展使全民的言论自由得到最大化地显现，出现了语言狂欢化的现象，各种社会问题、新闻事件都能够出现在网络上，这也是档案信息的一部分。另外，随着档案数字化工作的推进，一些原来被忽略或者不被发现的档案信息也将重见天日。

大数据环境提高档案信息服务效率。当今时代，手机通信和互联网应用已经相当普及，信息的网络化传播使人们足不出户就可以尽知天下事。在这种时代背景下，档案信息的数字化和网络化可以大大方便人们对档案信息的查询、查阅，提高档案信息服务的工作效率。

（二）大数据环境下档案信息服务工作的挑战

大数据时代，档案信息服务工作面临理念、技术和管理成本等方面的挑战。

1. 档案服务理念方面

以档案为核心是传统的档案管理理念，价值性是档案信息收集的主要标准，对档案信息的分析与解读应秉持严谨的专业性和科学性态度。在传统的档案管理理念指导下，档案管理工作会耗费大量的人力、物力和时间，但也造就了档案收录与分析工作精准化的优良特征。相比较而言，在大数据管理理念指导下的档案工作呈现出泛档案化和价值性弱化等特征，视频、音频、图片、文字等丰富的档案形式和冗杂的档案量，对传统的档案信息服务模式提出了新的挑战，档案信息化、开放性、多元性等大

数据时代特征的出现，使档案管理向着服务化的方向发展。

2. 档案管理技术方面

在传统的档案信息管理技术下，主要依靠人力开展信息收录与分析，而这种耗时费力的工作方式决定了最终形成的档案信息量较小，不存在数据存储容量不足的问题。而大数据时代信息收录与分析效率的大大提高，再加上泛档案化所带来的档案信息量的急剧增加，使数据存储容量成了不得不考虑的问题。同时，信息安全问题随之而来，档案数据的损坏、泄露或非法占用等都是现实存在的问题。档案管理与服务工作要想在未来有大的提高，最基本的和关键的就是要确保信息数据的安全。

3. 档案管理成本和人才方面

在档案管理与服务工作中引入大数据理念，离不开一定的技术支持，这就需要配置专门的计算机平台，进行专门的应用系统的研发与购买，以及获得其他的一些技术性的系统支持。即使已有的技术储备和电脑设备可用，也需要进行较全面的升级，以便更好地与大数据理念相衔接。另外，专门人才的引进和培训也是必须要做的工作，有了配套的系统而没有懂行的专门人才，那也是不可能真正实现大数据背景下档案工作改革突破的，无论技术系统多么先进和完善，都离不开人的操作。综合这些因素，档案管理与服务工作的改革更新成本还是不小的，至少对于地方档案管理部门来说这着实是一项不大不小的挑战。

二、大数据环境下档案信息服务的创新路径

数据本身是没有价值的，通过数据提供服务才具有真正的价值，数据即服务。因此，我们要深入挖掘档案资源的价值，把档案资源充分利用起来，变死档案为活资源，使其能够源源不断地创造价值。这就需要档案部门加快档案资源开放进程，改变档案资源服务方式，构建基于档案资源价值存在的知识服务体系。

（一）紧跟时代步伐，创新档案信息服务理念

随着技术便利化的发展，人们对数据的需求变得急切、复杂和多元。档案部门应创新服务理念，向"服务型"部门转型，做到由"坐等人上门"向"主动型服务"倾斜。在运用信息技术把隐藏在海量数据中的知识揭示出来的同时，主动对用户需求进行追踪、调查、研究，主动了解群众需求，有针对性地对数据进行量化分析，针对不同用户的不同需求，实行信息推送，实现主动服务、精准服务。

要实现档案资源物尽其用和档案工作向"服务型"转型，需坚持四种服务理念，即人性化服务、个性化服务、智能化服务和知识化服务。人性化服务，就是在档案服

务中体现"以人为本"思想，秉持用户第一的原则，实现服务流程和服务态度的人性化，简化操作流程，服务热情、周到、用心、耐心，专心；个性化服务，是要求档案部门充分了解和掌握档案利用者的切实需求，对用户和数据信息进行分类整理，以提供快捷性、精准性匹配的服务；智能化服务，是要实现档案数据处理系统的科学化、智能化，快速完成数据分析，智能抓取有效信息，进而提供便捷有效的服务，实现档案知识的顺畅流通与广泛传播；知识化服务，是一种基于网络环境下的开放式的服务，是档案服务发展的趋势和方向。档案知识化服务应以档案资源为核心，以大数据技术为支点，以档案知识挖掘为重点，以档案知识应用和知识创新为目标来构建档案知识服务体系，实现知识提供与检索、知识整合与加工、知识共享与交流的一体化服务。

（二）利用大数据优势创新档案信息服务内容

随着大数据时代的到来，新的广义的"大档案观"开始出现，这有别于传统狭隘的档案观，体现了新时期泛档案化的趋势和档案内容丰富、形式多样化的现实转变。档案部门在进行馆藏纸质档案数字化、接收档案文件电子化的同时，要有意识地收集更多类别广、形式多、价值大的数据资源。网络的发展产生了包括结构化数据、非结构化数据和半结构化数据在内的更多更复杂的数据种类，数字、符号、关系型数据库，文本、图片、表格、图像、影音等非结构化数据库，如 E-mail、HTML 文档等都应该纳入大数据时代档案收集的内容。要完成这些新内容的收集整理工作，需要创新手段，对网络资源进行实时监控，及时采录有价值的信息数据。网络信息数据的更换速率较快，而又蕴含海量资源，所以必须主动及时抓取网络资源。同时，档案部门要有意识地引导和培养网民的信息归档意识，从而降低抓取重要信息数据的难度。

（三）积极挖掘档案信息服务渠道，提高档案信息服务效率

网络的发展改变了信息传播的方式，丰富了信息传播的渠道，相应地，档案服务借阅、咨询、展览等传统途径也应做适当的调整。档案服务途径要实现多样化、科技化和网络化，就应注重对各种新兴媒体的开发利用，基于云计算、云存储的云服务手段的运用，发挥网络远程功能。积极开发微服务，微博、微信是中国网民最重要的网络社交平台之一，充分发挥微博、微信等新媒体优势，掌握和运用即时传播信息的服务形式，实现档案信息的即时分享、传播与交流。档案部门通过开通微博、微信可以传达档案信息和传送服务项目，拉近档案与大众的距离，拓宽档案信息服务的范围，提高档案信息服务的效率。远程服务可以最大限度地减少地理区域限制，实现档案服务方便快捷、节约成本、远程到达等目的。档案云服务是以云计算技术作为支撑，以

云存储资源为保障，将分散的档案信息通过云平台组织构建起来形成服务云，借助这些云平台强大的计算能力和低成本、高安全性等特性，来提高国家档案信息资源共享效率的一种档案信息资源服务模式。云服务能够为社会公众提供安全、开放的档案信息查询利用服务。

中国有"变则通，通则久"的古训，社会是不断发展的，只有紧跟时代发展的步伐，根据时代发展的需要，引进创新服务理念、先进技术，升级服务系统，改善服务态度，使档案服务工作与时代需求接轨，才能实现档案工作的更好发展，才能更好地服务于人民，服务于党和国家、社会和个人。

第四节　档案信息服务应用实例分析

一、档案网站与档案信息服务实例分析

档案网站是档案部门在互联的公共信息网络上建立的站点，它以网页方式提供相关信息和相关服务，构成公共信息网络的一个节点。档案网站建设是档案部门信息化建设的一项基础性工作和档案信息服务的重要手段。

目前，国内众多档案馆开设了档案门户网站，将档案信息按照一定的主题或分类法进行组织，提供 Web 浏览、查询、下载等功能，以此提供网络服务。

（一）美国国家档案馆网站建设实例

美国国家档案馆（National Archives of the United States）是美国国家级综合性档案馆，是美国保管联邦政府档案文件的机构，由美国国家档案与文件管理署（National Archives and Records Administration，简称 NARA）管理。

1. 网站上线

20 世纪 80 年代，美国国家档案馆率先创建了档案网站，网站具有政务指导职能和具体业务职能。档案馆网址初始为 WWW.nara.gov，后改为 www.archives.gov。网站经过多次改版，曾经有一级类目共 18 个，加上二级类目，总数近 200 个，体系完整，结构清晰，内容丰富。目前的一级类目主要有：文件检索、研究我们的档案、退伍军人服务档案、教师资源、出版物、访问我们、网上购物等。

2. 网站检索功能

网站上提供"搜索 NARA 网页"与"搜索 NARA 网站数据库"两种检索方式。

前者包括简单查询和高级查询，其中高级查询可利用全文、标题、URIJ 地址、关键词、图片链接、时间等字段实现多元查找；后者则通过五种特定数据库链接实现，即馆藏在线地址、缩微胶片的地址和说明、肯尼迪遇刺事件文件、联邦记录出版物、图书馆目录。

（二）上海档案信息网建设实例

上海市档案局（馆）于 1999 年正式上线"上海档案信息网"，网址为 www. archives.sh.en。上海档案信息网是档案部门参与政府门户网站建设，在政府门户网站框架内构筑起的，既是上海地区档案信息专业网站，又是上海市政府门户网站的重要组成部分。设有机构概况、领导简介、服务之窗、馆藏指南、珍品集萃、档案查询、史料园地、史话沙龙等栏目。主要介绍上海市档案局（馆）以及内设机构的基本职能、档案行政管理的政务项目、查档手续、全宗指南、开放目录、档案展览、馆藏史料、沪上掌故及馆刊《档案与史学》等。其中的档案查询服务功能支持利用者网上查询开放档案目录。

2012 年 8 月 25 日，新政版的上海档案信息网正式上线运行，它采用了新颖的设计思路，着重增加了档案与上海的文化元素，整合、优化了网站栏目设置，完善了网站功能，重新设计了页面风格和网站布局。新版上海档案信息网重点突出了珍贵档案展示、档案史料研究和网上展览等用户关注的城市记忆内容，增加了网站的专业性和文化性看点。栏目设置简洁、清晰，信息丰富，检索功能齐全，操作简便，便于读者查询和阅读。

二、档案论坛与档案信息服务实例分析

网络论坛是一个和网络技术有关的网上交流场所。一般就是大家口中常提的 BBS。BBS 的英文全称是 Bulletin Board System，翻译为中文就是"电子公告板"。BBS 最早是用来公布股市价格信息的，当时 BBS 连文件传输的功能都没有，而且只能在苹果计算机上运行。因为现在的网络知识流行太快，每个行业都有一个自己在网络中进行交流的一块区域，论坛是最好的地方。

档案论坛是中国首家档案管理专业指导网站——档案网创办的方便档案从业人员进行档案管理交流的网上社区。社区包括论坛、群组和博客三个部分。论坛主要提供档案资讯、档案理论、档案实务、休闲娱乐等服务，是档案人最温馨的家园。

河南《档案管理》杂志社主办的《档案界》论坛是一种典型的专业性网络论坛，也是档案界建设最好、人气最旺的网络社区，对整个档案界产生了重要影响。

（一）《档案界》论坛概况

《档案界》论坛是基于网络 BBS 功能建立起来的网络社区，是档案界的重要网上交流空间。它是在 2007 年 4 月由《档案管理》杂志社创办的。自创办以来，论坛成长迅速。

在内容上，《档案界》论坛自创办后便一直密切联系实际不断改进，在经过了几次大的改动后形成了目前基本稳定、略有调整的板块设置格局，涵盖了档案界理论、实践的各个方面及图情、历史等相关领域，还融入了一些文化休闲栏目。

（二）《档案界》论坛的档案信息服务功能

1. 传播档案信息和知识功能

《档案界》论坛完美地实现了档案信息和知识传播功能。从传播学角度看，互联网被视为功能强大的新媒介，媒体的首要功能就是传递信息，网络论坛作为网络虚拟社区的缩影，其传递信息的功能尤为突显，可以突破时间、地域的限制，传播速度更快，传播的信息量更大，传播范围更广。而且，它不仅传播主流意见，还给予了少数派传播观点的机会。《档案界》论坛作为一个重要的专业网络论坛，集合了网络论坛的诸多传播优势，是档案界内档案信息和知识的重要传播场所。论坛十个分区都在进行着档案信息和知识的传播，但首要的还是"资讯门户"，它包括以下五个板块，即行业新闻、国际视野、豫档信息、各地动态和媒体聚焦。

2. 交互功能

《档案界》论坛提供了一个供专业人员交流切磋的平台，体现了网络社区的交流互动功能。网络打破了时空的限制，让分布于全国甚至世界各地的网民可以随时登录同一个论坛参与讨论，扩大了交流的范围，提高了会话的参与度，极大地便利了档案界内外的交流和互动。交互功能是《档案界》论坛影响最大的一个功能，几乎渗透到了论坛的每一个板块。体现较集中的是六个论坛分区："理论与教学""实践与指导""杂志专区""图情、文秘与收藏""杂谈与人物""服务区"，它们各自代表了档案界的一个重要领域。"理论与教学"是高校档案学教师和学生参与较为集中的一个论坛区。他们在此交流教学经验，分享研究学习的心得体会，共享所拥有的学习资源，营造了良好的学习交流氛围；工作在一线的档案业务工作人员或指导人员也有一个属于自己的交流区——"实践与指导"板块，供他们在此交流工作经验，共议解决实际问题的良策；"杂志专区"便利了编辑和读者之间的交流，也促进了兄弟期刊之间的交流；"图情、文秘与收藏"则为图情、文秘、收藏爱好者等档案相关领域人员提供了一个专属的交流平台，也为档案界人士开阔视野、增长见闻提供了途径，体现了《档案界》论坛广阔的视域和开放的心态；"杂谈与人物"包括"档案杂谈""档案人""访谈与讲座"三个板块，有关"档案""档案人"的任何话题都可在此展开，其中，"访谈与讲座"为 2009 年新增，它开辟了在线交流的新领域。"访谈与讲座"板块由两部分构成：一为名家访谈，由一名采访者在线访问一位档案界的专家、学者；二为业务讲座，形式为在线文字讲解，会员可以和专家亲密接触，以文字在线提问，专家以文字在线解答。访谈对象和讲座主讲人限定为国内学术界有建树的档案名家、知名学者。"访谈与讲座"实现了广大档案人士和名师、专家的直接对话，反响很好。"服务区"包括"新手问吧"和"建议与投诉"两个板块，用来帮助新手使用论坛，处理用户的各种投诉和建议，它为用户和论坛管理人员的即时交流和互动提供了平台，有利于论坛的进一步完善和长远发展。

3. 资源共享功能

《档案界》论坛成为档案界资源共享的良好平台。资源共享是指网民将自己收集的一些资源通过网络平台与大家共享的过程。论坛用户可以分布在任何有网络的地方，他们掌握着不同的资源优势，而网络论坛为大家提供了一个互通有无、资源共享的良好平台。

4. 文化休闲功能

《档案界》论坛超越了"档案界"，成为档案相关人士文化休闲的园地。文化休闲强调满足休闲利用者的求知欲、好奇心和业余爱好，带给人们知识的增长和精神的愉悦。档案文化休闲指用户置身档案的文化氛围之中，获得相关知识的增长和精神的享受。传统环境下，用户利用闲暇时间到档案馆去查阅档案，满足求知欲，获得良好的精神体验是一种档案文化休闲。在网络环境下，用户足不出户，通过参与档案界的各类网络论坛，获得相关信息或问题的解答，得到精神上的满足，这也是一种档案文化休闲，而且是在时空上更为自由的一种休闲方式。

论坛中，"休闲娱乐"区和"档案史料大观"区集中地发挥着文化休闲的功能。其中，"休闲娱乐"是由以前的"文苑英华"板块改成的，名称的改变直接体现了对论坛休闲功能的重视。"休闲娱乐"区包括"原创之窗"和"美文转贴"两个板块，供用户在此展示自我，分享美文。"档案史料大观"区下设"馆藏珍品"和"影像志"两个板块，可以说是档案的网上展台。前者多是用户在此分享的珍贵档案图片，后者则是档案相关视频的汇集，并且由版主进行了详细地分类整理，形成了一个个如"档案馆室视频""档案业务视频""课堂在线视频"等的专辑。"档案史料大观"对档案相关事物给予了形象化的展示，为用户提供了一场又一场视觉的盛宴。在这个文化休闲日益受到重视的时代，《档案界》论坛在档案文化休闲中必将扮演更加重要的角色。

《档案界》论坛具有专业性、实时互动性、广泛参与性等特点，体现了信息和知识传播、群体互动、资源共享、文化休闲等功能，是档案界兼具知识性和文化休闲性的重要网络论坛。随着论坛建设的逐步完善和用户参与度的进一步提高，《档案界》论坛将在迈向以知识的创造和共享为目标的网络知识社区道路上走得更远。

三、移动应用与档案信息服务实例分析

移动应用 Mobile Application 的缩写是 MA。广义移动应用包含个人以及企业级应用。狭义移动应用指企业级商务应用。移动应用较之计算机、WAP 渠道优势明显。它具有不受时空限制的、从容的交互方式、产品服务调整灵活、开发成本较低、开发周期短等优势。以移动应用为目的上网人群正快速增长。目前移动应用还在蓬勃发展，开发前景广阔。移动应用不只是在手机上运行软件那么简单，它涉及企业信息化应用场景的完善、扩展，带来 ERP 的延伸，让 ERP 无所不在，通过广泛的产业链合作为用户提供低成本整体解决方案。

（一）国内移动应用在档案信息服务中的应用实例分析

目前，国内档案机构开发及提供的移动应用虽然数量还不多，但是已经有了一些实例。

1. 武汉档案手机档案信息及文化推送系统

武汉档案手机档案信息及文化推送系统是武汉市档案馆开发提供的。它可称得上是我国首个由综合档案馆推出的真正的档案信息服务移动应用，是真正基于馆藏档案信息向社会提供档案信息服务的系统，向社会提供武汉市档案馆开放解密的历史档案信息。

该移动应用的封面与使用界面图片精美、颜色厚重，具有档案特色。一打开程序，一股浓厚的历史气息便扑面而来。

该移动应用提供订报、阅读、查询、互动、设置五个服务模块，对外可实现面向所有市民的解密历史档案订阅及阅读功能，对内可实现内务推送功能，方便档案馆内部日常工作。可供订阅的信息类别包括档案文化、珍档荟萃、江城印象、名人留踪、相关报纸、相关杂志六类。互动板块用于与利用者进行交流互动。

该档案信息及文化推送系统开创了国内档案信息服务领域移动应用的先河，极大地减少了档案服务障碍，是构建未来手机档案馆的有益尝试。由于各大移动应用商店分类缺乏"档案类"，该移动应用程序在 App Store 归为新闻类。

2. 广州市国家档案馆移动应用程序

广州市国家档案馆移动应用程序是广州市国家档案馆开发提供的。该移动应用程序主要向社会介绍该档案馆建筑的基本情况，并为该馆的档案展览提供语音导览。它主要包括以下四个部分。

一是对广州市国家档案馆场馆概况进行介绍。二是对广州市国家档案馆在馆内开办的档案展览提供语音导览。三是为来馆参观者提供场馆地图，让参观者在参观过程中了解馆内空间全貌。四是为来馆参观者提供场馆攻略。包括参观须知、团体参观预约服务、交通指引、该馆工作时间和联系方式。

广州市国家档案馆是近些年档案馆新馆建设的典型代表，体现了我国档案馆走出政府机构的深墙大院独立建馆，面向社会大众提供信息公开、公共服务和文化服务并满足社会公众文化学习和休闲观光等多种需求的发展趋势。广州市国家档案馆移动应用程序就充分发扬了这种发展趋势，将该馆作为一个旅游景点和文化景点介绍给社会公众。该移动应用程序在 App Store 归为旅游类。

（二）国外移动应用在档案信息服务中的应用实例分析

我们以美国国家档案与文件署（NARA）开发的移动应用程序为例看移动应用在档案信息服务中的应用。

NARA 顺应移动应用的潮流开发了查询和阅读档案信息的、适用于 iPhone、iPod Touch 以及 iPad 的移动应用程序，并在苹果应用商店上提供免费下载。

1. 今日文献

《今日文献》（*Today's Document*）更确切地用中文表述可以译为"历史上的今天"，是美国国家档案馆的网络信息品牌产品。它以美国国家档案馆馆藏为基础，以互动画廊的形式，按照 365 个日期发布短小的美国历史故事及有吸引力的文档和照片。这些故事、文档和照片源于国家档案馆馆藏，具有教育意义并且使用方便。其中既有重大历史事件的回顾，也有百姓生活的体现。《今日文献》被做成了 RSS Feed，同步发布在 Facebook、博客、Tumblr、Twitter 上，还在安卓市场（Android Market）和苹果应用商店等移动应用上推出。

《今日文献》突破了档案馆传统的查档、咨询业务，创造性地开发了馆藏档案信息资源，以按日期时序进行档案展览的方式向社会普及历史知识，起到了良好的社会教育作用。

2. 教师文献

《教师文献》（*DocsTeach*）帮助用户使用保存在美国国家档案馆的文献信息，从而有助于用户理解过去的故事、事件和思想。用户可以选择一个历史主题，然后挑战《教师文献》设计的任务（activity），或是到一间"教室"里找到专门为自己设计的任务，而后使用 DocsTeach.org 网站提供的代码完成这些任务。

第七章　大数据环境下档案创新性编研

第一节　基于大数据环境下档案编研工作现状

　　档案编研工作是以馆（室）藏档案资料为主要物质对象，以主动提供或公布档案信息内容满足社会利用为主要目的，在深入研究档案内容的基础上，按专题对档案文件进行收集、筛选、加工，使之转化为不同形式的编研成果的一种专业工作。

　　以往档案编研工作多以纸质材料为基础，辅以人工分析，并在一定范围内传播利用。多年来，档案编研较好地支撑了相关工作。随着大数据时代的到来，数据挖掘、数据分析、大数据开发等多项技术手段不断涌现，给档案编研工作带来了新的发展机遇。也对档案编研的开发和利用提出了更高的要求。值此历史契机，我们应顺应大数据时代和档案工作发展趋势，提出档案编研多种发展途径，促进档案编研逐渐走向"大编研"，充分挖掘其潜在价值并提供更优质、更广泛的服务。

一、大数据环境下的档案编研工作

　　目前，大数据时代档案编研工作的含义在档案界众说纷纭，并没有通行的专指概念，但是其主要的中心思想都是在传统档案编研理念的基础之上融入数字档案的特点与相关技术，从而得出各自的含义。

　　黄艳认为："档案编研，是应主客观需要对文件内容进行分析研究，按照一定的选题，将相关文件信息加工、编辑成各种形式的编研成品的业务工作。它基于信息的可加工性，把文件从相对冗余、分散、无序状态变为精练、集中、有序状态，使零散信息加工成高附加值的有效知识产品。"[1]

---

① 黄艳.数字时代档案编研形态刍议[J].湖北档案，2015（02）：29.

根据档案编研工作的概念，结合信息时代的特点，我们可以将大数据时代档案编研工作定义为：以档案信息内容为首要的处理对象，将计算机作为主要的媒介工具，在网络传输技术、信息检索技术、视音频压缩技术、存储技术等高科技的辅助下，结合传统档案编研工作的内容，将档案信息在研究、加工等环节的基础上按照特定的主题分类、汇集、编排，进行数字化处理，最后通过各类媒体传输给受众的工作。

大数据时代为档案编研工作提供了一个信息传播、传输、接受的虚拟平台，因而编研成果内容的数字化、传播媒介的数字化、获取方式的数字化是档案编研工作与时俱进的体现。

二、大数据环境下档案编研工作的特点

（一）开放集约

开放集约除了体现在成果共享之外，主要表现为以下两方面。一是信息收集方式。大数据时代无处不在的信息传播途径为档案编研人员提供了多样的信息来源，除了获得相关专题的前沿信息和学习最新研究动态之外，利用信息捕获或检索技术可以搜获并筛选各类零次信息、一次信息，达到扩充档案编研素材的目的。二是从目前各级档案馆（室）开展的档案编研实践看，开放的网络空间为档案编研人员提供了跨地域合作编研的条件，传统的条块式分割以及档案资料的分散性使得以往的编研工作进程大都花费在搜索材料这一步骤，跨时空的合作亦如分工协作使效率最大化，各自发挥优势。

（二）高效灵活

大数据时代，网络具有较强的时效性、实时性、及时性，因而大数据时代的档案编研工作能够在时间、服务成本上节省预算。在流媒体技术与海量存储技术的帮助下，档案编研中的数据整合分析、视音频的下载和压缩上传、文字的排版等都更趋于规范，因而不必再像传统编研那样担心在人工整合过程中使数据丢失、视音频因压缩而画面不清，或是为追求准确而投入大量时间等问题。从档案编研成果的共享方式来看，成果一经复审合格后即可直接上传至各大媒体，而传统的档案编研成果大多在问世之前都需要经过印刷、运输、上架等中间额外环节，时间成本是巨大的。

在大数据时代，档案编研者与利用者同为网络的受益者，都处在信息流的交点的位置上，通过 Web2.0 版本下各类媒体就可以即时地获取信息，因而能够提高编研的适用性。

（三）成果丰富多样

传统的档案编研成果通常以文字、图片的纸质印刷为主，在网站或订阅号公布的流媒体内容也有限，种类与画面质感均差强人意，外在表现与传输方式的局限性无法吸引大量的关注。网络编研通过网络编辑技术进行编辑处理，保存在光盘、磁盘等介质中，把单一的文字、声音、图像通过流式传输的中间软件转换为形象立体的档案信息，类似于一种多种数据类型的综合性设计的档案信息，这样就能够充分调动人的感官，满足使用者的欣赏力与鉴别力。

以上海静安区档案馆虚拟展厅为例，其所展示的档案编研成果大多数来自区档案馆馆藏以及区党史、地方志资源，主要以中华老字号、南京西路 150 年、名人厅三个主题为主，其中多数影像资料、手工艺实物来自区属老字号企业国宝级专家的制作和抢救性拍摄，后期配以生动的解说。静安区档案馆通过现代技术手段，将这些宝贵的档案、史志文化资源在网络上进行传播，较为真实、客观、生动地展现了静安的历史文化，使社会公众足不出户就能够了解静安，走进静安。

三、大数据环境下档案编研工作存在的问题

（一）应用范围窄

档案编研工作者基本上只是满足于编研任务的完成，对编研成果的利用、传播、推广普遍重视不够。例如，目前大部分单位每年都编辑出版年鉴，但是这些年鉴基本上都存放在单位中，而学校网站、招生就业宣讲等对外宣传活动很少会利用年鉴资料，社会外界也很少会想到通过查阅年鉴了解一个单位的基本情况。总体来说，档案编研成果大多不为人所知，传播范围也相当有限。

（二）易受网络弊端影响

一是安全因素。大数据时代的档案编研成果与因特网紧密连接，人们可以随时登入网络，进入相关网站查询所需内容，这就为病毒和黑客提供了损坏档案编研数据的可乘之机，就可能使得远程终端的存储服务器出现不可预料的故障，或使编纂内容遭到破坏，导致信息传递失真、丢失等。

二是数字档案本身的缺点。大数据时代档案编研成果通常以数字档案的形式传输、展现，在数字档案系统中进行保存。那么，在系统的调取、读取的过程中可能出现丢失、读取失败等现象，或是因数字档案管理软件、系统升级故障等非人为原因，使数据无法及时备份，造成编研成果的损失。

（三）区域发展不平衡

一是由于经济水平上的差距，经济欠发达地区缺乏档案编研所需的基本设施和技术，不能与大数据时代的科技水平同步；二是多数地区虽然开展了档案编研工作，并配备了相关的人员和基础设施，但编研过程仍然比较粗糙，呈现出编研实力的不平衡。

一些编研工作停留在初级阶段，千篇一律，缺乏地方特色，缺少具有深度的档案编研成果，多媒体式的声像立体展示工作呈现效果欠佳。许多单位从编写参考工具和参考资料这类基础的机械性工作整理做起，编研成果多数是大事记等传统类别，或多为原始档案的复制整理、浅层的加工集合。

（四）缺少档案编研素材

类型多样、题材丰富的馆藏档案是进行档案编研工作的必要储备，但就目前综合档案的现状来看，文书档案占绝大多数，口述档案、声像档案匮乏，馆藏结构不合理，档案编研素材征集工作并未与大数据时代的网络接轨，与外界的需求交流甚少，微博、微信等公众平台流于形式，未充分利用好 Web2.0 所赋予的优势与便利，因而限制了编研的选题范围。

第二节　基于大数据环境下档案编研工作的意识创新

随着新经济产业的发展，档案编研工作出现了一些错误的观念，如认为档案编研为"边陪""边缘"事业，是"小众化"群体从事或利用的工具，或认为档案编研工作正在走下坡路等。一名合格的档案编研工作者应该针对大数据时代下的档案编研工作树立正确的档案编研工作意识并加以创新，以实际行动说明，没有夕阳产业，只有落后的意识。创新是一个民族的灵魂，是一个国家兴旺发达的不竭动力。只有不断挖掘，勤于思考，坚持学习与创新、继承和发展相结合，才能确保档案编研成果与时俱进。

一、功能意识

档案编研工作的功能意识就是根据现代社会需求把档案转变为传媒需要的意识。大数据时代档案编研成果不仅在档案编研的内容方面改变了过去选题单一、内容过窄的局面，还在作用上逐渐改变档案编研活动只为政治服务的单一目的。社会生活包含了诸多方面，档案编研成果的功能通过数字化的形式最大化，是充分发挥档案价值的体现，是变为"活档案"的有效过程。

除了档案编研成果的基本功能，如汇集档案、传承档案中蕴含的历史文化之外，大数据时代还赋予了档案编研成果新的附加功能。例如，在每一个值得铭记的历史时刻警醒人们、教育公众。以中国档案资讯网的"档案公布"专栏为例，网站持续向社会公布了一系列历史主题鲜明、内容类型多样的档案编研成果。该网站通过对中央档案馆、南京档案馆、上海档案馆等馆藏资料的收集、整理以及研究，形成重大历史事件档案编研成果，如侵华战犯笔供、中国受降档案等。这些档案编研专题均向人们讲述了过去令人心痛不已的历史，一张张照片、一段段视频对于人们内心的震撼与洗礼经久不息。值得借鉴的是，中国档案资讯网这类优秀编研成果的数字化呈现不仅满足了历史需求，展示了动荡年代的民不聊生、伪政权的残酷统治，又为影视拍摄、教学准备等提供了真实而又珍贵的历史画面，满足了多方面的社会需求。

另外，档案编研成果配合地方政策，双管齐下，可以发挥文化、娱乐、咨询服务功能。例如，宁波市近来以"书藏古今，港通天下"的标语争创国家旅游休闲示范城市，宁波素来以人文积淀丰厚、历史文化悠久而著称，宁波市档案馆在此背景下开展了"甬城老味道""古村遗韵"等一系列"宁波记忆"档案编研专题，并在微信公众号、微博、旅游局官网上公布，向社会各界展示了宁波记忆中的"老味道"。此举与旅游结合，编研成果犹如一份城市游览指南，更好地发挥了编研成果的多项功能。

二、个性化服务意识

大数据时代的档案编研内容在特色意识的基础上要更加注重个性化定制服务。社会中每一个群体或个体都具有不同层次的需求，要根据其职业要求、兴趣爱好、身份地位等差异，从不同的渠道收集特定的素材，整理、加工成个性化的档案编研成果，从被动查阅向单向主动传递发展，以提供专业、丰富的定制服务。

个性化的档案编研能够汇集某一类利用者的集中关注，不仅能够节省利用者的时间、精力，还有利于某一类型的专门档案的完善，并带动相关行业的发展。由艺术评论家张海涛创办的"艺术档案"网就是其中的佼佼者，不仅在时下流行的各类社交平台设立公众账号，其基本内容除了实时推送各类中外艺术相关资讯外，还专注于系列专题艺术档案编研成果的展示，以图片和影像的方式，结合艺术个案的讲解向人们生动地诉说了各类艺术档案的普世价值以及艺术家们的现代化审美观念。这类独树一帜的艺术档案编研成果展示能够非常准确地迎合艺术爱好者、艺术从业者等相关利用者的需求，同时起到记录、传递艺术思潮和艺术生态圈的作用。

三、特色意识

树立特色意识，打造精品编研成果，使大数据时代的档案编研工作更好地融入市场经济是档案编研成果社会化的一个契机。

（一）加强对档案编研成果的包装

根据档案馆的实力和馆藏选择合适的档案编研题材，编研出一些与当地特色相配合的品牌成果。以天津市档案馆为例，其将传播档案知识、弘扬优秀档案文化作为宗旨，根据天津别具一格的特色编研了以沽上风情为主题的档案，如图7-1所示。其分类几乎囊括了天津的全貌，历史、人文、工业、交通应有尽有，可以说是一部微型的天津百科全书。同时网站以立体化、多元化、可视化的形式向全国乃至世界展示了天津的人文风情，视频内容丰富多彩，将三维动画、专题等融会贯通，达到了内容包罗万象的效果，起到了有针对性地宣传和推荐的作用。

图7-1　天津档案网"沽上风情"专栏

（二）加强档案编研的特色研究

在政策法规允许的条件下，编研工作者要善于把握广大用户的需求，充分抓住档案资源中的优质内容，给档案编研成果添加特色，以吸引用户。以中国第一历史档案馆的清史工程为例，为了更好地让历史服务于人民，该馆对大量清代历史资料进行编研，公布了许多不为人知的历史故事，向人们普及了诸多如文书、典制等清代档案知识，以及客观地讲述了清代宫中的故事，揭秘了具有神秘色彩的皇家轶事，从而真实再现了清代时期的社会现实和风土人情，以此吸引大量对历史感兴趣的用户。我们从"精品展台"和"成果展示"中均可以看出中国第一历史档案馆对于打造精品档案的用心和精雕细琢的档案精品意识。另外，随着馆藏整理与数字化工程的推进，他们逐步推出数字化工作成果，建立部分清代题本以及乾隆《京城全图》、朱批奏折档案数字化目录公开查阅项目，近日军机处汉文录副奏折档案首批目录也将进入公开查阅程序，使得现有馆藏能够更好地为社会各界所利用。

第三节　基于大数据环境下档案编研工作的实践创新

档案编研是档案管理人员利用档案原件进行的二次劳动。在档案编研信息的开发、利用过程中，档案人员拥有较强的主导性，编研意识的创新引领着实践的突破。实践创新并不一定是石破天惊式的转变，更多的还是要从基础做起，要从编研题材、充分利用网络优势入手。

一、充分搜罗网络资源进行网络编研

网络时代，网络为用户提供了全天候在线的服务模式，检索途径多样，用户可以根据自己需求以及能力选择合适的检索方式，同时网络也能提供原文或参考文献链接，方便用户进行深入研究。

数字化的技术、软件、思维不仅给档案利用者带来了简便、快捷的途径，也给档案编研工作者带来了福音。

（一）编研者与利用者交流可以开阔选题思路

在大数据时代，编研工作者通过网络可以在定题选材时，广泛地搜集大众所需的资料。这样编者也可避免工作的盲目性，达到双赢的效果。以北仑档案网为例，其专门设有"民众互动"一项，又细分为回音壁、在线调查、在线征集、局长信箱、我要捐赠等栏目，该网站在我们浏览的众多同类网站中，在与档案使用者互动方面比较完善，使此项设置真正发挥了作用，而不只是作为摆设。

（二）通过网络检索所需资料

许多档案馆自建了专题数据库，包括数值库、事实库。通过网络查询其他档案部门、图书馆、博物馆等所保存的相关原始信息，档案编研工作者可以通过在线阅读、邮件发送原文、全文下载的方式获得所需内容，这极大地缩短了搜集素材所需的时间。

（三）充分利用社交网络平台

社交网络正成为内容创作、情感交流、信息分享的重要媒体，Web2.0 版本新增的移动档案馆、微博、微信在档案工作中的应用，一方面能够提供便利的服务，及时掌握公众的需求动态，另一方面还可以成为协同合作的方式与渠道。以美国国家档案馆的"公民档案工作者"项目为例，该项目就是将部分开放的档案信息资源发布在Twitter、Facebook 等社交媒体平台上，使具有相关专业背景的网民自由地对这些资源进行条目编辑；新加坡档案馆也有类似的公民参与项目，使档案资源充分发挥价值，走进人们的生活。

二、由基础的实地编研走向主体联合编研

档案编研必须打破传统馆藏的物理概念，树立资源共享理念，采取跨部门、跨地区、跨领域的合作编研方式，实现档案编研的社会化。

社会化编研除了传统方式中与图书馆、情报机构合作的范例外，还有以下几种方式。

（一）聘请相关领域专家顾问

专家往往是某一领域具有较为全面知识的权威人士，或是对该领域发展具有真知灼见的学者。大数据时代档案编研的类型多种多样，展示形式可以丰富多彩，因而涉及的领域更加广泛，这就为专家顾问的联合协助提供了前提。例如，丽水市档案局在2016 年 4 月召开了档案编研征集顾问座谈会，并邀请了地方史专家毛传书以及收藏家陈红龙等参加会议。会议上，各位专家对丽水现今的档案编研工作提出了诸如线索征集、筛选等建设性意见，为档案编研工作者提供了极大地帮助，推动了丽水档案编研工作朝着更专业的方向前进。

（二）馆际之间的合作

馆际之间的合作具有较强的人员专业性、素材真实性和相对完整性，官方出品影响力也会更为深远。以广州十三行为例，广州十三行是指清代清宫广州十三行档案，是对清代广州商贸活动的原始记录，其时间跨度始自顺治八年，止于宣统三年，包含

了整个清代十朝皇帝执政期间的所有机要秘案。这部分档案时间跨度长，内容繁杂、零散，广州市档案馆、广州市荔湾区档案馆联合中国第一历史档案馆，三方共同开发这部分历史档案，提高了广州作为著名商埠的国际地位，也实现了大数据时代档案编研成果服务社会的目标。另外，广州十三行档案文献及研究中心在建立研究清代广州十三行的信息交流平台的基础上，对国内外有关该阶段的各类档案进行编研，建立了相应的广州十三行档案信息网，发布有关的档案编研成果，顺应了数字时代的发展趋势。

（三）与企业佼佼者合作

例如，《清代档案文献数据库》是中国第一历史档案馆与北京书同文数字化技术有限公司合作完成的。中国第一历史档案馆提供丰富的第一手资料和丰富的研究成果，北京书同文数字化技术有限公司提供先进的软件开发技术，强强联合，互利共赢，共同推出了这一经典之作。

三、建立档案编研成果数据库，拓宽宣传渠道

（一）建立档案编研成果数据库的意义及方法

建立档案编研成果数据库是顺应信息化发展的必然要求，网络是联系电脑客户端利用者与终端服务器编研成果的纽带，将成果数据库上传至云端等公众可以快速获得访问权的虚拟空间，这有利于编研成果更好地发挥现有价值，节省利用者的时间，而不再像以前一样为了查找某一专题而到处检索、筛选。

现今比较成熟的档案编研专题数据库，如云南省档案信息网公布的有关滇军抗日阵亡将士、南侨机工、云南陆军讲武堂等名录以及少数民族专题数据库，其中不乏云南少数民族珍贵的口述档案。若将类似档案编研成果汇集，以数据库的形式展现给广大利用者，会裨益良多。

建立数字档案编研成果数据库的方法有两种。一是逐步深入，量力而为。在建立数字档案编研成果数据库时，要多结合本馆的实际情况，如果经济、技术条件不完善，可先考虑建立编研成果目录库，切忌蚍蜉撼树。二是档案编研成果数据库要具有易用性，设置多元化的档案检索方式，如人名、地名、主题词、作者、时间等多项检索功能，扩展检索表达式的组配选择。此处再次以《清代档案文献数据库》为例，该数据库提供了强大的全文检索功能，可对字与字之间、句与句之间进行查检。另外，还提供汉字关联检索，在全文检索系统内设定了诸多古文常用的语法现象，如简繁、通假、正讹、避讳字等各种汉字联系，更加智能化，以此给利用者查找提供方便。

（二）拓宽档案编研成果宣传渠道

有效的宣传渠道可以对档案编研活动起到锦上添花的作用。

1. 利用受众获取网络信息的途径，在搜索引擎、数字图书馆、学科信息门户等进行宣传。一些专业的搜索引擎，如我们熟悉的 Google 的图书搜索、学术搜索，百度的音乐搜索，档案编研可以与搜索引擎开发商合作，推出专门的档案编研频道。数字图书馆是一种馆藏以数字化格式存储在电脑并可以访问的图书馆，与传统图书馆相比，数字图书馆可谓是信息检索系统，档案编研成果进驻数字图书馆无疑也是一个不错的选择。

2. 新兴网络媒体，如微博、微信、微视的蓬勃发展，为大数据时代档案编研成果的普及开辟了广阔的平台。相比微博、微视，微信的实时关注群体较多，微信耗流量最低，基本上综合了时下所有社交软件的功能，使用方便；对于公众号所有者来说，微信的传播成本较低，传播时效性强，功能多，推送平台支持多种客户端登录，因而此处以微信为主要示例对象。

截至 2016 年 1 月 21 日，以"档案"为关键词在微信公众平台进行搜索，现有125 个通过认证的档案政府机关微信公众平台，所属单位包括国家、省、市、区、县档案馆以及高校档案馆。这与截至 2011 年 4 月 23 日的 14 个相比，其增量是可观的。

为了更加直观地表述，笔者以微信订阅号的界面内容、历史公布消息、微服务体验为标准，选出以下 6 个具有代表性的公众号，包括中央级国家档案馆、省级档案馆、市级档案馆、高校档案馆、杂志社的官方账号，进行对比，具体信息如表 7-1 所示。

表 7-1　6 个具有代表性的档案公众号

公众号名称	类　型	所属单位	服务内容	特　点
中国档案杂志	订阅号	中国档案杂志社	行业前沿、创新案例、文史博览、新闻集萃	更新维护及时，关注度最高，图文并茂，设计档案类型丰富
江苏档案	订阅号	江苏省档案局	电子文件管理知识、查档服务、专题档案编研内容荟萃	每周更新三次以上，以名人档案和家庭档案为主，多专题连载，图文并茂，内容紧贴时政和人民生活，受众群体广泛
嘉兴档案	订阅号	嘉兴市档案局	嘉兴记忆、网友晒宝、微服务	编研专题有特色，更新速度快，内容丰富，微服务详细具体

公众号名称	类　型	所属单位	服务内容	特　点
天津市档案馆	订阅号	天津市档案馆	专题展览、微服务、信息公开	多媒体形式丰富，专题性强
皇史宬	订阅号	中国第一历史档案馆	近期热点、档案撷英、微服务	属明清档案的专题资料库，运营时间短（试运行阶段）
同济大学档案馆	订阅号	同济大学	馆藏精粹、网上利用、业务咨询	馆藏精品，编研成果，校史文化定期发布，档案与校史结合，受众单一

　　从表7-1中，我们可以看出以上6个微信公众平台的现状。总体而言，基本的服务内容均比较完善，能够顺应网络时代的档案编研工作的发展趋势，内容丰富，紧贴时下热门的话题，并能公布一些百姓们感兴趣的历史编研专题。例如，宁波市档案馆推出宁波记忆，其中包含古村遗韵、古桥风韵、兰台故事、名人档案编研等内容，让人们感受到了宁波悠久的古城文化和深厚的人文素养；同济大学档案馆推出"微巡展"——同济大学校史图片展、战火中的同济大学、同济长征、追忆等系列专题，向师生们展现了百年同济的沧桑变化与历史积淀。

　　另外，查档服务愈发趋向微服务，如设立查档须知，查档的形式也细分为自主查档、就近查档、预约查档，并且有些公众号还设置了档案讲堂，帮助读者学习档案知识，让档案管理走进家庭、走进生活，使档案常识深入人心。

四、加强档案资源建设，拓展档案编研题材

　　传统的档案编研主要是汇编、文摘、史志等，并不能够充分实现馆藏价值，而且通常只起到提纲挈领式的线索作用。由于受到上传、下载、编辑技术等客观条件的制约，珍贵的口述档案、实物档案并没有走进人们的认知范围。现有的馆藏内容实际上是十分丰富的，因而要加强资源建设，挖掘内部现有的各类档案信息。

（一）编研题材要具有实用性

　　我们要时刻关注政府时事信息，选取与民生息息相关的话题，关注政府聚焦的中心议题，把握时政民生，才能更好地发挥编研成果的资政价值。这方面在档案界可以起到表率作用的是中国档案资讯网的"热点专题"专栏。网站工作人员能够及时地汇集时下热议的话题，如全国两会、纪念五四运动100周年、中华人民共和国成立70

周年大阅兵等专题，在聚焦当下热点的同时，链接以往的相关专题编研，这充分体现出了政府档案服务对象的大众化，档案编研协助政府服务民众，帮助传播正确的思想、价值观。

（二）发展多元题材

档案馆的档案编研成果存在相似、特点不突出的现象。在大数据时代，在充分挖掘档案资源的同时，档案馆要着重建立特色档案，如名人档案、口述档案、声像档案等多元化档案类型，并在此基础上编写地方志、名人故事、风土人情，在大数据时代背景下有助于形成地方特色。

以丽水的多元化档案题材为例，2014年丽水信息网在线播放了丽水"口述档案"采集工作进展。丽水市档案局近期正着手寻找历史见证者，帮助事件当事人以录音、录像、照片等形式记录历史。丽水在线通过播放口述档案采集工作，宣传了丽水市档案局工作，同时丽水口述档案作为现存文献的有益补充，让更多的人了解了口述档案，还原了历史真相。丽水下一阶段的档案编研工作重点是，在进一步做好细菌战口述档案的同时，开启"抗美援朝英雄"系列口述档案的录制工作。

总而言之，大数据时代档案编研工作是档案馆主动开发档案信息资源，进行档案信息建设的一个重要环节。大数据时代的档案编研成果是一种知识结晶，档案记录了历史的过往、劳动人民的智慧，同时人们也要从中汲取知识与经验，工作人员如何通过各类渠道将编研的成果惠及广大人民群众是时下档案工作的热点问题。尽管当前数字档案编研工作还存在一些问题，但只要我们加强对数字档案编研工作的创新研究，学以致用，深化档案编研多边合作，就能够不断推动档案编研向好的方向继续发展。

第八章 基于大数据环境下档案工作的终端——智慧档案馆

第一节 智慧档案馆概述

一、智慧档案馆的定义

我们知道，档案馆是"统一保管党和政府机关档案的管理部门……是党和国家的科学文化事业机构，是永久保管档案的基地，是科学研究和各方面利用档案史料的中心。"[①] 因此，无论档案馆"智慧"与否，首先都不能脱离档案馆的总体定义。从管理对象来看，智慧档案馆所管理的依旧是国家、社会和人类重要的活动记录；从职能来看，智慧档案馆仍然需要收集档案、管理档案、提供档案利用、传播档案文化、推进档案事业发展。

因此，本质上智慧档案馆是从属于档案馆概念之大类的，仍然满足档案馆定义及其相关内容。但不同的是，如上文所述，第四代档案馆被定义为"智慧档案馆"，也就意味着，它身上还具备了"智慧"的相关特征。因此，笔者认为，"智慧档案馆"的定义，还应从其"智慧"的角度来考量，即：智慧档案馆是通过综合如云计算、物联网等多种技术手段，具备进行感知、存储、联通、辨别、分析、决策、创造等多种功能，拥有独立管理和运作的能力和模式，进而对整个国家、社会和人类的档案（及补充材料）进行保存、管理和提供利用的开放式档案馆。

"具备进行感知、存储、联通、辨别、分析、决策、创造等多种功能"指的是，通过某些技术手段达到拟人化的智慧功能。比如，通过物联网技术，档案馆可以自动

---

① 冯惠玲，张辑哲.档案学概论 [M].北京：中国人民大学出版社，2001：84.

感知到每一卷、每一页档案进库、出库，乃至随后利用的整个过程，并伴随档案的整个运动过程，产生相应的信息，供管理者和利用者使用。又如，通过云计算技术，全馆、全地区所产生的所有数据、档案信息可以互联互通，打破传统意义上馆际之间的数据围栏，甚至是消除档案馆与国家其他部门之间的数据鸿沟。再如，通过大数据思维，我们可以利用档案馆内有巨大价值的档案信息，对某些问题进行自主决策，再从中创造出新信息。

而"智慧"的特性之一在于"独立"，因此针对上述人性化功能，要求智慧档案馆应"拥有独立管理和运作的能力和模式"，即由各方面的技术和平台支撑，使之可以独立实现上述各项功能。如若档案出入库仍需要档案人员人工扫描，从功能上看似也实现了感知的功能，此时却不能说它是"智慧"的，因为它并没有独立管理和运行。

实际上，智慧档案馆与传统意义上的档案馆并无本质区别，它仍遵从于档案馆的一切性质、基本职责和具体任务。因此，智慧档案馆也承担着"对整个国家、社会和人类的档案（及补充材料）进行保存、管理和提供利用"的职责和任务，但不同的是智慧档案馆是一个"开放式档案馆"，它的开放之处在于以下三点。

一是技术开放。当前学者对于智慧档案馆的技术认知，集中于"物联网"和"云计算"二者之上。但事实上，智慧档案馆中"智慧"的实现不仅仅也不可能只局限于这两个技术之上，反而是一切可以使之"智慧"的技术手段的集合。这样的集合中，不仅包括物联网或云计算这样的新兴技术，还应包括先前已应用于档案馆中的技术以及尚未被开发的未来技术。换句话说，只要是可以使档案馆智慧化的技术手段，都能为己所用，并不是说只有运用了物联网、云计算的档案馆才能是智慧档案馆。

二是资源开放。智慧档案馆可以打破传统意义上馆际之间的数据围栏，甚至是消除档案馆与国家其他部门之间的数据鸿沟。此外，资源开放同时意味着公开、分享档案的权限开放。随着"档案记忆观"的兴起，人们越来越多地意识到档案馆不能仅保存自上而下的声音，还应更多地重视自下而上的反馈声音。而这些自下而上的声音中，最真实的也许是公民自己手中的档案。随着公民档案意识的不断增强，人们更愿意与他人分享自己手中珍贵的档案。这就意味着，档案部门难以还原历史全貌的部分，将由公民自主完成。在某种意义上讲，每个公民都是历史的亲历者，都是档案的生产人。

三是可持续发展模式。这是智慧档案馆中最重要的"开放"之处。智慧档案馆的"智慧"不仅在于吸收各方面的档案信息，而在于管理这些信息的同时，还能不断产生新的信息供档案管理人员和档案利用者所用。这样的模式可实现档案馆在档案信息方面的可持续发展，如同智慧人类吸取着方方面面的信息和知识，再创造出新知识一样。再有，传统的档案部门是收集固定档案资源的部门（每个档案馆都有自己固定的接受范围），而智慧档案馆对公民权限的开放，意味着档案馆成了更全面地记录国家、社会和人类原始记录的宝库。来自公民的资源之多且不断不绝，使得档案馆资源宝库能够实现可持续发展。

二、智慧档案馆的特征

通过上文对智慧档案馆概念的分析，我们对智慧档案馆是什么有了大致的了解。但这样的档案馆具有怎样具象的特征？下面，笔者将结合智慧档案馆的定义，对其所可能具备的特征进行分析。

智慧档案馆依据新加入的技术和管理的新思维、新模式，凸显了智慧档案馆的五大新特征，即深度感知、立体互联、无线泛在、可持续发展和以人为本。这几大特征中，有些是基于技术，如物联网、云计算的实现而逐渐展现出来的；有些是由另一特征演变而来的，是智慧档案馆特征间相互作用、相互影响的结果。

（一）深度感知

在"智慧"的定义中，我们可以看到感知功能排到了首位，感知是档案馆工作拟人化的首要特征。也正如杨来青所说："感知是智慧管理第一要求。"[①]

这里的感知，包括感知档案实体本身、感知档案上附着的信息、感知档案管理人员、感知档案利用者、感知档案馆楼宇等。总体而言，档案馆的感知系统表现出的是对档案馆中存在的人与物的全面的和深度的感知。它不是感知档案馆内的局部或部分信息，而是"感知"的全面覆盖，全面汲取档案馆内各个角落中的有用信息。它有别于传统档案馆信息碎片化管理，转而将碎片信息感知集中于一体，并进行智慧化的整合和衔接，从而实现对信息的全面利用。

档案馆作为国家最为重要的保存社会原始记录的重地，不仅承担着"维护历史的真实面貌"的职责，还需要"为现实的社会主义现代化建设和历史的长远需要服务"。这就要求档案馆开阔视野，摒弃以我为大的思维。除了对馆内展开全面深入的感知之外，档案馆还应对全社会的信息有所感知，并能满足全社会建设发展的需要，真正在馆内及全社会中实现档案工作者与档案、档案利用者与档案、档案与档案、档案与

---

① 杨来青，徐明君，邹杰.档案馆未来发展的新前景：智慧档案馆[J].中国档案，2013（2）：69.

馆、馆与馆、馆与全社会等全面深度的感知。

（二）立体互联

智慧档案馆有了全面深度感知的信息和模式，还应进一步网络化才能使之发挥更大的功效，这就需要全方位、立体的互联互通。

在形式上，立体互联不仅表现为打破馆内现有的模块化管理模式，还要实现馆际之间的互联互通，甚至是档案馆与社会其他部门之间跨行业的互联。具体包括物理环境中的互联：档案与档案的互联、部门与部门的互联、楼层与楼层的互联、机机互联、库库互联等；虚拟环境中的互联：档案人员与利用者之间的互联、人机的交互、三网融合的互联互通（互联网、广播电视网和电信网）等。

而本质上，各主体（档案馆、档案工作者、档案利用者、社会其他部门）之间的立体互联，实际上体现的是信息之间的深度共享。档案馆内的立体互联、协同共享，实现的是档案实体、档案信息、档案管理环境的一体化管理和交互式管理。馆际之间的立体互联、协同共享，实现的是档案馆在档案服务方面的升级与理念的转变，使档案利用者可以通过一个"切入口"，了解到社会的全貌，真正地实现便利、惠民的本质追求。

（三）无线泛在

在打通了信息壁垒，消除了信息孤岛现象之后，在全面立体互联和协同共享的基础之上，智慧档案馆就形成了档案利用服务方面的无线泛在环境。

智慧档案馆将馆内外所感知到的信息以及互联互通所得的信息，利用互联网、广播电视网或电信网等渠道，供给档案利用者使用，形成一个不论何时、不论何地、不论何人均能利用档案和档案信息的无线泛在模式，实现档案的利用功能在利用渠道和角度上的全方位覆盖。这里的泛在，指的并不是随处可见的档案馆抑或是触手可及的档案人员，而是档案利用工作的随处进行，是将档案利用工作的便捷性、随时性全权交给利用者，满足利用者对档案的利用需求。

档案的利用需求千差万别，档案利用者对于档案的了解程度也参差不齐，其中一部分利用者可独立完成对档案的利用，另一部分则需要依赖于档案工作人员的协助。这就要求智慧档案馆的无线泛在不仅是将复杂的、多样的档案利用工作整合为几个简单、可行的方案，还要求具备和满足个性化的互动，切实地帮助利用者利用档案。

（四）可持续发展

通过对智慧档案馆的概念分析，我们知道智慧档案馆是一个"开放"的模式。它不仅是简单的收集各类档案，还因为先进技术的加入和管理模式的转变，不断产生着新的信息。同时，对公民共享档案权限的开放，公民自主和互动式的服务和管理模式将为其源源不断地参与到档案工作中来提供了可能，体现了开放创新、大众创新、协同创新的特征，为档案馆的资源宝库提供了不断持续发展的机会。也正由于此，这也提高了公众对档案工作的理解、重视，甚至是监督。这无疑对我国档案工作的进一步发展提供了源源不断的动力，也是我国档案事业可以不断发展、进步、提升的源泉。

对于拥有感知特性的智慧档案馆而言，它除了感知档案信息、感知人之外，还可以感知档案馆的整体运转情况。智慧档案馆可以实现建筑内设备、资源利用的环保、绿色与安全，与国家整体实现环境友好的可持续发展理念相一致。

此外，由于档案馆馆际之间信息壁垒的打破，档案信息的集合与汇总为全社会带来了"1+1>2"的效应，使得拥有信息再生能力的智慧档案馆有了更广阔的档案信息来源，从而能更好地为人民和社会提供档案服务。

（五）以人为本

智慧档案馆中的"智慧"源自"智慧城市"的概念。智慧档案馆的建设，也是在参照智慧城市总体建设的框架之下，慢慢摸索、逐步前行的。这也就要求，智慧档案馆的某些特征，应与智慧城市的某些特征保持一致。

"智慧城市是以人为本的城市。其核心是运用创新科技手段服务于广大城市居民。城市的各项工作要立足于满足群众工作和生活的需要，让人民群众生活得更方便、更舒心、更幸福，这是城市管理工作的基本立足点。"[①] 这段话可以看出，无论是运用怎样先进的科学技术，或是城市内各部门间怎样协同合作，智慧城市的根本立足点是为了让人们生活得更便捷和更舒适，可见智慧城市的本质落脚在"人"的身上，体现的是以人为本的特征。

相应的，智慧档案馆还具备"以人为本"的特征。上述的几个特征，无一不是紧紧围绕"人"（档案管理者和档案利用者）而凸显的特征。首先，智慧档案馆的深度感知特征可以感知到档案实体或内容的变化信息，使得档案人员不用亲自查看档案运动情况，就能知悉每一份档案去向。从某方面来说，这代替了档案工作者的一部分工作，使得档案工作者可以将工作重心投入到更有价值的工作之中，提高了档案工作人员的效率。其次，立体互联和无线泛在特征切实地为档案利用者带来了便捷。一方面是馆际之间没有了隔阂，档案利用者查找档案更加得心应手；另一方面，随时随地可用的档案泛在服务让档案利用者可以足不出户就能查找到所需要的档案信息。最后，

---

① 骆小平."智慧城市"的内涵论析 [J]. 城市管理与科技，2010，12（6）：36.

可持续发展特征是站在更高、更远的全人类的视角上，让档案馆变成一个绿色、环保、可持续发展的部门，体现的是更高层级的"以人为本"。

综上所述，智慧档案馆的五个特征是逐步发展并层层递进的关系。深度感知是基础，立体互联是深度感知后的发展。二者同属于技术背景支撑，而感知又是互联的依托，它们可以使智慧档案馆更智慧、更高效地运行。而无线泛在则是落脚点，因为无论档案馆模式如何推陈出新，其根本宗旨仍是为了更便利地进行管理和利用。再者，作为一个开放式档案馆发展的新模式，作为国家一个持久的、重要的职能部门，可持续发展档案工作、档案事业是最终目标。最后，上述四个特征都是紧紧围绕智慧档案馆的"以人为本"而来的，并以此作为核心出发点，指导了智慧档案馆的理论建设和实践发展。小到馆内具体技术的选择、软件的编辑、管理系统的使用，大到档案馆总体规划、发展、建设，皆以不违反"以人为本"的宗旨为根本原则。

第二节　我国部分城市智慧档案馆的建设

智慧档案馆的建设是一项创新性的工作。我们要着眼于利用云计算、物联网、大数据分析等新一代信息技术，构建一体化智能化档案管理形态和服务智慧城市的有机统一，着力提升档案工作现代化水平。尽管这个概念性、框架性的初步设想提出的时间不长，但是国内一些地方档案部门已经开展了智慧档案馆建设的相关探索，主要包括青岛市档案馆、丽水市档案馆、珠海市档案馆和张家港市档案馆等。对其智慧档案馆的建设背景分析可以看到，四地均是在智慧城市背景下展开建设的，青岛市2013年被科技部、国家标准化管理委员会确定为国家"智慧城市"技术和标准试点城市；智慧丽水之"智慧政务"建设作为浙江省首批13个智慧城市试点项目于2013年9月在宁波展出；珠海市为住房和城乡建设部2013年1月29日公布的首批90个国家智慧城市试点之一；张家港市在2013年制定了《智慧港城建设工程行动计划》，在2013～2016年投入7亿元，每年推进10个左右的信息化重点项目。下面对青岛和丽水两地的建设实践进行具体介绍。

一、青岛市智慧档案馆建设实践

2013年青岛市在《政府工作报告》中明确提出"启动智慧档案馆建设"，青岛市智慧档案馆建设被列入市财力投资计划，工程分两期建设，原计划2014年8月完成一期工程，"十二五"末期完成二期工程，实际完成时间有所延后。青岛市智慧档案馆的建设主要围绕档案智慧收集、档案智慧管理、档案智慧服务、档案智慧保护、档案智慧监督等五个大平台展开，以实现档案信息资源的高度智慧化管理和开发利用。

档案智慧收集平台以电子文件和专业数据库等新型档案资源进馆和归档为重点而搭建，实现电子档案智能采集。一是建设基于文档一体化的电子档案管理平台，加强电子档案的接收和管理；二是建设业务数据库采集管理平台，集中管理各单位有长久保存价值的业务档案数据库；三是建设媒体信息采集平台，实现档案馆对网络、广播、电视等媒体信息的智能采集和自动归档；四是建设基于青岛记忆理念的数字文献资源收集和管理平台，有组织、有计划地对庞杂的城市历史文化资源进行收集，并通过专用网站提供权威的城市历史文化资源，构建青岛城市记忆体系。

档案智慧管理平台采用物联网和射频技术，对档案实体实行电子标签化管理，实现档案智能化识别、定位、跟踪、监控和管理。该平台尤其注重对物联网技术的使用，覆盖档案管理的各个环节，以实现档案实体信息和档案内容信息的一体化、交互化管理。

档案智慧服务平台利用知识管理、数据仓库、"三网融合"等技术而搭建，为利用者提供了便捷的档案信息服务，并最大限度地发挥了档案的宣传教育作用。该平台在对原有数字档案馆信息发布平台进行智慧改造的基础上，重点研究建立移动数字档案馆信息查阅中心和基于"三网融合"的档案馆信息服务体系，拓展档案服务领域，构造以人为本、市民参与、社会协同的档案服务机制。

档案智慧保护平台采用了虚拟化的档案信息长久保存新技术而搭建，以实现档案信息的智能备份、数据安全的智慧检测。该平台主要围绕包括青岛市档案馆计算机中心、青岛市同城备份中心和深圳市异地容灾中心等"两地三中心"，包括硬件设备库、基本软件典藏库和电子档案格式登记库及数据迁移平台、仿真平台等"三库两平台"，建设安全存储备份平台和迁移仿真平台，重点实现电子档案封装技术、电子档案智能备份迁移技术和各类数据资源的分层次存储技术，加强对电子档案的过程管理，保证数据的可读可用。

档案智慧监督平台依托金宏网而搭建，实现档案归档和管理的智能监管和远程指导、知识保障，提升全市档案业务监督管理效能。该平台主要建设面向档案馆工作人员的业务管理系统，通过智慧技术实现档案流、工作流的全程管理，推动部门间信息共享和业务协同。建设网格化管理的档案业务监督指导体系，实现档案归档及时指导、档案质量智能化监控、档案业务知识支持服务和档案管理模型的智能化构建，完善在线业务监督指导模式，提升监管效能。

2015 年 5 月 26 日，青岛市智慧档案馆项目一期工程通过相关部门组织的功能验收，正式投入运行。青岛市智慧档案馆项目一期工程在档案智慧收集、档案智慧管理、档案智慧服务、档案智慧保护和档案智慧监督五大平台上均有实质性进展，具体来说，主要包括电子档案智慧管理、智能数据管理、智能检索和共享服务、智能感知管理、综合业务管理以及系统维护与控制等六个平台，实现了基于电子文档一体化和业务数据的仓储式管理、基于物联网技术的档案智能管理、基于青岛记忆理念的数字文献资源管理、基于智慧泛在理念的档案信息服务、基于真实可信和长期可用的档案安全存储、基于智能技术的档案馆工作科学管理、基于网格化管理的全市档案业务监督指导。

青岛市智慧档案馆的建设还是非常迅速的，在智慧城市还在稳步推进的现阶段，青岛市智慧档案馆已经完成了一期建设，初步构建了智慧档案馆的五大平台，提升了青岛市档案馆的管理服务水平，推动了青岛档案信息化的深化发展，成了"智慧青岛"的"记忆中枢"，留住了青岛市的城市记忆。目前青岛市智慧档案馆项目二期工程正在稳步推进之中。

二、丽水市智慧档案馆建设实践

丽水市智慧档案的建设与智慧丽水同步开建，于 2011 年启动。丽水智慧档案建设主要依托"1+9+N"档案协同管理系统展开，其中"1"是指丽水市本级，"9"是指丽水下辖的 9 县（市、区），"N"是指 N 个机关数字档案室，亦可理解为 1 个中心、9 个结点、N 个终端的档案协同管理系统。丽水市档案馆搭建了智慧档案的总体框架，该框架有一个基础平台、两个大数据仓库、三个智慧档案操作系统和三个应用模式，其中一个基础平台为以云计算为核心的档案管理系统；两个大数据仓库为馆藏档案大数据和室藏档案大数据；三个智慧操作系统为实现智慧管理、智慧发布、智慧监管三大功能的智慧操作系统；三个应用模式为云档案智能模式、档案超市智能模式和百姓档案智能模式，与这三个智慧档案应用模式相配套的档案查阅方式主要有百度式检索方式、自主式查询方式、一站式查询方式、移动式查询方式和并联式查询方式，其中百度式检索查询方式主要是为了档案馆内办公需求；自主式查询方式是为了方便普通公众的档案利用需求，力争做到查档不出乡镇甚至不出村；一站式查询方式是为了建立档案联合查阅大平台，便于不同部分之间的档案资源共享服务；移动式查询方式主要为党政机关领导和办事员提供远程档案服务；并联式查询方式主要是为了解决数字档案馆、档案室的档案查询需求，解决馆际查档出证的问题。

丽水市智慧档案的建设仅投入 168 万元就完成其所需的软硬件设施，效益很高。在丽水政务网上，全市所有机关干部在其权限范围内都可以查询到开放档案；普通公民不出乡镇，甚至可以不出村，就可通过丽水"云档案"共享系统查询到自己想要的档案信息资源，做到了"一站式服务、一键式搜索"的便利服务。目前的成果可用四个数据加以说明：一是丽水市目前共有数字档案室 1200 余家，并在 2015 年建设到部分村，数据量达到 320 万条；二是丽水市已有 1300 多家单位应用智慧档案平台；三是丽水已实现 70 个市直单位 OA 系统电子文件的即时归档、及时备份，归档率达 100%，档案监管人员也可透过管理系统实现在线监管、在线业务指导；四是 2014 年 6 月底正式投入使用的丽水档案联合查阅中心，到当年 10 月已接待档案利用者 2994 人次，利用档案 6188 卷次，大大提高了档案的利用效率。

丽水"智慧档案"建设与智慧政务相对接，走出了自己的特色，以区域整合的方式避免了管辖之地在档案信息化建设中的重复投资，以共建共享的方式打破了各部门之间的档案信息壁垒，利用移动办公技术和无线射频技术分别建设"掌中档"和档案自助超市，建设档案联合查阅中心，创新服务模式。可以说，丽水市智慧档案馆正在朝库房管理智能化、档案安全监管智能化和档案信息发布智能化逐步迈进。

第三节　智慧档案馆风险分析

对于智慧档案馆的风险分析，到目前为止，没有相关文章进行系统地研究，仅有一些文章对智慧档案馆存在的风险进行了初步探索。胡晓庆认为智慧档案馆的建设存在四方面问题，即"顶层设计不足、信息安全挑战、人员资金缺乏以及对档案组织和运作体系的挑战"。[①] 毕娟从"智慧型档案馆建设意识、标准和规范、人才体系以及交流和建设"[②] 四个方面探讨智慧档案馆的建设。冯惠玲指出"机构是电子文件管理的主体，机构也通过自己的活动适应、管理、改变着社会、自然环境"[③]，进而提出电子文件的三方面风险因素：机构内部的风险、社会环境的风险、自然环境的风险。借

---

① 胡晓庆.智慧城市背景下智慧档案馆建设优劣势分析 [J]. 山西档案，2015(5)：100-101.

② 毕娟.智慧城市环境下智慧型档案馆建设初探 [J]. 北京档案，2013(2):15-16.

③ 冯惠玲.电子文件风险管理 [M]. 北京：中国人民大学出版社，2008：18.

鉴、改变相关的研究思路，我们将智慧档案馆运维管理的风险分为内部和外部两个方面，将社会环境的风险与自然环境的风险归为一类即外部风险进行研究。

一、内部风险

内部风险即从智慧档案馆运维管理本身内在层面出发，科学系统地预测其风险。内部风险主要包括意识风险、人员风险、经济风险、管理规划风险和业务管理与服务风险五个方面。

（一）意识风险

由于智慧档案馆是近两年随着大数据时代下的智慧城市发展才兴起的一个新兴概念，国内外对相关方面的研究较少，因而对于智慧档案馆的运维管理研究还没有足够的经验可以借鉴，也没有统一的标准和规范可以遵循。因此，档案相关部门和人员对其意识淡薄，甚至不了解何为智慧档案馆。

一方面，领导层面对智慧档案馆建设的意识不足，导致对智慧档案馆的工作缺乏重视和支持，这是导致智慧档案馆的机构设置、库房建设、人员配备及现代化所需的经费、技术、装备不能落到实处的主要原因。另一方面，在智慧档案馆的运维管理中，管理者和社会利用者对新兴的智慧档案馆认识不足。对管理者而言，缺少对新形势下智慧档案馆的认识了解，导致不能合理规划管理形式和途径，也增加了智慧档案馆在运维管理过程中的困难。比如，职责混淆、浪费信息资源、增加经费开支、服务水平较低等。对社会利用者而言，在大数据时代背景下，科学技术和社会信息迅猛发展，对档案信息资源的利用量大幅度增加，但是其自身的素质水平并没有随之提高，对智慧档案馆的利用技术、利用要求、利用方法都知之甚少，导致智慧档案馆的信息资源浪费，也会严重影响智慧档案馆建设的进程。

（二）人员风险

智慧档案馆是适应现代高科技发展的一种形式，在其运维管理过程中最关键的因素是科技人才。人才是当今社会发展最重要的竞争资源，是最有价值的一种因素。智慧档案馆的运维管理需要有一支配套的、相对稳定的研究开发队伍和系统维护队伍，以加强人力资源保障。"掌握了人才就掌握了技术，一旦掌握了核心技术的人员流失，就会直接影响到该项目快速、稳定的发展。"[①] 其一，智慧档案馆的制度改革管理理念不完善，使档案部门不能适应本部门发展的管理理念、管理机制、工作流程和组织结

---

① 屈瑜君，廖晓玲．衡阳市创建国家智慧城市可行性分析 [J]．衡阳师范学院学报，2016，37（1）：44.

构，极大地影响了激发技术工作人员干劲的体制的形成。"将智慧型档案馆建设与档案部门的制度改革管理理念紧密结合，创建有利于优秀人才脱颖而出的体制机制。"[①] 其二，智慧档案馆的建设发展需要信息专业技术人员支持，而各级各类智慧档案馆中的工作人员大部分都是档案专业的技术人员。目前，"兼具 IT 专业知识和档案专业知识的开发人员凤毛麟角，设计开发人员严重匮乏。"[②] 这导致档案人员在履行运维管理的职责中不具备与时代相符合的知识水平和实践能力。档案工作人员由于不能掌握全面的档案理论知识，不熟悉与档案工作相关的文化、理论与科学技术以及档案记载内容有关的背景知识，不具备与时代发展相一致的思想观念，包括信息意识、服务意识、现代化意识等，最终导致其不能由管理型向知识型、技术型的转变。

（三）经济风险

智慧档案馆建设的内容结构性、系统性强，对所包括的前沿技术要求较多，运维管理系统研发工作量大。因此，智慧档案馆在建设过程中需要投入大量资金来支撑其运行。

以智慧档案馆中最基础的物联网为例，物联网的成本包括三个方面：底层传感技术成本、网络使用成本、数据设备处理成本。底层传感技术最基本的构件 RFID 标签用来感知实体档案的存储位置和存储信息，一个普通的 RFID 标签价格大概 0.5 元，智慧档案馆需要对馆内成千上万件的档案进行 RFID 加工。那么，对于整个智慧档案馆而言，这将会是一笔很大的开支。

同时，与智慧档案馆运维管理相关的技术随时代发展而不断发展进步，但是智慧档案馆建设资金的大量投入可能会导致技术出现不相匹配的跨越发展，对智慧档案馆的运维管理产生一定的风险。尤其在技术经费和运维管理配套投资方面，需要智慧档案馆给予重视和保障。近年来由于社会经济和企业经营形势的不确定性，市场资本不能及时回笼，因而由于经济和企业经营形势的不确定性，资金的来源渠道存在一定的风险。同时，由于申报初期可能对预算估计不足，设立的研究内容可能偏多以及对关键技术的难度估计不足，都可能导致需要额外的投资。

（四）管理规划风险

智慧档案馆的运维管理是一个系统工程，不可能在短期内实现其目标，运维管理存在一定的风险。这是因为在智慧档案馆运维管理初期，首先，对智慧档案馆自身情况研究得不够彻底，因而不能做出科学合理的组织规划，导致职责混淆不清，管理范围不明确；其次，智慧档案馆刚刚兴起，社会各界对其管理方面的研究较少，在运维

---

① 毕娟.智慧城市环境下智慧型档案馆建设初探 [J].北京档案，2013(2):16.

② 胡晓庆.智慧城市背景下智慧档案馆建设优劣势分析 [J].山西档案，2015(5)：101.

管理过程中的各种风险并未完全暴露，因而不能进行全面系统地研究；最后，对系统规划阶段的认识不足、缺乏安全框架整体考虑和组织管理的疏漏都会给智慧档案馆的运维管理留下极大的隐患。

（五）业务管理与服务风险

云计算、大数据、"互联网＋"等技术的应用以及档案信息的数字化，会出现海量的数据信息，与传统档案馆服务相比，智慧档案馆业务管理与服务面临的主要问题已不是档案信息资源的匮乏与用户日益增长的需求之间的矛盾，而是档案信息资源的泛滥、无序以及存取障碍与用户选择和获取之间的矛盾。这就会在一定程度上给智慧档案馆的管理与服务带来一些新的挑战。

以上五类内部因素之间具有复杂的联系。智慧档案馆的管理规划是以档案意识、人员情况、服务情况以及经济状况为基础的。经济方面的不足可能导致人员的不足；人员的不足可能导致业务和服务的不足，进而影响其他环节的进行。总的来说，要注意各种要素之间的关系，做好风险的预测、评估、防范。

二、外部风险

智慧档案馆运维管理的外部风险也是一个重要的方面，主要指智慧档案馆运维管理中存在的一些客观的影响因素。根据这些因素的来源，我们将外部风险分为两类：一类是自然环境带来的风险，另一类是社会环境带来的风险。

（一）自然环境带来的风险

不管是传统的档案馆还是数字档案馆以及数字档案馆发展的高级阶段智慧档案馆，自然环境都会对它们产生影响，主要包括天灾和人祸两个方面。其中，前者主要包括一些因自然环境的变化引起的灾害，像地震、洪水等；后者主要包括一些人为因素产生的灾难，像战争、恐怖袭击等。

（二）社会环境带来的风险

智慧档案馆在社会中运作，一定会受到社会环境因素的影响。冯惠玲从"风险因素的具体内容角度"[①]分析电子文件风险的社会因素，结合智慧档案馆的相关因素，我们将社会环境带来的风险分为以下两个方面：规范体系风险和同行风险。

1. 规范体系风险

当前档案部门建设智慧档案馆虽具备一定的基础，但是没有统一的规范和建设的

---

① 冯惠玲．电子文件风险管理［M］．北京：中国人民大学出版社，2008：33．

平台，缺乏对智慧档案馆的顶层设计。智慧档案馆建设可能面临一系列的风险，如智慧档案馆建设粗放、没有统一的标准和规定等。并且虽然一些地方规章或规范性文件正在积极尝试，但目前行之有效的制度少之又少，在业务操作上缺乏科学规范的执行标准，且在档案资源开发中可能面临不可预知的法律风险。

正如胡晓庆提到的"关于智慧档案馆建设的政策、法规、建设标准等设计稍显不足"。[1]智慧档案馆的建设应该具有长期的发展规划、"自上而下"的统一标准和政策，否则智慧档案馆的建设将面临"先应用后完善"的老路。所以，对于智慧档案馆的运维管理来说，长期发展规划的不完善、缺乏相关政策和法规是一个比较重要的风险。

2.同行风险

对于智慧档案馆而言，同行就是指同类的档案馆。一方面，智慧档案馆的建设处于初级阶段，其相关制度和要求没有统一的标准，同类档案馆不免会做一些具有潜在风险的示范，这就会产生比较恶劣的影响。另一方面，同类档案馆之间会因地区、经济发展状况等差异而有所差别，这就对智慧档案馆的建设、运行带来诸多需要考虑的因素，给智慧档案馆的运维管理带来一定的风险。

总的来说，内部风险和外部风险之间存在关联，在对风险研究过程中应该注意各个方面的内在联系。意识风险是从精神层面而言，起到一种文化意识的影响，具有基础性的作用，管理规划、人员风险和服务风险是智慧档案馆运维管理在意识层面的外在表现。而经济风险是所有风险产生的最根本原因，经济是基础，经济决定意识，经济风险的解决是其他风险解决的前提条件。社会环境带来的风险主要是相关的政策、法规等方面的风险，可以在一定的程度上影响经济风险，进而影响其他的内部风险。

第四节　建设智慧档案馆存在的问题及策略

一、智慧档案馆的建设思路

智慧档案馆的建设要坚持"深入、融入、引入"的思路，即将智慧档案馆建设引向深入，夯实智慧档案馆建设的基础；将智慧档案馆融入智慧城市的建设之中；将其他领域智慧建设的先进经验引入智慧档案馆的建设之中。

（1）深入。前文提到智慧档案馆是数字档案馆的升级和发展，数字档案馆是智慧档案馆的前提和基础。智慧档案馆是信息化与档案馆管理现代化的高度融合，是档案信息化向更高阶段发展的表现，是档案馆发展模式转型升级的必然趋势。因此，智慧档案馆的建设应在数字档案馆建设的基础之上进行统筹规划，在技术运用和数据资源建设上下功夫。在技术上，要对物联网、云计算、大数据分析等智慧技术的应用给予更多关注，让基于物联网、移动互联网的档案智慧感知系统与基于云计算、大数据分析的档案智慧处理系统早日落地，使智慧档案馆的建设能够成为一个系统，综合集成资源，达到最佳效果，让档案收集、档案管理、档案利用等各个环节高度智慧化。在数据资源建设上，一是要活化数字档案馆的海量档案资源，通过数据挖掘等技术增加档案资源的价值，二是要打通社会不同主体、不同类型的档案数据资源的互联互通、共建共享，将数字档案馆向更深的程度推进，助力于智慧档案馆建设。

（2）融入。在全国各地智慧城市的建设如火如荼，各地政府均给予了大力支持，智慧城市建设的目的是为民服务，档案管理的最终目的也是为民服务，两者是不谋而合的，将智慧档案馆融入智慧城市的建设之中，表现在两方面：一是智慧档案馆规划融入智慧城市规划之中，可以获得智慧城市建设中的专项资金支持，亦可以借用智慧城市之智慧政务的部分基础设施，如政务云等，从而可以有效地解决智慧档案馆建设的资金难题。二是智慧档案馆应用系统融入智慧城市的公共信息服务平台。智慧城市建设过程中开发的公共信息服务平台是其为民服务的重要渠道，那么，为了实现档案为民服务的目的，智慧档案馆的应用系统应融入城市公共信息服务平台。将智慧档案馆融入智慧城市建设，让档案信息化与城市信息化协同发展，更能推动档案管理服务的创新。

（3）引入。尽管作为智慧档案馆的基础，数字档案馆建设已经比较成熟，但是智慧档案馆的提出也就是近几年的事情，还是一个新生事物，各地都在前期摸索之中，加上国外档案界也没有系统的实践，缺乏统一的标准和规范可供借鉴或参考。因此，档案界不仅要自己主动探索、谋求创新，更要全方位地引进其他领域智慧建设的先进理论和经验，少走弯路，实现智慧档案馆的优质发展。具体来说，档案界要从理论和实践两个层次进行引入。在理论层面上，要在深入学习智慧城市相关理论的基础上，加强智慧档案馆的理论研究，为智慧档案馆建设提供理论支持；在实践层面上，智慧档案馆要引入智慧城市示范项目中的成熟的理念、做法和优质的服务，重点开发与老百姓需求密切相关的档案应用。在智慧档案馆建设中，相关负责人可实地前往智慧档案馆建设的相关单位，虚心向相关负责人求教、取经，听取各方建议，建设优质的智慧档案馆。

二、智慧档案馆建设中存在的问题

（一）人才引进问题

智慧城市背景下的智慧档案馆与许多先进的技术融为了一体，这就要求新时期的档案工作人员需要对高新技术、网络环境等有较深的理解，因而有必要转变工作人员传统的档案管理业务模式，更新观念，追上时代的步伐。同时，智慧档案馆的转型升级需要引进大量熟知计算机、物联网、网络构成、协同管理的人才。

（二）群众参与度低

智慧档案馆的建设为档案、档案工作更好地服务于人民群众提供了新的出路，但就现实而言，公众的参与度却并没有期望中那么高。群众认知度低、参与度低，智慧档案馆建设尚未达到目的，尚未实现提供个性化、高效服务的目标。

（三）地域差别较大

目前，由于实际情况不同，各地对智慧档案馆的建设探索仍然是各行其是，尚未形成有系统化管理和宏观把握的格局。虽然智慧档案馆的建设已取得一定的成效，但大范围的推广建设仍不现实。

（四）投入成本过高

智慧档案馆的建设需要大量的人力、物力以及资金的投入，不仅包括馆藏档案通过扫描数字化，还需要利用 OCR 文字识别等技术对档案信息深入分割处理，以达到能够进行数据挖掘的目的。再者，数据收集、处理、安全防护等各种平台的建立及传感、射频和其他设备的购入都需要雄厚的资金作为保障。除此之外，人员配备、工作人员培训都需要一定的费用。档案部门档案信息开发受限，这在一定程度上阻碍了智慧档案馆的建设步伐。

（五）缺乏整体规划和明确的政策规范

由于智慧档案馆的建设正处于初级阶段，对于许多概念、技术等的研究仍不够透彻，而且各地档案馆建设都处于探索阶段，仍不成熟，所以对于实现系统功能要求、控制文件对象的程度、聚合档案资源的范围和智慧档案馆管理运作的规章流程仍不明确，智慧档案馆建设缺乏长期性、权威性、指导性政策体系。同时各个地方各自为政，智慧档案馆建设虽然取得了一定的成效，但是也存在着盲目建设的现象。

除此之外，还有许多不可忽视的问题，如目前档案学相关领域学者对于档案馆的研究仍集中于智慧档案馆的概念，智慧档案馆与数字档案馆的关系，智慧档案馆的技术、服务等基础领域，对于智慧档案馆建设的研究还不够深入。档案部门对于智慧档案馆的建设也仍处于探索的阶段，缺乏相关的法律规范、资金、技术设备等的支持；智慧档案馆的建设大都处在初期规划阶段，实践优势并未显现。

三、智慧档案馆建设的策略

智慧档案馆是档案信息化发展的必然产物，但我们也应该认识到智慧档案馆的建设并非一朝一夕便能完成的。这项长远的规划和长期的事业需要档案界人士共同积极地探索和研究，通过分析实现智慧档案馆的建设，发现问题、解决问题，获得有益的经验和理论支持。

（一）深入研究智慧城市背景下智慧档案馆建设理论与政策

虽然国内外已经有很多城市进行智慧档案馆探索，但是现如今，仍没有完善的有关智慧档案馆的标准规范出现。诚然，在当今社会的条件下，信息技术、社会需求不断变化，智慧档案馆的模式不再一成不变，但智慧档案馆的建设仍然需要一定的标准和规范的指导，通过确定一定的标准准确找到档案馆转型的切入点，通过云计算构建智慧档案馆的数据处理平台，通过大数据对数据进行挖掘、存储和分析，通过物联网感知馆内环境，通过移动互联网提供基于用户自身需要的服务，推动智慧城市的建设与发展。

（二）智慧档案馆建设要有整体规划

整体规划就是在一定区域内，根据确定的要求所做的总体安排和布局。智慧档案馆的建设也要有整体的规划和安排，包括找准智慧档案馆的定位、明确档案馆功能、确定档案馆构架等。智慧档案馆整体规划的构要从当地实际情况出发，针对本单位的馆藏档案信息、设备情况、人员配备、资金支持、技术状况，考察构建智慧档案馆的方向以及可能面对的问题，同时配合其他地方档案馆建设的经验方法，灵活应用，做好整体规划。

（三）积极构建合作机制与平台

目前，各地数字档案馆、数字图书馆等都有了一定的发展，为智慧档案馆的发展提供了很好的借鉴。数字图书馆及数字档案馆在海量信息收集、存储，数据挖掘，信息检索、查询方面为智慧档案馆打下了良好的基础，我们可以通过学习已有经验、补充存在的漏洞，实现智慧档案馆的健康发展，也为以后的图情档一体化打下坚实的基础。

（四）人员观念的更新和转换

智慧档案馆的建设需要引进大量的物联网、计算机技术人才，也需要对原有的档案工作者进行培训，进行观念的更新与转换。这不仅包括从纸质环境下的管理理念向电子环境下、智能管理环境下的管理理念转变，也包括从孤立封闭的保守观念向合作开放的共享观念转变。我们要通过人员观念的转换，改善档案工作者的思维方式、工作方式，推动智慧档案馆的转型升级。同时，我们要注重对群众档案意识的培养，通过及时的政策普及、服务升级与宣传，让群众了解智慧档案馆，参与到智慧档案馆所提供的智能化、个性化服务中去，让智慧档案馆服务于民。

随着信息时代的来临，智慧地球、智慧城市的理念相继出现，进而推动着档案馆优化升级，向智慧档案馆转变，这是继传统档案馆向数字档案馆发展之后出现的又一新趋势。

智慧档案馆是档案信息化发展的必然产物，是档案馆的高级形态。虽然智慧档案馆的研究仍处于初级阶段，智慧档案馆的建设也处于探索阶段，并不算很完善，但这不能成为我们停滞不前的借口，如今我们更应该进一步探讨智慧档案馆概念、技术、体系构架等，形成完善、成熟的理论，用理论指导实践，进而取得智慧档案馆建设的新成就。

在今后很长一段时间里，智慧档案馆都应是我们关注的重点。因此，对于档案部门来说，要进一步探讨智慧档案馆相关理论，积极引进人才、培训工作人员，强化建设智慧档案馆、提供智能服务的意识，通过统一部署，形成区域内智慧档案馆集群。同时要以人为本，以用户的需求为首要遵循标准，积极对海量信息收集、整理、挖掘、管理，提供高质量服务、智能服务，早日实现本地区智慧档案馆的建成。

参考文献

[1] 毕娟.智慧城市环境下智慧型档案馆建设初探 [J].北京档案，2013(2):15-16.

[2] 陈亚飞.大数据时代档案保密工作思考 [J].国际公关 ,2019(9):215.

[3] 城田真琴.大数据的冲击 [M].周自恒，译.北京：人民邮电出版社 ,2013：13.

[4] 方爱明.大数据时代档案管理工作的机遇与挑战探究 [J].中国管理信息化 ,2019,22(18):179-180.

[5] 冯惠玲，张辑哲.档案学概论 [M].北京：中国人民大学出版社，2001.

[6] 冯惠玲.电子文件风险管理 [M].北京：中国人民大学出版社，2008.

[7] 高麒.浅谈大数据环境下的电子档案管理措施 [J].才智 ,2019(25):225.

[8] 顾玉妮.大数据应用与智慧档案馆建设的思考 [J].城建档案 ,2019(:8):34-35.

[9] 胡晓庆.智慧城市背景下智慧档案馆建设优劣势分析 [J].山西档案，2015(5)：100-101.

[10] 黄艳.数字时代档案编研形态刍议 [J].湖北档案 .2015 (2)：29.

[11] 蒋冠.网络环境下档案信息资源整合研究 [D].湘潭：湘潭大学，2005.

[12] 康昆展.发展疾控档案数字化　做好智能档案室建设 [J].档案管理 ,2019(5):91-92.

[13] 廖彦飞.大数据背景下档案数据挖掘技术应用探讨 [J].城建档案 ,2019(8):30-31.

[14] 刘瑛.大数据时代档案信息安全存在的风险与建议 [J].办公室业务 ,2019(16):86.

[15] 骆小平."智慧城市"的内涵论析 [J].城市管理与科技 ,2010,12（6）:36.

[16] 茆意宏.移动信息服务的内涵与模式 [J].情报科学 ,2012,30(2):210-215.

[17] 屈荣.大数据时代档案管理发展的思考 [J].传媒论坛 ,2019,2(16):129-130.

[18] 屈瑜君，廖晓玲.衡阳市创建国家智慧城市可行性分析 [J].衡阳师范学院学报，2016,37（1）：44.

[19] 王颖慧.基于大数据背景下档案管理模式创新研究 [J].办公室业务 ,2019(16):102.

[20] 维克托·迈尔－舍恩伯格，肯尼思·库克耶.大数据时代：生活、工作与思维的大变革 [M].盛杨燕，周涛，译.杭州：浙江人民出版社 ,2012.

[21] 谢婧宇.Web2.0 背景下的档案利用服务研究 [D].合肥：安徽大学，2015.

[22] 徐丹阳 . 高校智库建设中档案管理的交互式服务分析 [J]. 山西档案 , 2019(4): 128-131.

[23] 徐瑞鸿 . 档案信息资源整合研究 [J]. 兰台世界 , 2006(17): 21-22.

[24] 杨来青，徐明君，邹杰 . 档案馆未来发展的新前景：智慧档案馆 [J]. 中国档案，2013:（2）:69.

[25] 赵红颖，王萍 . 图书档案数字化融合服务研究论纲 [J]. 图书情报工作，2013，57(12): 16-22.

[26] 赵屹，陈晓晖，方世敏 . Web2.0 应用：网络档案信息服务的新模式——以美国国家档案与文件署（NARA）为例 [J]. 档案学研究，2013(5)：74-81.

[27] 郑鸥 . 加强档案信息资源整合势在必行 [J]. 新上海档案 , 2006(5): 22-25.

[28] 仲雪珊 . 基于社会公众需求的档案信息资源建设研究 [D]. 南昌：南昌大学，2013.

后　记

　　鲜花奉献给大地，白云奉献给蓝天……作为档案管理者、研究者的我应该拿什么奉献给我们的档案管理工作呢？在经过认真调研和深入思考后，我下定决心撰写了这部《基于大数据环境下创新型档案管理与服务研究》。对于一个档案工作者而言，能编写这样一本著作实在是莫大的荣幸。

　　随着云计算技术和互联网产业深入各行各业，社会随之进入大数据时代，社会管理模式和发展方向发生了相应改变。作为社会管理模式重要组成部分的档案管理与服务工作也发生了深刻的变革。这次变革可以说是档案工作出现后最大规模的变化，也让档案工作呈现出一种全新的姿态——数字化、智能化。在撰写本书的过程中，我深刻认识到这一变化给档案管理与服务工作带来的机遇与挑战，认识到在档案管理建设时应紧紧围绕以"云计算平台"为核心的应用模式，通过该平台实现档案信息资源的开放与共享。以用户为中心，利用强大的云计算平台的计算功能、数据检索功能、智能数据处理、人性化服务，能不断提高人们的使用效率。此外，作为现代档案管理研究者，我们应该紧跟时代步伐，建设新学科体系，肩负起创新档案管理与服务新途径的责任与使命。